李晓雷 王晶 著

体验式教学
——高校户外运动教学与实践研究

应急管理出版社

·北京·

图书在版编目（CIP）数据

体验式教学：高校户外运动教学与实践研究/张斌彬，
李晓雷，王晶著．－－北京：应急管理出版社，2019
ISBN 978 - 7 - 5020 - 7477 - 7

Ⅰ.①体⋯ Ⅱ.①张⋯ ②李⋯ ③王⋯ Ⅲ.①体育
教学—教学研究—高等学校 Ⅳ.①G807.4

中国版本图书馆 CIP 数据核字（2019）第 092734 号

体验式教学
　　——高校户外运动教学与实践研究

著　　者	张斌彬　李晓雷　王　晶	
责任编辑	马明仁	
封面设计	优盛文化	

出版发行　应急管理出版社（北京市朝阳区芍药居 35 号　100029）
电　　话　010 - 84657898（总编室）　010 - 84657880（读者服务部）
网　　址　www.cciph.com.cn
印　　刷　定州启航印刷有限公司
经　　销　全国新华书店

开　　本　710mm×1000mm$^1/_{16}$　印张　12$^3/_4$　字数　247 千字
版　　次　2019 年 7 月第 1 版　2019 年 7 月第 1 次印刷
社内编号　20192238　　　　　　定价　58.00 元

　　高校体育是培养学生良好身体素质、促使学生身心全面发展的重要教学课程。户外体验式教学既是高校体育教学本身属性的重要方式，又是提升高校体育教学水平和质量的重要途径。户外体验式教学的应用是新时期高校体育教师应当关注的重要教学模式。

　　户外体验式教学，顾名思义，就是在户外教学过程中，让学生通过亲身实践体验获得知识、锻炼身体、培养素质的一种教学方式。户外体验式教学模式的优势和特点主要有以下几个方面。首先，在户外体验式教学模式下，学生的课堂主体地位可以被有效凸显出来。户外体验式教学主要是组织学生进行活动体验，以此达到教育目的。在这种教学模式下，体育课堂中的学生作为主体，影响着课堂教学的开展。户外体验教学要基于学生的兴趣，注重强调通过体验强化学生对知识的掌握效果。其次，户外体验式教学注重提高学生参与教学活动的积极性。户外体验式教学相对于传统的理论灌输来说，具有很强的立体性和生动性，提高了学生的参与积极性，从而有效保证户外体育教学效果和教学价值的实现。

　　体验式教学是近几年高校体育教学改革中的一个亮点，多采用引导式的教学技巧，并且可以和多学科融合作为通识类课程。针对体验式教学理念和方法如何在现有的教学环境中发展融合，尤其是高校户外运动教学中应用模式和相应内容如何有效衔接的现实问题，作者在体育教学探索和尝试的基础上编写了这本书。

　　全书共九章，承担执笔任务的是（以章节的先后为序）张斌彬（前言、第一章、第四章）、李晓雷（第二章、第三章）、王晶（第五章、第六章、第七章、第八章、第九章）。本书对当今高校户外体育教学现状进行了深入分析，并结合体验式教学的优势和特点对高校户外体育教学与实践提出了可行性意见和建议。本书可为高校体育教学工作者改进教学提供参考，也可为体育教学研究者提供研究资料。

本书的撰写突出了以下特点：首先，内容系统、全面，既重视教学理论研究，又重视教学实践指导；其次，重视教育功能，加强户外体育课程技能教学，重视以人为本和终身体育教育的理念；最后，强调个性发展，户外体育运动实践项目丰富、新颖，促进了学生的个性化发展，可满足学生的不同运动需求。

本书在撰写的过程中，参考了有关专家和学者的研究成果，在此表示诚挚的谢意。另外，由于作者经验和水平有限，书中难免存在不妥之处，恳请读者批评指正。

编者

2019.1

Contents 目录

第一章 高校户外运动教学开展概述

第一节 户外运动概述

近年来，全民健身与阳光体育运动得到深入推广，越来越多的大学生开始重视健身运动，体育健身作为一种不可或缺的新元素进入了高校大学生的课余生活。越来越多的大学生逐渐走出校门，在广阔的自然中徜徉，这增进了他们对大自然的了解，同时感受到自然带来的快乐，释放生活的压力，使身心处于一种健康的状态。

自然环境相对于日常生活环境要艰苦、困难。所以，户外运动不仅能够满足大学生的求新、求异心理，还可以使大学生在自然的困境中得到锻炼，意识到团队的重要，实现对自我的超越。虽然户外运动进入大学比较晚，但相关调查数据显示，户外运动在大学校园很受欢迎，得到快速发展。

一、户外运动的起源及发展

（一）户外运动的起源

简而言之，户外运动就是一种户外的体育运动，英文为 outdoor。在人类历史发展的长河中，人们为了更好地生产实践、劳动生活，赢得战争的胜利而掌握了很多的技能，而户外运动就包含在内。早期的人们掌握攀岩与如何下降的技能以适应上山采摘的需要；逐渐积累长途跋涉与翻山越岭的经验以适应作战与迁徙；通过猎物行动路线追踪猎物，进行狩猎；通过发明创造船只与提高潜水的本领以方便捕鱼和寻找新大陆。例如，放牧、捕鱼、爬山、洞穴探险等都是户外运动的原始起点。

（二）户外运动的发展

1857年，以登山、徒步为主要户外运动项目的俱乐部在德国诞生，这也是世界上最早的以户外运动为主题建立的俱乐部。由于户外运动型俱乐部的产生，登山运动得到了进一步的推广。以阿尔卑斯山脉为例，在1855年至1865年这仅仅10年间，就有 20 座 400 米以上的高峰被登山者征服。

第二次世界大战后，户外运动的定义也在逐渐变化。户外运动不再是战争时期的军事活动，越来越多的人开始把它作为提高生活质量的休闲娱乐项目。

1989 年新西兰举办首次越野挑战赛之后，户外运动开始风靡全世界。户外运动在欧美国家尤为受到欢迎。目前，在欧洲，每年都会举行大型的户外运动挑战赛；在美国，户外运动的产值与参与的人数均排在前列。

与此同时，户外运动也在向竞技体育方向发展。1973 年，一群青年人激烈地争论，在长距离自然水域游泳、马拉松与长距离山地自行车比赛这三项户外运动中，哪一项是最严酷的户外体育比赛。由于争执无果，最后 12 个人同意连续参加这三项比赛，这就是铁人三项的雏形。在此之后新西兰出现了平原和山地铁人赛。1983 年，Judkrns 创办了从新西兰南岛的东海岸穿越到西海岸的比赛，在这次比赛中首次引进了野外夜间连续比赛的做法和团队赛的概念。

1987 年，一位名叫热拉热·菲西的法国记者在参加阿根廷举行的怀特布雷德环球帆船赛中产生了一个想法——将麦哲伦在海上的航行路线复制到陆地上，让更多的人体验到户外探险运动的快乐，并有机会在户外活动中一决高低。他提出这样一个比赛计划：赛程不小于 7 天，分小组比赛，每组 5 人，每组选手需要通过规定的检测站，且在比赛途中不得使用机械交通工具等。这个计划最终被实现。

1989 年，新西兰南岛举办了首届为期两周的莱德加洛伊斯赛，这是世界上首次举办国际探险越野赛，共有 30 支队伍参赛，而最终只有 6 支队伍按照规定完成了比赛，取得胜利。目前，莱德加洛伊斯赛的赛程直线距离至少数百千米以上，赛期也在 10 天左右，比赛的场地大多是世界上最险峻的地形，比赛中的运动方式包括徒步、游泳、攀岩、骑马、泛舟等。

1993 年，美国人马克·本内特邀请了 4 名海豹特种兵，并让他们组成一支队伍参加莱德加洛伊斯赛。比赛之后，他根据这次比赛经验向 Discovery 提出了自己的一些建议，并得到了 Discovery 频道的赞同，由此诞生了艾科挑战赛。艾科挑战赛的首次比赛于 1995 年 4 月在美国犹他州举行，该赛事与多家电视频道有密切联系，其收视率高居同类赛事之首。

1997 年，在日本七星烟草的支持下，国际管理集团、群策业务推广公司和普里斯公关公司在中国举办了为期 4 天的七星国际越野挑战赛。该项赛事由皮划艇赛、山地自行车赛、直排旱冰赛、团队划船赛和越野技能赛构成。该赛事项目种类丰富，赛事安排合理，比赛的强度、难度和娱乐性调整过渡衔接合理，不仅能够最大限度地调动参赛者的兴奋性和紧张性，还能避免常见探险类越野赛的枯燥。

根据美国 2016 年的统计数据显示，至少参与过 1 次户外运动的美国人总数达：

1.444 亿，约占全美总人口的 48.8%，比上一年度提高 0.4 个百分点。1060 万美国人重新或开始参与一项或多项户外运动，同时约有 860 万人口不再参与户外运动，这相当于净增 200 万户外运动参与人数，即 6% 的变化率；美国人户外运动参与总次数为 110 亿次，在这些户外运动参与者中，21% 的每周至少参与两次户外运动；无论从参与人数还是参与频次来讲，跑步（包括慢跑和越野跑）都是最受美国人欢迎的户外运动项目；19% 的美国户外运动参与者生活在美国南大西洋地区，是美国户外运动参与人群最多的地方；到目前为止，健行是交叉跨界参与最多的项目，45% 的户外运动参与者也步行健身。

近年来，越野挑战赛在世界多个地区受到欢迎，发展势头十分迅猛。世界上每年会有近百个国家和地区举办越野挑战赛，越野赛的种类也在不断地丰富，如出现了欧洲锦标赛、世界冠军赛等多种类型的越野赛。各种区域性的、赛时较短的、生动活泼的大小赛事遍及世界各地，使人们在广阔的大自然中焕发出无限的活力。

（三）户外运动在中国的发展

1957 年 6 月，中华全国总工会登山队登上了位于四川西部海拔 7556 米的贡嘎山顶峰，这是我国登山运动员第一次进行独立的组队登山活动。从那时候开始，户外运动在中国的发展进入了一个新的历史时期。

自 20 世纪 80 年代起，随着中国改革开放的不断深入，户外运动的新理念也传入中国，令国人耳目一新，并受到一部分国内探险旅游爱好者的追捧。一些人还成立了专门的户外活动民间组织。例如，1989 年，昆明诞生了国内第一家专门从事户外活动的民间社团。

中国登山协会于 1993 年在北京首次召开了关于全国野外活动的研讨会。该次会议对户外活动的开展进行了讨论研究，并且极大地推动了户外运动在中国的传播、普及。在那之后，关于户外运动的组织如雨后春笋般在全国各地涌现，它们在艰苦的自然环境下组织活动，为当地的户外运动起到了良好的带头作用。

20 世纪 90 年代，大规模的"山地户外运动"在我国兴起。在一些高校的体育教学中，岩壁攀爬、岩降、野外定向、涉水、修建营地、埋锅做饭被纳入了日常的体育课程中。部分高校还开设了野外生存体验课并组织相关活动向社会推广，吸引社会人士参加。由于活动本身就具有强大的吸引力，符合青年人的猎奇心理，因此这些活动吸引了大批青年参加。2004 年，教育部设立了"大学生野外生存生活训练"课题，并在全国部分高校进行实验。2005 年 4 月，山地户外运动被设立为我国正式开展的体育项目，隶属于登山项目下属分项，其业务工作由国家体育总局登山运动管理中心管理，这也标志着我国户外运动正式进入规范发展的新道路。2007 年 7 月开始，"野外生存生活训练"课程作为体育课的选修科目在全国各高校推广。教育部已在试点学校进行过野外生存素质培训课程，野外生存素质培训已成为许多学校的选、必修专业。2018年，中国地质大学（武汉）体育学院暨中国登山户外运动学院成立，这是国内第一所开设户外运动专业的学校。

户外运动是一种新型的体育运动，其自身所具有的时尚性使它迅速风靡全国。户外运动的项目种类不断增加，技能水平也在不断提高。中国人逐渐接受了登山、攀岩、徒步远行、越野自行车、野外生存等新颖奇特、刺激惊险、张扬个性、充满想象力的户外运动项目。户外运动被许多中国人所接受，正逐渐由少数爱好者参与的运动向大众化的休闲运动方式转变。

二、户外运动的概念及特点

（一）户外运动的概念

户外运动越来越受到人们的喜爱，户外运动型俱乐部在国内发展势头十分迅猛，参加的人员也在迅速增加。结合国内外有关专家的认识和见解，我们以广义、狭义和特定的概念界定户外运动。

有人认为，"走出院落"即为户外，人体在空间上的位移就是"运动"。所以，这部分人认为户外运动就是露天之下的活动。在此定义下，在露天的环境中打球、跑步甚至散步都是户外运动。我们把这种认识暂定为广义的户外运动，即在非人工的自然环境中的空间位移都可以认为是户外运动。不过，这种定义太宽泛，在认知上容易与其他的体育运动引起混淆，并且不能够体现出户外运动的特殊性。狭义的户外运动就是在自然场地（非专用场地）中开展的体育活动，这是对户外运动比较恰当的定义。其中，在自然场地的运动处于一种自然的状态，包括在自然环境下或在非运动目的建造的建筑中的运动项目，不包括在室外人工场地进行的高尔夫球、足球、沙滩排球等运动项目。除此之外，狭义的户外运动规定户外运动就是一种体育运动，因此不包括在自然环境中的生产、旅游活动。山地运动是最常见的户外活动形式。山地户外运动具有特定的定义，指的是在海拔3 500米以下的山区、丘陵上开展的户外运动。我国登山协会章程中明确规定，高山海拔指的是海拔低于3 500米的山区、丘陵。若是在雪线3 500米以上的地区从事活动，人们需要借助一些特殊的行军、饮食、住宿和攀登设备；若是在海拔3 000～3 500米及以上的山区进行生活，人们受空气中含氧量的降低和气压的降低影响，身体会产生不舒适，即高原反应。因此，3 500米是一个合理的分界线，我们通常把高于3 500米的地区称为高原。

（二）户外运动的基本特点

户外运动的活动区域是在自然环境中，复杂多变甚至有些恶劣，因此它是一项具有很高风险的运动。在户外运动中，团队中的每个人都是一个独立的个体，面对复杂多变的环境，如果有意外发生，救援会是非常困难的。户外运动的综合性很强，知识的覆盖面很广，涉及生理科学、心理科学、医学、地理科学、气候气象学、动植物学、人文学等多种学科知识，参加户外运动的人还要有果断的性格、较好的心理素质、合作精神。因此，一名优秀的户外运动者不仅要有较好的身体素质、丰富的户外运动知识，还要有良好的心理素质，勇于付出和牺牲。总体来说，户外运动具有以下几个方面的特点：

（1）户外运动的场地为自然环境，需要人们与自然近距离接触。人们只有用心体验、亲近大自然，才能领悟到大自然的真谛。

（2）户外运动具有一定的探险性、挑战性。参加户外运动的人员要有良好的心理素质，要有突破自我的心理准备，要有积极健康的心态。

（3）户外运动重视团队合作。在野外的恶劣环境中，团队的力量远远大于个人的力量。

（4）户外运动对身体、意志有较高的要求。户外运动作为专业性的运动，需要科学的训练方式，这对参与者的身心意志有非常高的专业要求。

（5）户外运动的综合性很强，所受到的影响很多，如气候、地理环境等。

（6）户外运动注重参与者的亲身实践、体验，通过参加户外活动，学习相关的知识，培养他们坚忍不拔的意志、较好的团队意识和良好的行为习惯。

另外，大学生户外运动特点有以下几点：

（1）活动空间的自然性。大学生在自然环境中可以使身心得到短暂的休憩，暂时性远离课堂、学校的压力，远离城市的喧闹，在自然的环境中得到直观的体验。

（2）活动性质的实践性。户外运动不同于室内课堂教授理论知识、间接经验，它需要大学生亲身体验、动手实践，最后由参与者对自己参加的活动进行总结，获得亲身的直接经验。

（3）参与人员的互动性。大学生在学校与课堂的互动一般就是通过上课、作业等比较独立的行为完成的，户外运动与传统的上课具有一定的区别，它是以团队、小组为参与的基本单位，开展具体的活动。小组内的成员要一同学习、生活，熟悉团队中每个人的分工、责任，认识到互相理解的重要性。

（4）活动内容的综合性。大学生户外活动需要其具备综合的身体素质、智力、团队协作的能力。活动的内容既要有关于身体素质的锻炼，也要有关于自然知识的学习，野外求生技能的训练、学习。

三、户外运动的分类与价值

（一）户外运动的分类

根据开展的场地不同，户外运动可以分为三类：水上运动、空中运动和陆地运动。目前，我国开展较广泛的主要是陆地户外运动（表1-1）。

1. 水上户外运动

水上户外运动主要包括漂流、扎筏、溯溪、泅渡等。

2. 空中户外运动

空中户外运动主要包括滑翔（有动力、无动力）、热气球、跳伞等。

3. 陆地户外运动

在陆地区域（包括大陆、岛屿）进行的户外活动就是陆地户外运动，包括山地户外运动、海岛户外运动、荒漠户外运动、高原户外运动等。

表1-1　陆地户外运动分类

大　项	系　列	项　目
山地户外	丛林系列	定位定向、丛林穿越、山地自行车、露营、急救等
	峡谷系列	溯溪、溪降、过涧、漂流等
	岩壁系列	攀岩、岩降等
	洞穴系列	洞穴探险
海岛户外	荒岛生存系列	觅食、宿营、联络、救援等
	滩涂系列	沙地拔河、负重、滑沙等
	水域系列	水筏岛、水中滚木等
荒漠户外	沙漠系列	沙漠生存、沙漠穿越等
	戈壁系列	戈壁生存、戈壁穿越等
	荒原系列	穿越、生存等
高原户外	高山探险	高山滑雪、登山等
	高原探险	高原徒步、峡谷穿越等

（二）户外运动的价值

1. 有利于参与者的身心健康

2007 年 4 月，教育部、国家体育总局、共青团中央三部委联合发布《关于全面启动全国亿万学生阳光体育运动的通知》，通过支持引导学生参加阳光体育运动，促进学校形成浓郁的校园体育锻炼氛围和全民参与的群众性体育锻炼风气，使青少年学生走向操场、走进大自然，在阳光下进行体育活动，培养体育锻炼的兴趣和习惯，提高学生体质健康水平。户外运动可以根据阳光、江、河、湖、海等不同的自然条件，从实际出发，开展登山、攀岩、漂流等不同的比赛。这些项目可以锻炼大学生的耐力、反应速度、灵活性、柔韧性、集体协调性等。活动内容丰富多彩，大学生可以根据个人喜好、身体健康状况有目的地选择锻炼。

心理学家对许多户外遇险又成功生还的人进行调查发现，在户外遇险时最大的难题往往不是技术，而是心理。恐惧和焦虑、烦恼和孤独使户外运动者心理产生巨大变化。我们在日常生活中不难发现，有些才能出众、学识丰富的人在面对一些自己能力范围内的工作时，本来可以很好地完成，但却未能出色完成；一些天赋很好、身体素质也很好的运动员平时运动成绩很好，但在正式比赛时往往不能发挥自己应有的水平，甚至经常失误。这一切都与心理素质有着极大的关系。户外运动等一系列的体育活动作为改善人们心理健康的有效方法，开始被越来越多的人所接受。

2. 有利于更好地适应社会

户外运动需要团队成员的合作。团队成员为了实现共同的目标，分工完成自己的任务，并在活动过程中互相帮助。户外运动使学生的思维变得更加敏捷，反应变得更加迅速，了解权力与义务的关系，正确认识公平竞争，培养其积极向上、勇于拼搏的精神，帮助其形成正确的价值观、道德观。

学生们通过参加户外运动，不仅进一步了解到身体、生命、环境与体育的知识，还能够了解社会生活所需的行为规范，尽快适应从学校到社会的过渡，以便更好、更快地融入社会。

登山、攀岩类的活动可以使大学生的毅力得到良好的锻炼，增强他们直面困难的勇气，使他们能有勇气挑战自我、超越自我，有助于他们以一种健康、平和的心态迎接生活中的困难与挑战。

3. 情感体验价值

三五个好友一起进行户外活动时，何尝不是一种乐趣？在蜿蜒的山路上一起向前行进，累了就席地而坐，渴了就喝一捧甘洌的泉水，饿了就与朋友一起享用食物，旅途中和朋友一同享受户外自然带来的欢乐。太阳落山后，几个好友可以一同制作可口的晚餐。晚餐后，满天星斗，皎洁的月光照下来，树叶飒飒作响，大家的烦恼也烟消云散，累了困了就支起帐篷，在睡袋里安然入睡，身心与自然相融。

4.教育价值

当代高校体育教学的内容、教学方法、教学目标也随着时代、经济社会的发展发生了变化。体育教学的思想核心是"阳光体育""快乐教学""健康为本"，其内容更加突出强调健身、娱乐休闲、趣味和实用等多方面的结合，由以"运动技术"为中心逐渐转变为以"体育方法、动机、活动及收获的经验"为中心。现在，户外运动的许多新型项目已经进入大学的体育课堂中，被大学生所接受。它强调实用性、娱乐性、趣味性、健身性和终身性的综合，这与我们所提倡的素质教育是相一致的。

5.观赏价值

在自然中，茂密的丛林、江河湖海、陡峭的山脉都能激起游览者观看的欲望，这些惊险、刺激、竞争激烈的户外运动都具有观赏价值。丰富多样的户外运动能够满足不同年龄、不同阶层人们的个性化的观看需求。

6.终身体育观的树立

当代社会发展需要人们树立终身体育的观念，因为快节奏和高强度的生活和工作需要人们有一个健康的身体。一个人要终身进行体育锻炼、学习体育知识，保持身心的健康。现代体育也逐渐认识到终身体育的重要性。高校的体育教学要将终身体育作为指导思想，注重培养学生的体育意识、体育能力，养成锻炼身体的好习惯，树立终身体育的观念。学校的体育教学要根据学生的兴趣、天赋因材施教，培养学生体育运动的能力，使学生最终热爱体育运动，积极参加体育锻炼，在参与体育运动中获得自我发展。

户外运动有很强的娱乐趣味性，强调身体配合等特点，能有效打破体育课内容简单且低效的重复以及高校体育停留在以运动技术为主的现象。参与户外运动活动既能锻炼身体、增强体质，掌握走、跑、跳等基本活动技能，促进身体全面发展，又能娱乐休闲。愉快的锻炼能使人得到心灵上的升华，缓解日常生活的压力，调节情绪，能使人得到一种积极向上的荣誉感和人与人之间交往的亲切感，能给人一种情感的体验。户外运动是健身的积极手段，养成经常参加体育锻炼的习惯，最终为培养终身体育观打下坚实的基础。

第二节　户外运动教学现状

一、户外运动教学在国外开展的现状

国外的户外运动开始得很早，并且传播得也很快。在美国，户外运动是学生的

必修课程，活动设施条件优良，而且有着专业的教师指导训练。户外运动在内容设计上丰富多彩，包括理解自然与人的关系的环境型教育计划，认识个人和同伴之间的协力、协调型计划，提高个人胆识的冒险型教育计划，充实教学科研内容的教育型计划等课程。

在法国，家长和一些学者们非常关注青少年学习的松弛紧张关系，所以在假期中，户外运动是他们主要选择的内容。德国的教育更加注重户外运动对学生成长的重要性，户外运动以一项暑假作业的形式出现，学生们可以在暑假参加的多种户外运动中学习到丰富的知识、技能。新加坡、英国、澳大利亚等国家联合开展了一项名为国际青年奖励计划的素质教育项目。这个项目主要面向 14 ～ 25 岁的青少年，主要是引导和支持青少年学生积极参与探险旅行等五种活动。其中的探险旅行的目的是培养青少年养成团队合作的意识、环保的观念、勇于探索的精神，可以采取骑马、步行、骑单车等各种形式。户外运动在日本也很受欢迎，得到蓬勃发展。例如，定向运动这类户外运动在日本的青少年学生中就很受欢迎。

二、户外运动教学在我国高校开展的现状

（一）高校户外运动课程开设情况

调查显示，67% 的高校大学生所在学校没有开设户外运动的课程，仅有 33% 的大学生所在高校有开设户外运动的课程，课程开设稀缺，这为大学生的户外运动的参与埋下了很大的安全隐患。

（二）高校户外运动社团基本情况

除了课堂，学校的体育社团组织也是大学生参与户外运动活动的主要形式之一。南开大学地理学会、天津大学天行健户外协会、天津工业大学自行车协会、天津财经大学定向越野协会、天津体育学院足迹户外运动俱乐部五所高校普遍拥有自己的户外运动社团或协会，开展项目也是其中的天津财经大学定向越野协会创立最早。该协会成立于 2004 年，多次参加全国性比赛并取得较好成绩，并带动天津市高校陆续开展户外运动、成立相关社团。徐州高校有少数学生选择俱乐部进行有计划、有组织的运动，大多数都是自己组织，还有极少数是学校社团组织和学校课程安排的定向运动。

（三）户外运动场地、器械配备情况

户外运动基本的场地、器械是否配备完善是影响户外运动能否开展下去的必备件之一。少数高校拥有简易的户外运动相关场地和器材，大部分高校没有相关器材，极大地妨碍了户外运动在高校的传播，也影响了其发展的可行性。例如，南开大学和天津大学拥有登山、攀岩的场地以及相关器械，天津财经大学拥有专业定向越野计时设

备、定向越野地图，天津体育学院拥有简易定向越野器材、攀岩墙。徐州高校44%的户外运动在徐州本地开展，主要集中于定向越野和徒步两大户外运动；而56%的户外运动都在大城市开展，如滑雪、攀岩、速滑和探洞等活动，当地场地、器械不能满足户外运动开展的需要。

（四）高校户外运动师资配置情况

教师是知识文化的传递者，起着桥梁和纽带的作用，所以户外运动教师是影响户外运动开展程度的重要因素。青年老师是发展户外运动活动的中流砥柱，对于户外运动在普通高校教育体系的发展进程有着极大推动作用。徐州高校超过2/3的被调查者认为影响他们参加户外运动的原因是师资配备不足，这也在一定程度上说明了大学生作为参与主体对获得专业指导具有强烈的主观期待。

（五）高校学生对户外运动的认知和喜爱程度

掌握学生对户外运动的认知和喜爱情况，便于高校更好地推广户外运动。天津市高校问卷调查显示，5%的学生了解户外运动，14%的学生比较了解户外运动，一般了解和不太了解的学生各占35%，完全不了解的学生占11%。天津市高校大学生对户外运动有一定的认知基础，增加了开展大学生户外运动活动的可行性。

调查显示，比较喜欢和一般喜欢的人数占总人数的71%，非常喜欢的人占13%，不太喜欢的人占10%，仅有6%的人完全不喜欢。很多学生认为户外运动新鲜，能够挑战自我，吸引他们参与活动；不太喜欢和完全不喜欢的主要原因是他们认为户外运动危险系数较高。由此可见，极大部分的学生是认可户外运动，乐于参与其中的。

第三节　大学生身心健康与户外运动

一、健康的概念

（一）何谓健康

健康是生命的象征、幸福的保证。人人需要健康，向往长寿，那么什么是健康呢？古往今来，人们对于健康的解释各不相同。过去，人们总认为"无病、无残、无伤"即健康，所以像"人的命是天生注定的"这种观点被一些人所认同。但是，随着经济社会的发展，医疗科技水平的进步，人们重新认识健康的概念，认识到心理的舒适与身体的健康同等重要，如果精神上压抑、惆怅，那么也不能算是健康。因此，对大学生进行健康教育，宣传和普及新的健康观尤为重要。关于健康的概念，有较多的论述和提法。

1. 三维健康模式

美国学者奥林斯提出了三维健康模式，指出要从生物因素、心理因素、社会因素三个方面评价人的生命状态，其中每个方面都包含健康、疾病两个方面，据此得出关于人的健康状况的三维表象，可以大致确定人的八种健康三维模式（表1-2）。

表1-2　八种健康三维模式

类　型	标　志	身体方面	心理方面	社会方面
1	正常健康	健康	健康	健康
2	悲观	健康	不健康	健康
3	社会方面不健康	健康	健康	不健康
4	患疑难病症	健康	不健康	不健康
5	身体不健康	不健康	健康	健康
6	长期受疾病折磨	不健康	不健康	健康
7	乐观	不健康	健康	不健康
8	严重疾病	不健康	不健康	健康

资料来源：F.D.奥林斯，《健康社会学》，1992年版

2. 健康五要素说

美利坚大学的国家健康中心提出了一个新的健康定义——健康五要素。该定义指出，一个人只有身体、情绪、智力、精神和社交五个方面都健康，才可以称为健康、完美的状态。

（1）身体健康。身体健康的主要标志是无病，还包括具有良好的体能，这样一个人才能有效地预防疾病，增进健康，提高生活质量。

（2）情绪健康。情绪健康指的是一个人的情绪能够处于一种稳定的状态，即个人有能力应对生活、工作、学习中的各种压力，使自己的情绪保持在一个稳定的状态，情绪偶尔的小波动均属正常。

（3）智力健康。智力健康就是一个人的大脑能够在长期的学习、生活中保持一种活跃、兴奋的状态。

（4）精神健康。精神健康指的是一个人能够尊重、理解他人，站在他人的角度思考，关心和尊重所有生命，对生活充满信心和希望。这一要素对不同宗教、文化和国籍的人意味着不同的内容。

（5）社交健康。社交健康指的是一个人可以充满自信地与周围的人交往，能与人和睦相处，具有良好的社交能力。

身体健康、情绪健康、智力健康、精神健康、社交健康这几个要素是紧密联系、相互作用的。这几个要素在人一生中的不同阶段所发挥的作用不同，不能忽视某一个要素的作用，只有这几个要素平衡发展，才能称这个人是健康的状态。

3. 世界卫生组织关于健康的概念

关于健康的概念，世界卫生组织的论述具有较高的认同性和权威性。它提出了新的关于健康的定义：健康不只是无病，还应该包括社交的健康、精神上的健康、心理的健康。这就充分表明，健康在生物属性方面，不仅指人体没有病痛，而且强调人在气质、性格、智力等方面的完好状态。在社会属性方面，健康要求人们的社会活动、人际关系、社会地位、生活方式、环境、物质和精神生活的满意度等方面正常。世界卫生组织为了让人们更准确地理解健康，重新制定了健康的标准：

（1）精力充沛，能够有条不紊地处理工作中的难题，能够把工作、生活处理得井井有条，不会感到特别疲劳。

（2）对生活充满信心，积极阳光。

（3）善于调整、规划自己的时间，合理休息。

（4）能够适应多变的环境。

（5）具备一定的免疫力，对于一般的感冒和传染病有抵抗的能力。

（6）体重适当，身体匀称，站立时头、肩、臂位置协调。

（7）思维敏捷，眼睛有神。

（8）牙齿干净，颜色正常，牙龈不出血。

（9）头发无头屑，清爽干净。

（10）皮肤富有光泽、弹性，肌肉丰满。

科学技术的迅速发展和新兴边缘科学的出现，使人们对健康的认识和要求不断更新、扩张，并赋予健康更丰富的内涵。真正的健康不仅仅指生理功能无异常，还应该包括健康的心理状态和较好的适应周围社会环境的能力，即生理的健康和心理的健康。生理健康与心理健康两者联系紧密，生理健康为心理健康提供基础和保障，心理健康为生理健康提供条件，只有心理和生理同时健康才是真正的健康。

（二）亚健康

亚健康不是标准意义的健康，也不属于疾病，而是身体处于疾病与健康之间的状态，又叫"灰色状态"或"第三状态"。身体处于亚健康状态就是虽然身体的状态不够好，但医学检查所得的各项生理、生化指标均无明显异常。在此状态下如能及时调控，可恢复健康状态，否则会发生疾病。研究结果显示，亚健康状态形成的原因是机体组织结构的老化和生理功能的弱化、衰退，因此，现代医学把人体的衰老也列入亚健康状态。

临床上的亚健康状态表现为内分泌失调、神经衰弱、更年期综合征等。它在心理上可表现为反应迟钝、无精打采、失眠多梦、脾气暴躁、易怒、无法很快集中注意力、记忆力的衰退、健忘，生理上表现为疲劳、气短、无法承受稍微重一些的劳动、盗汗等。除此之外，心脏的功能也会受到影响，会出现心悸等症状。

国内外研究表明，现代社会中处于亚健康状态的人约有70%，处于病态的人约有15%，处于完全健康状态的人约有15%。打个比方，生命过程就像一个两头尖的橄榄，健康和疾病是两个尖端，中间突出部分就是处于健康与疾病之间的亚健康状态。亚健康可以划分为前后相联系的几个部分，由健康向亚健康过渡的状态称为"身心轻度失调"，这部分人大概占25%～28%。但是，如果在"身心轻度失调"时不加以调整，那么就会向疾病的状态转变，人群中这种状态的人超过1/3。他们除了表现为身心失调外，还常伴有慢性咽痛、反复感冒、精力不支等。除此之外，还有大概10%的人处于潜临床和疾病之间，称为"前临床"状态，他们的身体已经开始向疾病的状态转变。

（三）影响健康的因素

影响人健康的因素很多，主要有遗传因素、心理因素、环境因素、行为与生活方式因素、社会保健制度因素。

1. 遗传因素

"龙生龙，凤生凤，老鼠的儿子会打洞"，这就是常说的遗传。受遗传的影响，后代会与亲代的样貌、体态、智力、性格具有相似性，但亲代也会将一些疾病遗传给后代。现代医学研究表明，遗传病种类多，复杂多样，可用一些治疗方法纠正和缓解，但至今还没有有效的根治方法。遗传病不仅影响个体的生活，还是一个社会难题，影响人口整体素质的提高。对于遗传病，最重要的还是预防，如提倡科学婚姻，用法制控制近亲结婚。

2. 心理因素

心理因素和身心健康的关系可以从以下三个方面分析：

（1）消极的心理状态能引起多种疾病。经医学研究表明，当代的多种疾病都与心理因素有关，如心脏病、高血压等。临床医学也表明，紧张、悲伤、焦虑等情绪会影响身体的健康，会导致失眠多梦、心跳过速、血压升高、月经紊乱等。

（2）消极的心理状态会使各器官系统功能失调，而积极的心理有助于身体保持健康的状态，有助于身体的各个器官保持正常运行，有助于人的免疫力的提高。

（3）在治疗病痛的过程中，心理因素具有极其重要的作用。心理治疗的作用主要有两个方面：一方面是给患者打气，帮助其坚定信念，相信自己的病能够很快治疗好，让患者保持良好的情绪，以保证患者配合医护人员的治疗；另一方面是由心理因素引起的疾病要注重消除患者的消极心理、消极情绪。

3. 环境因素

随着现代医学的发展，人们逐渐意识到环境对健康的影响非常大。深入了解环境，认识环境与人体健康的联系，自觉地保护环境，是开展健康教育的基础。影响人体健康的环境可分为自然环境与社会环境。

（1）自然环境。人体本身就与自然密不可分，人类的食物是自然赐予的，自然环境为人的发展提供必要的物质条件，人类也在不断地改造着自然。人类在与自然相处的过程中，将大量的垃圾倾泻给自然，造成环境的污染，对人体健康产生不良影响。研究表明，影响人体健康的自然环境因素主要有化学性因素、物理因素和生物因素。

（2）社会环境。社会环境指的是人类在自然环境基础上，有目的、有计划地创造而成的人工环境。人工环境是人类物质文明和精神文明发展的标志。社会环境包含社会经济因素、文化教育因素、政治因素、社会道德因素等，其中社会经济因素起决定性作用。良好的社会环境可以促进健康，反之则会危害健康或导致疾病。

4. 行为与生活方式因素

好的行为习惯会使人终身受益，不好的行为习惯和生活方式会危害人的身体健康。现代社会生活方式的多样性使个人的行为和生活方式对健康的影响不断增加。美国曾在20世纪70年代对10种主要死因与影响健康的原因进行了调查，结果表明，高达48.9%的人的死亡原因是个人不良的生活方式和行为习惯。美国一位资深的保健学家培洛克曾做过一次研究，对几千名成年人进行了长达35年的跟踪调查，发现有6种比较好的行为习惯：不随便吃零食，三餐定时；每周进行体育锻炼；保证睡眠充足；不吸烟；不过度喝酒；体重保持在正常的范围。具有这几种行为习惯的人的寿命会比其他人高，因此好的行为习惯会对身体健康产生积极影响。

5. 社会保健制度因素

保健指的是为了保持人体健康、远离疾病、提高人体免疫力、促进患者康复的一系列措施。健全的社会保健制度有利于提高社会整体的健康水平。

社会保健制度包含的方面很多，最核心、关键的是卫生保健制度。卫生保健针对的是一定区域内的人群，为其提供增进健康、预防疾病、治疗伤病以及促进身心健康等关于医疗卫生方面的服务。例如，开展针对性的健康教育，提供安全饮用水和基本卫生设施，改善食品供应及合理营养，提供日常基本药物、基本疫苗的接种等服务使所有个人和家庭在能接受和能提供的范围内，享受到基本的卫生保健。

二、大学生生理与心理的主要特征

（一）大学生的主要生理特征

1.身体形态特征

这一阶段的大学生的年龄处于由青春期的后期向青年前期的过渡阶段，是生长发育的第二次高峰期。由于性激素的作用，肌纤维变粗并向横向发展。随着骨骼增长和肌肉增重，身高和体型都发生了明显的变化。在肌肉、骨骼发育的同时，体内增添了大量的新鲜血液，身体的各个器官发育达到成熟。同化作用与异化作用基本平衡，有机体处于比较稳定的阶段，身体各器官系统的生长发育逐渐完善。大学生会逐渐认识到自己已经是一个成年人，认识到自己的责任，产生强烈的"自我意识"，关注自己的身高、体重、能力、性格等，这是青年心理特征产生的重要的生理基础。

2.身体机能特征

（1）神经系统。大学生阶段人体神经系统的发育已渐趋成熟，神经的兴奋与抑制处于均衡的状态，分析问题的能力有所提高，第二信号系统发展成熟，与第一信号系统互相协调，使人体的神经系统的功能，达到最佳的状态，表现为注意力集中、观察力强、记忆力好、想象力丰富。因此，大学生时期是非常美好的时期，适合学习新的知识，了解新的事物。

（2）心血管系统。心血管作为非常重要的组织系统，它的成熟比较晚。大学阶段，学生的心血管逐渐发育接近成人水平，心肌纤维逐步增粗，收缩力加强，脉搏输出量增加，心率逐渐减慢，血管壁弹性好，这些为人体进行高强度、长时间运动提供了生理保证。

（3）运动系统。大学阶段，学生的身体不断发育，骨骼也渐趋成熟，骨骼中的无机盐占比逐渐增多，水分逐渐减少，骨化过程明显，骨头更加健壮，承受压力的水平提高。受激素的影响，肌纤维增粗，肌肉的横断面增强，肌肉的力量更大。20～25岁，人的骨骼发育完成，30岁左右肌肉发育完成。

（4）呼吸系统。大学阶段，学生的各项器官逐渐发育达到成熟，肺的功能逐渐完善，呼吸系统的各个组织结构逐渐完善，胸廓增大，换气效率提高，肺活量较之前有明显的提高。

3.身体素质与运动能力的特征

（1）身体素质。身体素质是指人体在完成动作过程中所表现出的力量、速度、耐力、灵敏、柔韧等机能。身体素质水平的高低建立在身体结构、生理机能和健康水平的基础上。大学生的耐力素质、瞬间的爆发力、运动速度都处于人生中的最高水平，在个体方面、性别方面均存在差异。在力量、耐力、瞬间爆发力方面，男生要强于女生；在柔韧度、身体协调性方面，女生要强于男生。由于女生的身体重心相对男生要低，所以她们对平衡的掌握要优于男生。大学生的身体素质一般来说处于人生中高水平阶段，如果能够坚持日常的锻炼，其高水平可保持较长时间。

（2）运动能力。大学阶段，学生的身体处于发育的后期，接近成熟，所以发育的速度变得缓慢，但影响人运动的骨骼肌仍处于重要的发育阶段，通过参加适当的体育锻炼，有助于使体态处于正常的状态。心血管系统与呼吸系统的发育为运动提供了保证，大学生要重视耐力锻炼，提高肺活量，增强体质，促进身体健康。

4. 第二性征的出现

大学生的第二性征已趋成熟，男性表现为体形健壮，肩部增宽，喉结突出，声音低沉，体毛增多，长胡须，肌肉变得结实有力；女性表现为身材窈窕，乳房隆起，声调变高，肢体柔软而丰满，骨盆增宽，臀部变大，皮下脂肪量缓慢增长。第二特征的出现与性腺发育、分泌性激素密切相关。

（二）大学生的主要心理特征

大学生在生理发育的同时，心理也在发生变化，这一阶段被称为"心理断乳期"。这一阶段，大学生的心理复杂、多变，逐渐变得主动、独立、成熟，个性化发展明显，有自己独立的思维，心理逐渐发展成熟，对于生活、学习中压力的承受能力增强。

1. 敏锐的认识能力

在大学阶段，学生的心理会有一些变化，对于事物的观察更加细致、集中，概括能力提高；对于事物的理解、认识更加深刻，广泛正确性更高；想象力更加丰富，对未来充满想象，能够将自己的想象、兴趣爱好与自己的职业追求相结合；记忆力变得更强，偏重于理解性的记忆、效果性的记忆，意义性记忆占重要地位；思维会偏向抽象性、逻辑性，这也标志着智力的发展成熟。认识能力的不断发展使他们有了自己的独立思维，敢于提出自己的想法，发表自己的看法。

2. 丰富而热烈的情绪

大学生的情绪丰富而热烈，冲动性和爆发性更加强烈，更具有激情。这种激情是一柄双刃剑，有利于大学生直面逆境、勇敢前进、更加热情，但这种激情会使大学生容易冲动，不够理智，不能估计自己真正的水平，盲目自大。大学生的情绪还不够稳定，常常会表现出双重的性格特征：积极与消极、热情与冷漠、外向与内向。大学生心理逐渐发展，对于社会的认识逐渐成熟，经历更加丰富，促进他们形成正确的人生观、价值观、世界观。

3. 自觉性和坚持性较强的意志力

大学生的行为具有明确的目的性，而且比较自觉，其行为动机与奋斗目标一般情况下是一致的，以求行为与所想取得的目标达到一致。

大学生在执行意志行动的过程中，情绪是比较稳定的，体现了克服困难的勇气和坚持到底的决心。但是，在对意志行动动机的选择上，他们的动机往往是比较复杂的，并且是不会轻易显露的。他们缺乏判断能力和辨别能力，在选择意志行动动机时，有时由于境界不高，而使其失去进步的社会意义，甚至会出现与社会稳定和社会发展相背离的行为。所以，大学生坚强的意志培养有一个磨炼过程。由于大学生缺乏坚韧性和自制力，有时他们在锻炼坚强意志的过程中会遇难改向、知难而退、半途而废。

4. 自我意识进一步发展

步入大学后，人的自我意识达到较高的水平，这体现在独立性明显增强，对个性成长特别关心和产生较强的自尊心等方面。但是，大学生在自我意识的发展中矛盾较多，如独立性与依赖性的矛盾。一方面，大学生的成人感和独立性明显增强，他们除了在经济上大多未能独立外，其余方面已经变得相当独立，大多数人已摆脱了家庭的监护，希望以一个"成人"的角色进入社会，渴望得到社会的尊重和信任。另一方面，大学生在高中时期为了能从激烈的高考竞争中取胜，几乎把全身心都投入学习之中，父母、教师也对其采取过分保护的态度，而封闭式的学习环境和单纯的生活经历又使他们对挫折的承受能力和面对困难时自我的排解能力很差。因为他们有生活能力较差、对父母的依赖性较强但又非常渴望独立生活的特点，所以他们在产生独立生活的想法时内心会产生冲突，进而产生不良情绪。这种矛盾使大学生情绪不稳定的现象加剧。

在大学阶段，个体的自我意识进入新的发展时期。随着文化知识的学习，大学生的用语会不断地雕琢，思维会不断地拓展，再加上身份的转变，他们在大学时期社会交往会不断扩大，人际关系会进一步深化，这些因素都会导致大学生独立意识的明显增长。在大学时期，个体对自我价值的实现、自我素质的提高、自我修养的完善等自我追求实现的愿望日益强烈。对自我认识兴趣的增长是大学生自我意识增强的集中体现。他们主要是在自我的社会价值方面进行自我了解、自我发现。同时，他们不断完善自我，以独立的人格取得社会的认可。在社会交往时，他们为了显示自己是生活的强者，时刻表现出一种强烈的自尊心、自信心和进取心。但是，他们的心理承受能力往往较弱，心理平衡的控制能力较差，在前进的道路上，一旦遇到风险和挫折，这种自尊心又极易变成自卑感，甚至自暴自弃，丧失自信心和生活的勇气。这也充分反映出他们的心理素质还不是很成熟，尚需不断地提高其心理承受能力和应变能力。

5.人际关系的进一步发展

对许多人来说，大学生活可能是人生学生生活中的最后一站。如何在大学生活中建立良好的人际交往关系是大学生面临的主要问题。在大学中存在这样的情况：有些大学生因为纷繁复杂的人际交往关系不敢与人交往；也有些大学生因为自己不善于与人交往而苦恼。

与不同的人交往有不同的目的，大学生的人际交往目的主要有以下几个方面：一是与同性朋友交往，这个方面的目的主要是利己和互利；二是与异性交往，这个方面的目的比较复杂，有利己、利他和互利等。大学生在挑选不同的交往对象时也会有不同的选择标准，对同性朋友而言，受大学生喜欢的特征是忠诚有为、乐于助人、个性鲜明、忠厚老实等，讨厌的特征是奸诈、胆小冲动、浮夸贪心等；对异性朋友而言，受人喜欢的特征是律己宽人、成熟豁达、独立自强等，不受大学生喜欢的特征是目中无人、虚伪势利等。

当然，大学生在人际交往中会出现许多这样那样的问题。导致大学生人际关系紧张的原因主要有两个方面：一是一些大学生无法适应由备受瞩目到毫不起眼的生活转变而顾影自怜，遭到同学的反感；二是由于大学生来自五湖四海，有着各自的生活习惯和思想观念，一些学生不主动地去适应新环境，不接受其他同学的生活习惯，对他人横加指责，在不经意间伤害了别人的感情和利益。

三、户外运动对大学生身心健康的作用

（一）户外运动对大学生身体健康的作用

1.户外运动对运动系统的影响

运动系统的首要作用是使人运动。它是由骨骼、骨连节（关节）和肌肉三部分组成的。在神经系统支配下，运动是由肌肉收缩牵动骨骼产生的，是以骨骼为杠杆、关节为枢纽、肌肉为动力实现的。户外运动对骨骼肌及骨骼的形态结构有良好的作用，具体表现在以下两个方面。

1）户外运动对骨骼肌形态结构的影响

（1）肌肉体积增大。户外运动中力量练习可使肌纤维最大限度地增粗。

（2）肌纤维中线粒体增多，体积增大。

（3）肌肉中脂肪减少。在活动不多的情况下，骨骼肌表面和肌纤维之间有脂肪堆积，影响肌肉的收缩效率，通过户外运动，特别是耐力项目，可以减少肌肉脂肪，提高肌肉收缩效率。

（4）肌腱和韧带中的细胞会随着肌肉内结缔组织增多而增殖，变得结实粗大，从而使抗拉断能力增强。

（5）肌肉中的化学物质会发生相应的变化，如肌肉中肌糖原、肌球蛋白、水分等化学物质都会相应地增加。这些化学物质的增多提高了肌肉的收缩能力，能够及时供给肌肉能量。

（6）肌肉中毛细血管增多，体力运动可使肌肉毛细血管数量和形态都有所改变，提高肌肉的工作能力。

2）户外运动对骨骼形态结构的影响

长期坚持户外运动可使骨密质增厚、骨变粗、骨小梁排列更加整齐、有规律，使骨骼成长得更加粗壮和坚固，骨骼在抗折、抗压缩和抗弯曲等方面的性能都会提高。

户外运动的项目不同，对骨骼的影响也不同。经常从事跑跳等下肢运动的项目，对下肢骨骼的影响较大；而经常从事攀岩等项目，对上肢和下肢的骨骼影响较大。户外运动不但可以使关节面骨密质增厚，从而能承受更大的负荷；还能增强关节周围的肌肉力量，使肌腱和韧带增粗，关节面软骨增厚，加大关节的稳固性，增加关节的运动幅度。在运动停止后，骨骼所获得的变化会慢慢消失，因此，户外锻炼应经常化，项目要多样化。

2. 户外运动对心血管系统的影响

人体细胞需要足够的营养物质供应使其生存并发挥作用，同时，在细胞代谢中产生的代谢产物能够被及时地运出体外，这一切均依赖于心血管系统完成。心血管系统是由心脏、动脉、毛细血管和静脉血管组成的密封管道。心脏是血液循环的动力，血管主要充当血液运输的管道系统，血液充当运输的载体。在心脏"泵"的推动作用下，血液沿着血管周而复始地运行，将细胞所需物质带来，将代谢产物运走。由此可见，血液循环系统对生命有何等重要的意义。

1）户外运动对心脏功能的影响

（1）心脏增大。一般人心脏重量约300克，运动员可达400～500克，心肌纤维较粗，其内含蛋白质增多。心肌毛细血管口径变大，数量增多，供血量相应加大，为适应运动，心脏功能性增大。

（2）心脏的容量和每搏输出量增加。一般人的心脏容量为765～785毫升，而运动员可达1015～1027毫升，由于心脏肌纤维变粗，心壁增厚，收缩力增强，故每搏动一次输出量也明显增加，一般人安静时为50～70毫升，而运动员可达130～140毫升，这也提高了心脏的储备力量。例如，心脏在安静状态下，脉搏的频率较低，活动时升高不多，紧张剧烈活动时则升高明显，但停止运动后又能很快地恢复到安静状态。

2）户外运动对血管的影响

（1）增加动脉管壁中膜的厚度，增多弹性纤维的数量，使血管的运血功能增强。

（2）改善毛细血管在器官内的数量和分布。例如，骨骼肌肉的毛细血管增多、口径变大、行程迂曲、分支吻合丰富。故可以改善器官的血液供应，从而提高和增强器官的活动功能。

3. 户外运动对呼吸系统的影响

1）增强呼吸肌力，提高呼吸功能，增加肺通气量

运动时，由于运动肌肉对能量的需求剧增，机体对氧气的需求也相应显著增加，即需氧量与运动强度、运动时间成正比。机体为了尽力满足肌肉运动的氧需求，会充分利用呼吸肌的潜力，使之发挥最大功能，力争吸入尽可能多的氧气。久而久之，呼吸肌将得到更好的锻炼。

2）提高胸廓顺应性，增加呼吸肌活动幅度，增大肺容量

（1）肺活量是指全力吸气后又尽力呼出的气量。它是反映通气功能，尤其是通气容量最重要的指标之一，与呼吸肌力量、胸廓弹性等因素有直接关系。成年男子肺活量正常值为 3000 ~ 4000 毫升，女子 2500 ~ 3500 毫升，户外运动者尤其是从事耐力运动的人肺活量会明显增加。

（2）通气量是指单位时间内尽可能地呼吸时进出肺的气量，一般人为每分钟 180 升左右，这是衡量通气功能最重要的指标之一。训练者的呼吸肌力量大，肺容量大，所以呼吸深度较大，而且，由于呼吸肌力量及耐力较好，所以呼吸频率也高，故训练者最大通气量明显高于常人，可达每分钟 250 ~ 300 升。

4. 户外运动对神经系统的影响

1）促进神经系统的发育

美国一家研究机构对小鼠的研究结果证明，生命初期进行体力活动会促进大脑控制四肢肌肉活动的运动中枢的发育。研究人员把两窝小鼠在断奶后分成两组：一组放在一个小笼子里，除进食和喝水外，没有其他活动余地。另一组放在大笼子里，内装各种活动设备，可以跑、游泳、走绷索和每天在小车轮上跑 10 分钟。7 天后，研究人员发现活动少的鼠的大脑重量减轻了 3‰，大脑皮质薄了约 10‰。有意思的是，活动多的小鼠的大脑皮质细胞比活动少的小鼠长得更大，分支也更多一些。这表明活动多的小鼠的大脑可以处理更多的运动信息，人们由此推论，人类在婴儿时期进行适当的运动，有助于大脑发育和提早学会走路。科学实验也证明，加强婴儿双手的屈伸训练，会加速婴儿大脑的发育。例如，加强婴儿左手的屈伸训练，会加

速右半球大脑的成熟。科学家进一步发现，以右手劳动为主要劳动的成年人，其大脑左半球的语言机能发育较好，其左脑的体积也比右脑大。这些科学实验表明，身体锻炼对神经系统的发育和完善有非常重要的意义。

2）提高神经系统的灵活性

户外运动可以通过释放介质提高神经的灵活性。它的作用过程是先增多神经细胞突触中传递神经冲动的介质，然后在传递神经冲动时释放较多的介质，通过缩短神经冲动在突触中传递的时间加快突触的传递。例如，定向越野跑起跑时，训练有素的户外运动者听到发令信号时，起跑反应非常快。

3）改善和提高中枢神经系统的工作能力，使人头脑清醒，思维敏捷

大脑是发出人体一切活动指令的最高指挥部。人脑工作时所需氧气的量是肌肉工作时所需氧气的 15～20 倍，这些氧气需要由心脏总流出血量的 20% 来供应。这说明，虽然大脑的重量只占人体的 2%，但所需的氧气量是任何器官不能企及的。这也就解释了为什么长时间进行脑力劳动使人感到头昏脑涨。因为长时间伏案工作的脑力劳动者具有呼吸浅、血液循环慢、新陈代谢低下、腹腔器官及下肢部血液停滞等现象，这些现象会导致大脑供血不足从而缺氧感到头昏脑涨。

积极参加户外运动可以使大脑更好地供血和供氧。参加户外运动可以使大脑皮质兴奋区域和抑制区域更为集中，如兴奋区域增加，抑制区域加深，并且整个神经系统的均衡性和灵活性也会有所加强，大脑对体外刺激做出的反应更加迅速，分析更加准确，综合能力大大加强，从而使整个机体的工作能力大大提高。

5. 户外运动对免疫机能的影响

1）改善免疫机能

免疫机能是体质的代表性指标。运动能够增强体质，不仅指身体运动能力的提高，还包含免疫机能的增强，如此，人类才能抵抗与适应不断恶劣的外界环境。运动对健康有利，这一观点大家已经达成共识，而且在进一步研究中，科学家们发现经常参加户外运动的人有很强的抵抗力，户外运动也可以降低心血管疾病的风险并提高生命的质量。科学的户外运动锻炼可使机体在遇到刺激后，免疫功能为维持机体内环境稳定而加快动员速度。因此，户外运动可使免疫调节因素得到明显改善。

2）提高机体对外界环境的适应能力

适应能力是指人体在适应外界环境中所表现的机体能力。它包括对外界环境的适应能力和对疾病的抵抗力。长期在各种气候和环境，如严寒酷暑、风雨霜雪或空气稀薄等条件下进行户外运动，能改善机体体温调节的机能及机体适应外界环境的能力。

6.户外运动可以预防疾病、延缓衰老

每个人都要经历出生、生长发育、衰老、死亡这个过程，这是生命的规律，任何人都无法违抗这种生命规律，但体质优劣和衰老的速度却是人们可以掌控的。

实践表明，人体会随着发展条件的改变沿着不同的方向生长。在较好的条件下（科学合理的生活方式）人们会推迟衰老、延年益寿；在不好的条件下，人的体质会衰弱得较快，甚至未老先衰。人的寿命是随着人类的进化和社会进步不断延长的，根据科学的推测，人类的寿命应该在100岁以上，我国古代的医书《内经》就有"尽终天年，度百岁乃去"的说法。但人类普遍未达到"尽终天年"便去世了，真正由于"衰老"或"脏器萎缩"去世的仅有0.3%，其他绝大多数是各种社会因素或疾病造成的。

户外运动可延缓神经系统的衰老过程。长期户外运动可提高神经系统对兴奋与抑制的调节能力，还能通过肌肉活动调节大脑皮质功能，减缓脑动脉硬化过程，保持正常的脑血液循环，使脑动脉中的氧气含量升高，改善脑细胞氧气和营养供应，延缓中枢神经细胞的衰老过程，提高中枢神经的工作能力。美国斯坦福大学医疗中心的专家对户外运动的调查发现，户外运动可以使人在年龄较大的时候保持头脑清醒，思维敏捷。调查了32名24~59岁的户外运动者和非运动者后我们发现，经常从事户外运动的人脑迟钝的趋势不明显，因此得出结论，户外运动可以防止随着衰老而出现的大脑思维迟钝现象。

总之，户外运动的健身功能已得到科学证明。经常参加运动能使大学生体形健康，姿态矫健，精力旺盛，这也是一个民族精神文明的标志之一。

（二）户外运动对大学生心理健康的作用

人的感觉、知觉、记忆、思维、情感、性能、能力等心理过程和个性心理特征会受到户外运动的积极影响而不断改善，户外运动与心理学基础是个复杂且重要的问题。

1.户外运动对智力发展的影响

对智力的定义，现代心理学家尚没有形成一致的看法。有些人认为对新环境的适应能力是智力的体现，也有人认为学习能力就是智力，还有人认为处理复杂、抽象事实的能力是智力。一般来说，智力可以被理解为是以思维能力为核心，包括观察力、记忆力、想象力等因素的能力。智力不是由单方面形成的，它是由多方面如遗传、后天教育、环境影响以及个人努力等因素相结合并共同作用而形成的产物。户外运动对人智力的作用可分为短期效应和长期效应两个方面。

1）户外运动对智力发展的短期效应

人的智力水平可以从记忆、思维、想象、判断等心理能力表现出来。人的大脑是形成这些心理能力的物质基础。大脑适宜的工作条件表现为以下两个方面。

（1）充足的血液供应。在血液循环中，供给脑部的血液量占心脏排出量的1/4，耗氧量占全身的1/5。从大脑和心脏的位置来看，大脑的位置比心脏的位置高，因而大脑需要的血液不但要靠心脏"泵"压上去，还要靠运动促进血液循环。由此得出结论，身体长时间处于安静不运动的状态对大脑的工作是十分不利的。实验证明，学生在上午第二节课结束后进行30分钟的户外活动性游戏，可将智力提高2～3倍。

（2）脑处于适应的兴奋状态。智力活动是由许多不同的神经元群参与完成的，它不仅可以满足大脑消耗的补充，而且可以使大脑处于适当的兴奋状态。这种状态可以通过户外运动调节和延长。科学证明，智力活动造成的疲劳比体力活动造成的疲劳更深、更难以消除，恢复过程也更长。在进行户外运动时，运动中枢处于兴奋的状态，这种状态可以抑制其他中枢的活跃，使其他中枢得到充分的休息。智力活动后的户外运动可以减轻智力活动带来的疲劳，提高睡眠质量，对缓解神经衰弱等症状的作用十分明显。

2）户外运动对智力发展的长期效应

户外运动对人的智力不但具有调节和放松大脑的作用，它对智力的开发还具有长期性的作用，在这一点上户外运动具有更大的价值。大学时期，各种户外活动对扩大脑容量（增加脑细胞和提高脑细胞的工作强度）、达到较高的智商水准是很有益的，对智力活动的强度、灵活性、准确性和持续性能起到良好的作用。

2.户外运动对精神、情绪的影响

1）户外运动可使人心理保持适宜的紧张度

人体各器官系统根据内环境的变化总需要保持适度的紧张度或放松度，过度紧张对神经系统、运动器官、内分泌系统，特别是心血管系统的危害极大。

参加户外运动可以对神经系统、心血管系统进行锻炼，提高人体对快节奏生活的应变力和耐受力，克服人们对快节奏生活的抵触、恐惧、厌烦和急躁的心理障碍，增强人们在快节奏生活中的自信心。

2）户外锻炼可以减少和避免多种身心疾病

现代身心医学证明，人体的某些疾病主要是由心理不健康引发的。可称为身心疾病的有支气管哮喘、消化性溃疡、原发性高血压、甲状腺功能亢进、神经性皮炎、类风湿性关节炎等。

人在参加运动时，机体在产生各种生理变化的同时，也产生心理变化，这对理智感、道德感、美感有重要的作用，同时对意志品质和性格将产生良好的影响。经常从事户外运动的人身心疾病的发病率大大低于不坚持锻炼的人。户外运动在人的生理健康和心理健康方面起着重要的调节作用。它既可通过改善体质状况调整人的心理健康水平，又能通过改善心理状态提高人的身体健康水平。所以说，户外运动是促进身心健康的有力手段。

总之，户外运动在人一生的社会化过程中起着重要的作用，而这种作用又是其他活动不能替代的。人们应该自觉地运用身体锻炼这种手段，推动个体在家庭、学校、社会中的社会化过程，使个体能更好地适应社会的需要，进而促进社会协调发展。

3. 户外运动使自我良好感更为清晰

心理自我良好感，也称"感觉良好现象"，是心理健康的重要标志之一。它是指人们在积极参加身体锻炼时，会感受到某种兴奋，产生自信心和自尊感等积极情绪且不会有消极情绪的体验。

研究表明，运动对心理自我良好感的评价有积极的作用，积极参加户外运动的人自我感受和评价比不积极参加户外运动的人更加良好，其中女性比男性的感受更加强烈。产生这种正相关的原因是户外运动者发自内心地产生了愉快乐趣，而女子较男子更富有感情色彩，更具有自我投入的倾向。一般体能强的人有更高水平的自我概念和更充分的身体感触，肌肉力量与自尊感、自信心、情绪的稳定性和性格是否外向成正相关。因此，高评价的自我概念与高水平的身体概念和体能状况相关。

4. 户外运动有助于良好的意志品质的形成

意志品质是一个人自觉、自制、果断、坚韧、勇敢顽强和独立主动精神的集中体现，也是造成个人行为稳定的多种因素的总和。户外运动的参与者积极投入激烈的对抗环境中，根据气候条件的变化不断调整动作的难度以及增强克服外部障碍等困难的主观畏惧心理，在疲劳和运动损伤等困难面前迎难而上，提高协调能力、应变能力、果断毅力等，保障在顺境中头脑清醒，逆境中奋发图强、不断进取。户外运动的任务越困难，对个体的意志锻炼的作用越大，心理承受能力越能得到加强，也就越能够适应复杂的社会环境。

5. 户外运动有助于形成和谐的人际关系

造成人与人之间感情交流缺乏和人际关系疏远的主要原因是现代社会快节奏的生活方式。人们的相处模式越来越趋向封闭，使社会缺乏互动和交流。户外活动使人与人之间产生亲近感，特别是在竞争中，不同职业、年龄、性别、文化素质的人相聚在户外，个人之间、集体之间的相互交流和协调更加频繁。

户外运动可加强集体之间团结的凝聚力。参加户外活动的人们不论之前相识与否，在活动的过程中，都可以找到相互交流的方式，一个熟悉的手势、一套流畅的动作，都可以使人们团结、合作的欲望在运动中很快得到满足。户外活动能结识很多朋友，大家和谐相处、友爱互助，这会使参与者心情舒畅、精神振奋。

第四节　高校户外运动教学制约因素与解决策略

一、高校户外运动教学的制约因素

（一）高校户外运动课的开设率低，部分学生对户外运动不是特别感兴趣

与其他课程相比，高校户外运动课开设率较低。调查数据显示，在多种因素的影响和制约下，目前我国高校户外运动的开展仍未受到应有重视。

对高校大学生是否乐于参加户外运动这一情况的调查发现，高校大学生并不都喜欢参加户外运动。对云南省高校大学生调查结果显示，16% 的高校大学生不喜欢参加户外运动，20% 的高校大学生不太喜欢参与户外运动，选择很喜欢参加户外运动的大学生占 20%，其余 44% 的高校大学生选择喜欢参加户外运动。由此看出，仍有将近半数的高校大学生对户外运动不是很感兴趣。

（二）专业师资力量不足导致户外运动难以在高校深入开展

国家体育总局把高校大学生参与的户外运动分为五种类型，分别是山地项目、海岛项目、高原项目、荒漠项目和人工建筑项目。在所有户外运动的项目中，郊游、登山、野营、攀岩、骑行、徒步穿越、定向越野等项目备受大学生青睐。有的户外运动对运动者要求较高，但很多大学生没有接受过系统的训练，于是具有难度系数较低或技术要求较低或者对户外运动装备限制较少的户外运动项目往往被高校大学生优先选择。

两方面的因素造成高校户外运动课程的发展较为缓慢：一方面，户外运动课程的开设需要由户外专业的教师进行教学和指导，但由于户外专业教师的师资力量相对薄弱，无法满足户外运动课程开设的需求，使高校户外运动课程的开设率较低；另一方面，即使开设了户外运动课程，这一课程也无法在高校中深度开展，这是因为户外运动装备的缺乏使高校大学生户外运动受限，致使高校大学生即使对滑雪、滑冰、漂流、溯溪、溶洞探险等户外运动感兴趣，但由于场地、器械装备等方面的影响和制约，他们也无法进行户外运动。由于存在这两方面的原因，目前我国高校户外运动的开展处于止步不前的状态。

虽然我国对户外运动尤为重视，专业户外运动技术人员和管理人员的数量也在不断增加，但综合国内各高校户外运动的开展情况来看，户外运动技术人员的数量远远达不到户外运动在全社会开展的需求。

二、高校户外运动教学难以很好开展的解决策略

（一）高校应采取多种措施广泛开展户外运动

高校可采取加强户外师资培训、购入多种户外运动器材、开设户外运动场地等措施促使户外运动在高校获得广泛开展，也可以聘请专业的户外运动教练对户外教师进行培训。户外运动教练先对高校的户外教师进行授课，然后指导本院校的户外教师进行户外运动的专业进修，使高校户外教师不但具有专业的户外运动知识，也具有户外运动的技能。相对应的高校在开设户外运动课程时，使学生既能掌握户外运动的理论知识，又能亲身参与户外运动，体验户外运动带来的快乐。高校之间可以形成高校户外运动联合体，实现高校间户外运动资源共享，这会更好地为高校大学生参加户外运动提供资源，使高校大学生参与更多的户外运动，从而使户外运动在高校间广泛展开。

在进行户外运动时，安全问题至关重要。高校进行户外运动时的安全保障措施是否完备也成为一个非常值得关注的问题。高校要高度重视户外运动的安全保障措施，对户外运动的器材及场地定期进行维护。对高校大学生户外运动的安全教育培训应成为高校户外运动课程教学的重要内容。教师在高校课堂上通过展示多媒体课件的方式向同学们讲解在进行不同户外运动时应注意的各种安全事项，包括如何应对在户外运动过程中不可预测的天气状况、在户外遇到危险情况时的解决办法、如何将发生在户外运动过程中的安全事故的危险系数降到最低。另外，大学生进行户外运动时的安全意识也应不断强化，每次户外运动实施前应在体育教师的指导下进行事先申请备案登记并对户外运动场地做好勘察工作，排除安全隐患，要长期坚持养成好习惯。对于参与户外运动的高校大学生而言，同学之间要相互交流以便更好地掌握户外运动中需要注意的安全事项。

（二）高校体育教师应采用多种途径进行户外运动教育

1.高校体育教师通过课堂讲授和户外实践的教学模式对大学生进行户外运动教育

对目前制约我国高校户外运动发展的几种因素进行分析，得出的结论是高校应进一步增设户外运动项目，在高校体育课程中应拓宽体育课的上课模式。

体育教师根据本院校户外运动设施的装备情况，充分利用本校的户外运动器材及场地对学生的教育采取不同的教学方式，便于本校学生在学校许可的户外运动范围之内更好地参加户外运动。理论课、实践课、校园模拟户外运动多种授课方式不仅可以使学生能熟练地掌握户外运动的理论知识，也能使高校学生对户外运动实践操作更加得心应手。

1）户外运动课堂教学

在户外运动课堂教学中，体育教师不仅要向学生详细讲解户外运动的基础理论知识，如户外运动的生存技能技巧、饮食安全、户外露营、安全防范、伤病处理、危险情况下的自救和求救等内容，还应使大学生掌握户外运动的基本技能。户外运动基本理论知识的教授是使大学生在参加户外运动遇到危险时能够及时地进行自救和互救。

2）户外运动实践教学

户外运动实践教学在学生已经掌握必备知识的情况下进行。学生亲身参与户外运动实践有利于培养他们的户外生存技能和技术，加强他们的户外运动安全意识，使大学生可以根据自己在课堂上学到的理论知识运用到户外运动实践中遇到的实际情况中，加深对理论知识的理解。

3）校园内模拟户外运动情境教学

校园内模拟户外运动情境教学是在学校条件不允许的情况下，高校体育教师采取的一种虚拟户外运动实践教学的模式，这种模式可以使学生获得最大限度的实践方面的锻炼。

2.高校体育教师通过协助学生创建户外运动俱乐部的方式引导学生参与户外运动

大学期间，学生的自主能力有了明显的提高，对有想法的大学生高校教师可引导他们依据自己的兴趣选择适合的户外休闲运动，并通过协助他们创建相关户外运动联盟如健身型俱乐部、简易型俱乐部、竞技型俱乐部等多种形式，引导大学生积极参与户外运动，以提高大学生对户外运动的兴趣。北大的山鹰社、成都理工大学的蜀山社是近几年来我国高校大学生户外运动俱乐部创建的典范。户外运动俱乐部的迅速发展壮大使高校大学生在身体、心理等方面都有了很大的提升。体能的不断增强使大学生的自身生存能力有了很大的提高；心理素质的不断提高使高校大学生遇到困难时更不易退缩，有更强的承受能力；在参与户外运动的过程中大学生养成了良好的行为习惯，他们的生存价值观朝着更科学的方向转变。

3.高校体育教师通过户外运动比赛的形式进行户外运动教学

对高校体育教学过程中一些具有休闲性质的运动项目，高校可通过组织学生参与户外运动比赛的形式，使大学生对户外运动基本知识充分理解和掌握，并在运动中可以熟练地运用一定的基本技能和技巧。通过这类活动，高校大学生可向社会广泛地宣传健康休闲的生活理念。例如，学生们在每年北大、清华等高校组织的皮划艇、攀岩等运动项目中表现得很积极，参战的学生精神抖擞，观战学生兴趣盎然。由此可见，高校户外运动的开展已经深入人心。

第二章　体验式教学模式概述

∨

第一节　体验式教学模式的介绍

一、体验式教学模式的内涵

体验式教学模式的独特之处在于"体验"二字。体验式教学模式有什么创新之处？在什么情况下适合采用体验式教学模式？体验式教学模式如何设计与实施？解答这些问题必须先搞清楚"体验"的定义与内涵。

对"体验"一词，很多专家与学者从不同的角度给予了定义，为全面理解其内涵，我们可以从词语学、哲学、美学、心理学以及教育学等各个学科领域对体验的定义进行剖析。

哲学家利特尔在其主编的《哲学史料辞典》一书中曾指出："直至 19 世纪中叶体验和体验活动才拥有了哲学术语的地位，并随之发展为认识论的基本概念。"一般而言，体验的基本意思是"由生命、生活获得，并且保留在生命、生活中"。德国思想家狄尔泰则认为"体验活动是一种特殊的、独具品格的方式，在这种方式下，实在为我的存在着。体验并非一种感觉物或表象场地那样对立于我"。他强调"生命体验"。美国加州大学伯克莱分校的莱考夫（Lakoff）教授和美国俄勒冈大学的约翰逊（Mark Johnson）教授认真研究了法国思想家、哲学家莫里斯·梅洛－庞蒂 (Maurice Merleau-Ponty)"身体的体验"的理论思想，并对"身体的体验"理论思想的客观主义和主观主义进行了比较和总结，在认识到客观主义和主观主义的局限性以后提出了体验哲学的思想。在 19 世纪末，他们合著的《体验哲学》一书中将上述思想概括成了三条基本性质：心智的体验性、认知的无意识性和思维的隐喻性。心智的体验性是指人类的心智不仅是语言和现实的结合而且还是身体与客观世界互动的产物。认知的无意识性是指人类大约有 95% 的认知和推理是无意识产生的，它决定了全部的知觉思维。

在美学领域中，"体验"是人对一件事物综合的把握和认识，是将人的生命和对艺术的鉴赏紧密结合在一起。它不同于纯理性的认识活动和意志活动，是人们对感性自由的艺术鉴赏和对生命情感活动的认识相结合而来的产物。总的来说，体验既不是感性直观的心理活动，也不是逻辑理性的心理活动，而是与人的心理活动（情感、想象、直觉、意志等）密切相关的，它是对生命存在意义的瞬间把握。因此，体验亦是生命体验，它具有强烈的情感色彩，使人进入心醉神迷、物我消融的"至乐"境界。

心理学家认为"体验"是意识中所产生的美好感觉。但这种美好感觉的产生，需要情绪、体力、智力甚至是精神达到某一特定水平。或者说这种体验是个体在受到某些刺激后所产生的个性化感受。体验主要是指人的一种特殊的心理活动与经历，是构成人精神生活的重要组成部分，是一个人在亲身体验的基础上，通过情感评价的方法对事物关系进行价值评判的心理活动。体验的结果是个体通过情感评价的方法对事物意义、人生价值等的把握，体验的结果具有明显的个体差异性，有时还难以言表。

从教育学的角度来看，"体验"是指学生在对教材中的内容学习后，在特定教育情境中的内在感受、内心反省，是在教育过程中认知、情感和意志综合作用的结果，它涉及对自然事物、社会现象及人自身的认识和评价，是对事物产生情感并对人们有意义的活动，是人们对于事物的真切感受和深刻理解。体验的结果是产生情感（内心有反应，内心有感动）且生成意义（产生联想、领悟），两者缺一不可。

尽管人们从不同角度对"体验"加以定义，表述差异也很大，但仍存在着共性：体验的主体是参与活动的人，客体是人们与外部环境与世界直接接触所产生的感触，核心是主体在亲身经历外部客观世界过程中，个人的情感融入其中，个人客观真实的感受产生了与众不同的认知价值。

在现实中，人们容易把"体验""经验""实践"相混淆，但"体验"、"经验"和"实践"之间既有联系又有区别。

体验与经验不同，经验主要是被当作认识论的概念，其含义主要是指"感性认识"或由亲身经历而获得的对事物真实客观的认识。或者说，人们亲身经历了某事，这件事不一定能成为体验，因为能成为体验的某事必须能够使经历者产生内心的感受、反应和联想。通过对体验含义的理解我们更加清楚地认识到体验是人经历事物而获得的独特的、具有个体意义的感受、情感和领悟，是需要自己总结的，体验的感觉有时无法表述或传授，只可以交流，而经验是可以传授的。体验以经验为基础，是对经验的一种深化和超越；体验是一种注入了生命意识的经验，是一种激活了的知识经验，是一种个性化了的知识经验。

从哲学方面来讲，体验与实践存在着天然的密切关系。实践是认识的来源，也是体验的前提和基础，离开实践活动人们无法获得对客观世界的真实感受。但是，体验是一种特殊的心理活动过程，这种过程是在认识活动的过程中形成的。体验不等于实践。在实践过程中，由于体验具有不可预测性、不可把握性等特点，因此实践能否对个体起到促进的作用，能否对个体的情感世界和心理品质起到增进作用是不能确定的。

二、体验式教学产生背景

第二次世界大战时期，体验式教学开始兴起。当时在大西洋的海底，德国人用他们的潜艇去攻击英国的商务用船，双方的船员都纷纷落水，由于海水冰冷，又远离陆地，大批人员不幸牺牲。但后来发现在落水的人员中有一小部分的人存活了下来。奇怪的是活下来的那些人并不是一些年轻的水手，而是在那艘船上年纪相对要长的老水手。一些心理学家和军事专家对这一现象进行了研究，得出结论是，当灾难来临的时候，决定你能否生存的最关键因素不是体能，而是心理素质。年老的水手充分运用他们丰富的经验和阅历，沉着冷静地分析当时所处的环境，怀着坚定的生存信念，最终摆脱了厄运对他们的纠缠。而年轻的水手们，面对灾难时，精神的沮丧会使他们的生理防线全面崩溃，造成体力急剧下降，最终只能是死亡。根据这一结论，为了提高海员的心理素质，德国人库尔特·汉恩和英国人劳伦斯·豪尔特建立了一所阿伯德威海上训练学校，海员们定期会被送到这里参加训练。当时这所学校对第二次世界大战的兵员的心理素质保障起到非常积极的作用。阿伯德威海上训练学校就是应用体验式教学的一个雏形。第二次世界大战结束后，随着社会的进步与发展，社会变得越来越复杂多变，很多事情让人难以预料和掌控，这就给企业管理者的心理和精神上带来很大压力和困惑。受阿伯德威海上训练学校培训模式的启发，这时在英国出现了 Outward-Bound 的管理培训方式，这种培训方式是通过模拟真实情境对管理者和企业家进行心理和管理两方面的培训。由于这种非常新颖的体验式培训取得了良好的效果，使这种体验式教学模式很快风靡整个欧洲的教育培训领域。20 世纪 70 年代，在美国，户外训练（Outward Bound）引发了教育界对于采用新教学方法进行教学的兴趣。美国联邦政府教育部还迅速将户外训练这种体验教学方式融入学校的教育中。体验式教学模式主要从个人发展和团队建立两个方向切入，强调"从做中学"，并且设计了许多"具体的体验"，如游戏活动等，以轻松且生动的方式进行生命的关爱、知识的传输和创新的培养。

20 世纪 70 年代初，美国体验式教育学会成立，就将体验式教育定位为"一种教育哲学和方法论"。在这种哲学和方法论的指导下，教育者有目的地把学生置于直接经验和专心反思中，使其增长知识、发展技能和澄清价值。同一时期，教育界对采用新的教学方法产生了浓厚的兴趣，而来源于苏格兰的户外训练运动更让教育学家们对之兴趣盎然。1971 年，"主题冒险"组织成立，它向学校提供了各种户外体验式学习的项目，并力促学校在课堂上创设一种安全的户外体验式学习环境，不仅让学生舒适地进行学业学习而且丰富了学生情感方面的冒险体验。

1989 年，美国科学促进会发表了《面向全体美国人的科学——2061 计划》，它强调亲身体验的学习理念和因材施教的教学方法。1996 年 7 月，日本教育审议会发表的第一次咨询报告，从培养"生存能力"的高度方面，提出了体验教育的重要性。2000 年 6 月，法国教育部颁布了"有指导的学生个人实践活动"（TPE）实施方案和《2000 年初中改革行动》，方案中明确提出在实践中全面推进课程改革和教学改革，在教育改革中要特别重视体验教育理念的应用。

20 世纪 90 年代，我国引入了"体验式教学"的思想与理念。1999 年，国家少工委在全国第四次少代会工作报告第六部分中明确提出了"在实践中体验"的教育思想，从此引起人们的关注。但只局限于对体验式教学思想的理解和认识。1999 年我国正式启动了基础教育课程改革，并提出了改革的宗旨就是要实现教师教学方式和学生学习方式的变革。2001 年，我国颁布了义务教育各学科的国家课程标准。各学科在课程目标上按教学目标和体验目标来进行描述，有力地推动了体验式教学在中小学课程改革中的应用。近些年来，我国体验式教学由研究到实践，由中小学扩展到高校，研究领域和应用范围迅速扩大，效果也越来越显著。

三、体验式教学的定义

体验式教学（the experience type teaching）最早是由美国凯斯西储大学维德罕管理学院组织行为学教授大卫·库伯（David Kolb）在 20 世纪 80 年代初提出来的。他认为："有效的学习应从体验开始，进而发表看法，然后进行反思，再总结形成理论，最后将理论应用于实践。"

什么是体验式教学？我国很多专家学者经过深入研究给出了不同的定义，归纳起来主要有以下几方面。

（一）理念说

体验式教学概念引入我国初期，人们首先关注的是它与传统教学方式在教育思想和教学理念方面的差异，是最高层次和最本质的教育哲学问题。体验教学是师生的一种生命活动历程，师生把生命投入教学之中，师生在与自我和其他生命与世界的相遇互动中感受生命、发展生命。强调教学过程中，师生关系是平等的；教学过程不仅是理论知识的传授，还有对生命价值与意义的感受。体验式教学在教学理念层次对传统教学提出了巨大挑战。

（二）学习说

我国绝大多数学者从教师"教"的角度对体验式教学进行研究，另外一些学者从学生"学"的角度对体验式学习展开探索。前者认为体验式教学虽包含体验式学习，但体验式教学由教师设计与实施，所以研究重点是教师。后者则认为在体验式教学实施过程中，学生是主体，必须对学生体验式学习的欲望和需求、心理和行为进行深入研究，才能保证体验式教学有效实施，所以，从学生"学"的角度对体验式学习的研究同样重要。体验式学习（Experiential learning）是指在教学活动中，创设一种情感和认知相互促进的教学环境，让学生在轻松愉快的教学气氛中有效地获得知识并获得情感体验的一种课堂教学模式。它运用心理学理论，研究学习者的情节记忆、情绪记忆、默会知识和实用智力，强调问题情境下学习者的高层次学习，激发学生积极思考，使学生在精神完全放松、思想高度集中的状态下从事学习活动，在问题解决的过程中体验和感悟，在有限的时间内获得最大的收获。体验式教学来源于体验式学习。体验式学习强调学习者自主学习，强调在学习的过程中把所学内容转化为自身知识并掌握知识的本质。

（三）方法说

所谓体验式教学法，即根据学生的认识过程、认知特点，在学习准备阶段、课堂教学阶段、课后延续阶段和评价分析阶段突出"体验"的手段，以学生主动参与、主动探索、主动思考、主动操作、自主活动为主，以培养健全的人格和提高心理素质为目标的教育观念和教学方法。它强调学生的主动性、参与性，是学生通过亲自操作和体验而获得知识与掌握技能的一种教学方式，具体方式包括案例教学法、情境模拟法等。

（四）活动说

体验式教学是师生通过各种真实情境的体验活动来完成课堂教学活动。以"情境素材"为传媒，通过"体验活动"来获取素质；区别于以往由"师说"来传情达意，有异于靠"生听"来灌输新知；是建构主义理论在课堂教学实践中的具体应用。体验式教学是把一些在教学方面意义深厚的、难以用语言表达的、隐含的知识通过具体的活动体现出来，强调"先行后知"。体验式教学是通过个人在活动中的充分参与，来获得个人的体验，然后在教师指导下，团队成员共同交流，分享个人体验，提升认识的学习方式。或者说，凡是以活动开始的，先行后知的，都可以看作是体验式教学。

（五）模式说

体验式教学是人们通过实践来认识周围事物，用亲身的经历去感知、理解、感悟、验证教学内容的一种教学模式，它要求教师根据所讲授内容的不同，设计出不同的体验情境，让学生在不同的情境中内化知识、升华情感、积累经验、提高能力。在教学过程中，教师以一定的理论为指导，有目的地创设教学情境，激发学生情感，并对学生进行引导，让学生亲自去感知、领悟知识，并在实践中得到证实，从而成为真正自由独立、情知合一、实践创新的"完整的人"的教学模式。在实施过程中，体验式教学模式强调发挥学生的主体性，强调对学生情感的陶冶和升华，强调培养学生的创新精神和实践能力。

目前，国内学者普遍认同的体验式教学的定义是教师根据学生的认知特点和规律，通过创造实际的或重复经历的情境，呈现、再现、还原教学内容，使学生在亲历的过程中凭借自己的情感、直觉、灵性等进行感受、体味、领悟，并产生情感、建构知识、生成意义、发展能力的教学观或教学模式。从这个定义可以看出，人们把体验式教学看作是一种主要的新型课堂教学方法或者学习方法，并且将体验式教学与具体的课程相结合，探讨各类课程的体验式教学方法与策略。

根据上述定义，体验式教学按照教学模式来衡量，并不是真正意义上的体验式教学模式，而是体验式教学模式中的一部分，是体验式教学模式的初级阶段。体验式教学模式包含很多的要素与内容，必须经过全面、系统的设计。因此，人们不能把体验式教学与体验式教学模式两个概念混淆。

第二节　体验式教学理论基础

德国学者狄尔泰最早明确提出了"体验"这一概念，并且在 20 世纪初开创了"文化教育学"，把"体验"作为"文化教育学"的核心范畴，成为一个重要思想，贯穿其整个教育理论中，因此，"文化教育学"也被称为"体验教育学"。他所倡导的教育学是生命体验论、学生自学成才表达论和文化整合论的整合。后来哲学、心理学、教育学等领域的研究成果为体验教育奠定了理论基础，如弗莱雷"解放的教育"、多尔的开放课程理论、后现代知识观、人格理论、马斯洛高峰体验论和认知理论等。心理学研究成果表明：人们有效的记忆信息中，有 10% 的信息是来自看到的，20% 的信息来自听到的，80% 的信息则来自于亲身实践体验。教育学家认为体验是学生在特定的教育情境中的内心反省、内在反应或内在感受，是主动探究、创新思维、自我体现和快乐认知的过程。

因此，体验式教学作为一种关注人的生命活力和情感体验的新型教学形式，需要从哲学、心理学、教育学等理论中汲取营养，它的产生与发展以生命哲学、建构主义学习观等为理论基础进行的经验学习、体验学习。

一、生命哲学的观点

生命哲学于 19 世纪末 20 世纪初流行于德、法等国家，成为 20 世纪的哲学流派。它试图用生命的发生和发展解释宇宙，甚至解释以知识或经验为基础的学说。它是在 A. 叔本华的生存意志论和 F.W. 尼采的权力意志论、C.R. 达尔文的生物进化论和 H. 斯宾塞的生命进化学说，以及法国 M.J. 居约的生命道德学说的影响下形成的。

生命哲学家不满意 G.W.F. 黑格尔所主张的严酷的理性，不满意自然主义或唯物主义所依据的因果决定论，他们认为这些思想是对个性、人格和自由的否定。他们要从"生命"出发去讲宇宙人生，用意志、情感和所谓"实践"或"活动"充实理性的作用。他们声明自己并不反对自然科学和理性，只说这些经验或知识不完全，必须提高意志、情感的地位，这样才能穷尽"生命"的本质。生命哲学代表人物柏格森指出，科学或理智的认识只能认识物质世界，认识假象，获得暂时的相对真理，而不能得到生命（精神）的、永恒的绝对真理或世界的本质。

生命哲学认为体验是生命存在的一种方式，体验不是一种外在的形式性的东西，它是一种内在的、独有的、发自内心的并且和生命、生存相联系着的行为，是对生命、对人生、对生活的感发和体悟。在生命哲学看来，世界的本体不是理性，不是客观外在的实在，而是活生生的感性的生命。任何世界观的终极根基乃是生命本身，而生命是一种不可抑制的永恒的冲动，它处于不断生成的流变之中，对其人们不能用抽象的概念来表达，只能依据内在的体验加以把握。体验并不是通过感知察觉和静观一个对象，而是贯透在世的所有本质环节来领会掌握在世的整个展开状态。可见，体验不是一种单纯的认知活动或智力活动，而是人通过全身心的投入，调动自身所有器官去感受接触的事物，将外部的事物与内在的生命相融通，感受生命的力量与价值。

二、知情合一的观点

知情合一思想是由美国当代著名的人本主义心理学家和教育改革家卡尔·兰塞姆·罗杰斯（Carl Ramson Rogers）提出的。作为兴盛于 20 世纪 60 年代的人本主义心理学的领袖人物之一，罗杰斯同其他人本主义心理学家一样非常重视个体内在的情感因素。他指出："人天生具有优秀的素质或潜能，而潜能的实现作为人类的本能需求，必然要求人性的自由运行，必然要求一种真实、信任、理解的人际关系。在这种关系中，人的情感和情绪能自发地表现出来。"他认为认知和情感是浑然一体、密不可分的。人是作为一个整体进行创造性活动的，而这种整体首先表现为知情活动的合而为一。其中的认知因素以学习风格和学习策略为核心，情感因素以成就、动机和学习意愿为核心。

在罗杰斯之后，不少学者对英语学习、认知因素和情感因素三者之间的关系进行了调查分析，并得出了以下结论：第一，认知因素和情感因素共同影响着英语学习；第二，学习意愿、成就动机、学习风格与英语成绩之间具有显著性相关，而学习策略与英语成绩之间的相关不显著；第三，学习风格作为中介变量对学生的英语学习有着重要的影响；第四，学习意愿与成就动机通过学习风格间接地作用于英语学习的效果。

知情合一的观点认为，人们的认知与情感是生命中的统一体，不可分割。人们在认识世界的同时产生情感，在情感产生后对世界进行重新认识。人们不能单纯追求知识的学习和对世界符号式的认识，每个人把自己经过长期社会实践积累的、稳定的情感融入认知中，就会产生具有个性的心智，产生意愿、动机、态度、信念等心理变化和目标、责任等精神寄托。一个"完整人"的标准，必须是身心健康，具有敏锐的理性思维和丰富的内心情感，成就感与责任感高度整合。因此，我们既要注重认知因素，更要注重情感因素。学习是基于建构刺激的心理表征的认知与情感的交互作用过程。其中，认知因素主要涉及学生学习风格与学习策略的形成与培养，它们制约着学习者对于知识的采集、吸收和应用。而情感因素则包括态度、动机以及对于学习成就和熟练程度的焦虑等，它们影响着学习者学习的主动性与自觉性，以及其健全人格的形成。

三、经验学习的观点

美国著名哲学家、教育家、实用主义哲学的创始人和功能心理学的先驱约翰·杜威（John Dewey）对"经验"一词的解释与传统的不同，他认为，经验并不完全像一般经验主义者所强调的"纯粹是指个人的认知"，经验的内涵除了认知的意义以外，尚有其他的性质，诸如个人感受到的喜悦、苦痛、作为等。经验是个体在环境中，对某一情境的整体反应。故杜威在对经验的解释上，抛弃了一般哲学家误认为的"经验是认知"的观点。这一思想被他应用到教育领域的研究，并且他提出了独到的见解：教育在本质上，就是社会维系其存在与发展的一种历程；教育在形式上不应孤立于社会生存与发展的环境之外。

教育是经验成长及重组的历程，它有两个基本的因素，即形成此历程的两个不可或缺的单元。一个就是个人的心理因素，另一个就是围绕在个人周遭的社会因素。从个人的心理因素来说，个体是经验生长与重组的主体，其心理因素也就是个人的能力、兴趣、习惯，是了解与解释个人经验生长意义所不可缺少的。从社会的因素来论，个体经验的生长浸润在社会的环境之中。个体并不是孤立于社会之外的；组成社会的个体并不都是各自孤立的实体存在，而是相互关联相互结合的一个机体。学校在杜威看来，并不是专门学习知识或技能的一个场所；学校自身就是社会的一类，也可以说就是社会生活的缩影，"学校即社会""教育即生活"是两个不可分离的杜威教育哲学中的警语。

杜威著名的"做中学"观点认为，要保障人类经验的传承和改造，学校教育就必须为学生提供一定的材料；学生要获得真知，则必须借助运用、尝试、改造等实践活动。

四、体验学习理论的观点

1984 年，美国社会心理学家、教育家大卫·库伯（David Kolb）在总结约翰·杜威（John Dewey）、库尔特·勒温（Kurt Lewin）和皮亚杰（Jean Piaget）经验学习模式的基础上，出版了《体验学习：体验——学习发展的源泉》一书，完整地提出了体验学习理论。他从哲学、心理学、生理学等不同学科的角度详细地阐述了体验学习及其方式。

他认为学习应该是一个体验的过程，而不是简单的结果。这个体验过程有 4 个环节，分别是具体体验、反思观察、抽象概括和行动应用，这是一个贯穿整个学习经历的在体验中认知的循环过程。在一个学习过程中，学习者自动地进行调整与反馈。这个循环过程被称为"体验学习圈"，它是一个"螺旋上升的过程"。

在这个体验学习过程中，学习者带着已有的经验进入到学习情境或参与到实践之中，通过人与环境的交互，产生感觉和感受；接着对获得的感觉与感受进行反思，通过交流、学习等方式，对感觉、感受做进一步的理性思考与评价；然后对反思观察的结果进行归纳总结，对一般性规律给予抽象和概括的假设或结论，并进行详细解释；接下来将抽象概括的假设或结论在实践中加以验证，确定它的正确性和合理性；最后，在实际工作中运用得出的正确结论，通过新的体验再去发现问题和解决问题。在这个学习循环过程中，学习是一个知识创造的过程，库伯援引杜威的话说，先前人类文化经验的客观积累构成了社会知识，而个人主观经验的积累构成了个体知识，实现社会知识与个人知识之间的转换并把学习定义为"体验的转换并创造知识的过程"是体验学习的关键。

"体验学习圈"要求学习者参与体验、反思、思维和行动这一整个流程，并对学习情境和学习要求做出相应的回应。因此，体验学习理论把学习看作是对情感、知觉、符号和行为的整合，是对知、情、意、行的统一，同时还把学习看成是一个开放的系统，是学习者内部经验与外部环境不断交换的结果。

五、建构主义学习观

皮亚杰（Jean Piaget）是瑞士著名的儿童心理学家和发生认识论创始人，他提出的建构主义学习理论源自对儿童认知、智力、思维的发展和结构的研究。

皮亚杰认为："学习是建构内部心理表征的过程，学习者并不是把知识从外部搬到记忆中，而是以已有的经验为基础，通过与外部环境的相互作用来建构新的图式。"他强调说，学习的结果不只是知道对某种特定刺激做出某种特定反应，而是头脑中认知图式的重建。决定学习的因素既不是外部因素（如来自物理环境和社会环境的刺激），也不是内部因素（如个体的生理成熟度），而是个体与环境的交互作用。

对于学习的含义，建构主义认为，知识不是通过教师传授得到的，而是学习者在一定的情境即社会文化背景下，借助其他人（包括教师和学习伙伴）的帮助，利用必要的学习资料，通过意义建构的方式而获得的。因此建构主义学习理论认为，"情境""协作""对话"和"意义建构"是学习环境中的四大要素或四大属性。学习环境中的情境必须有利于学生对所学内容的意义建构。这就对教学设计提出了新的要求，即在建构主义学习环境下，教学设计不仅要考虑教学目标分析，还要考虑有利于学生建构意义的情境创设。协作发生在学习过程的始终。协作对学习资料的收集与分析、假设的提出与验证、学习结果的评价直至意义的最终建构均有重要作用。对话是协作过程中不可缺少的环节。学习小组成员之间必须通过对话商讨如何完成规定的学习任务；每个学习者的思维成果（智慧）通过对话共享给整个学习群体。意义建构是整个学习过程的最终目标。所谓建构的"意义"是指事物的性质、规律以及事物之间的内在联系。在学习过程中帮助学生建构意义就是要帮助学生对当前学习内容所反映的事物的性质、规律以及该事物与其他事物之间的内在联系达到较深刻的理解。

通过对哲学理论基础的把握，教师可以认识到开展体验式教学对学生生命发展的价值；通过对心理学和建构学习观理论的梳理，教师可以认识体验产生的心理机制，并得到学生掌握知识的有效方法，为教师科学设计、有效实施体验式教学提供了依据。

第三节　体验式教学模式特征及适用范围

一、体验式教学模式特征

体验式教学实际上是"为了体验""在体验中""通过体验"的教学。因此，体验式教学具有三大基本特征。

（一）目标与结果："为了体验"

学生素质中最重要的价值观、态度、情感、人格以及责任心等品质的培养都是在体验过程中实现的。实现的程度与水平如何，则取决于学生在体验过程中的选择与发展机会。因而，体验的价值往往并不在于体验过程中获得某种有形的知识上，而时常体现在容易被人们忽视的过程中。体验式教学将科学实验目标蕴含于体验过程之中，不只是看重学生获得知识的对与错这些有形的结果，更是特别关注学生体验的态度与情感等，关注体验过程本身对于学生态度与行为方式的价值。即体验式教学更加注重学习过程的主体性体验之于生命成长的意义，注重给完美人格的养成提供更多机会、更大空间。

（二）情境与氛围："在体验中"

学生主体发展是教学的出发点和归宿。"在体验中发展"正是对体验式教学精髓的高度概括，是体验式教学的基础和切入点。体验式教学重视体验的独特价值，强调体验在人的发展中的作用。对学生的发展来说，无论是思维、智力的发展，还是情感、态度、价值观的形成，都是通过主体与客体的相互作用实现的，而主客体相互作用的中介正是学生的体验。唯有体验，才能实现多种潜在发展可能性向现实发展确定性的转化，发展只有在体验中才能实现。为此，教学的关键就是要创造出各种情境和条件，让学生作为主体去体验，使其在体验中完成学习对象和自我的双向构建，最大限度地获得身体和心灵的解放，最终实现主体的主动发展。

（三）途径与方法："通过体验"

实践是人类发展的源泉和动力，实践对成长中的学生个体具有重要意义，实践过程就是个体体验的过程。所以，教学总是与学生的体验并行，教学不可避免地在学生的体验中展开，学生的经历成了教学的起点，学生的经验成了教学的背景。这就必然要求教学要以体验为主要途径，教学程序的安排和组织实施必须以学生的主动体验为中心。因此，体验式教学的实质就是要把体验作为学生主体学习和发展的基本途径，借助体验这一学习方式来真正确立学生在教学过程中的主体性，使学生享有更充分的思想和行为自由，拥有更多的发展、选择机会，使学习主体化、主动化。体验式教学具有亲历性、个体性、趣味性和创造性等特点。

二、体验式教学模式适用范围

体验式教学模式相对于传统教学模式而言，它有自己独特的教学理念、教学目标、教学方法、教学评价和教学策略。

体验式教学理念主要体现为"以人为本"，这也是体验式教学的核心思想。"以人为本"就是要关心学习者的内心感受，教学要从学习者的需求出发，而不是从学校和教师自身条件与能力出发，以使学生真正处于体验的主体地位。体验式教学目标不局限于学生掌握所学知识以及把学生培养成拥有一定知识与技能的专业人才的单一目标，而是把学生培养成具有学习能力、实践能力和创新能力以及具有生命成长性等多重目标，从而把学生培养成具有生存能力和发展潜质的"完整人"。这种教学的真正价值是引导学生在学习中获得感受、体验情感、提高认识并将其转化成智慧，最终形成自己丰富的精神世界。体验式教学方法主要突出"体验"和"情境"两个概念，打破传统的课堂灌输方式，采用案例分析、情境设置、角色扮演、小组学习、实验实训等多种新颖的教学方法，使学生"身临其境"地感受知识、领悟知识。它要求教师根据所讲授的不同内容，设计出不同的体验情境，突出学生的主动性和积极性。让学生在不同的情境中内化知识、升华情感、积累经验、提高能力。体验式教学评价应对多重教学目标的实现情况进行多元化评价，主要表现为：评价主体的多元化。不像传统教学模式只包括教师评价学生，体验式教学评价包括教师评价学生、学生评价教师、教师互评、学生互评等；实施教学过程与教学结果相结合的评价体系，不只注重教学结果评价；教学评价方法与指标的多元化，不只对学生智商采用定量评价，还对学生的情商进行评价，充分利用定性评语式评价来帮助和指导学生发展。体验式教学策略包括师生教学理念的转变、学校教学管理的转变，以及借助现代信息技术手段保证体验式教学模式的实施。

体验式教学模式是对上述各项因素的整合与概括，本书将其界定为：在现代教育思想和教学理念指导下，教师运用情境创设和接触实际等教学方式，采用现代信息技术手段和多元化评价体系，激励学生投入身心、情感、理智去亲身经历，达到建构知识、发展能力、产生情感、生成意义的教学目标的一种新型教学模式。

体验式教学模式应用范围非常广泛。今天，"知识"的概念早已突破了科学知识的狭窄范畴。20世纪50年代，英国物理学家波兰尼在《人的研究》一文中，首次提出了显性知识和隐性知识的概念。显性知识主要具有四个特征：能通过语言、文字或符号等方式表达；能通过教材、大众媒体进行传递；能同时为不同的人们所分享；能通过逻辑进行批判性反思。通常学校教育中的书本知识就是显性知识。隐性知识与显性知识相反：不能通过语言、文字或符号等进行逻辑的表达；拥有者和使用者都不能清晰地表达；不能以正规的形式加以传递；缺乏显性知识的可传授性。隐性知识不是通过理性进行反思，而是在感受中进行反思。许多技能、方法、能力、交往、态度、体会、情感等都是隐性知识。一般来说，隐性知识的学习更适合以体验式教学的方式进行。实际上，许多人正是通过隐性知识学习领域的重要性来认识体验式教学的，而且这一点几乎已经达成共识。不可否认，这一类学习领域有它先天的特点，即主要不是依靠讲授，而是依靠亲身经历、体验和实践练习，强调情感、态度和价值观，这也是体验式教学模式的重要取向。当然体验式教学模式也适用于显性知识的学习，因为，当历史的、现实的生活被概括、抽象形成语言、符号表征的静态知识时，恰恰表示了这些知识有被还原、被体验的需要。因此，体验式教学模式适用于所有的"知识"或"学习领域"，关键是如何设计、组织和实施，这正是体验式教学模式设计要解决的关键问题。在分科教学背景下，体验式教学模式也适用于所有学科，对矫正分科教学脱离生活世界的倾向颇具意义。可以说，体验式教学模式是所有学科的"黏合剂"，黏合的基础就是学生作为"整体人"的发展。但是，体验式教学模式并不能完全替代传统教学方式，只是一种有益的补充，只有两者有效结合，精心设计，才能使学习者在高效率地掌握显性知识的同时，又能感悟隐性知识，并将两者整合与内化。另外，高校具有优越的教学资源，大学生也受过良好的教育，具有一定的分析思考能力，这为开展体验式教学提供了良好条件。

第四节　体验式教学模式创新之处与价值

一、体验式教学模式创新之处

体验式教学借鉴哲学、社会学、心理学、教育学等最新研究成果，依据现代教学理念和教学手段，形成了有别于传统教学方式的新塑模式。体验式教学与传统式教学相比，不是简单的教学方式的改变，而是将认知过程与情意过程进行融合与统一，从而形成了教学理念、教学方式、教学手段、教学评价的综合创新。

（一）教学理念的创新

长期以来，我国的高等教育一直以传统的讲授式教学模式为主。这种教学模式十分重视教师在教学中的核心地位，认为教师是知识的主宰者，一切教学活动都以知识的传授为主导，形成了被动地输入信息和接收信息的过程，缺乏师生间的情感交流，缺乏对学生内在经验、自身感受在学习过程中所起作用的正确认识。这不仅影响学生认知发展的有效性，也使学生的个性、沟通、创造力受到极大的抑制。同时，这种教学模式只是注重所有学生的共性，却没有关注每个学生的个性，不利于个体创新意识的体现和个体自我认识、自我教育能力的发展。

在知识经济时代，人们面临着知识的爆炸和信息技术的革命，这导致教师不再是知识的垄断者，从教师那里获得知识也不再是学生获得知识的唯一途径；社会对学生的认可更为多元化，如包含了智力、情商、能力等方面；学生面临的生存环境更为复杂，单靠高学历和高智商已难以应对。因此，现代教学理念必须以人的整体塑造为核心，以培养具有知识、能力和人格魅力的完整生命为终极目标，否则高校难以适应社会经济发展的要求。基于生命哲学、情感心理学、后现代知识论和对话理论等观点，人们创造性地提出了体验式教学模式。它以关注学生生命的完整性、独特性、生成性、自主性，关注学生的精神成长与人格健全为核心，形成了一种新型的教学理念。

体验式教学理念与传统式教学理念相比，变"以知为本"为"以人为本"，变"师为主导"为"师生平等"，变"注重结果"为"注重过程"，变"知识传授"为"整体塑造"。它强调教学中学生的主体地位，积极倡导对学生知识学习、人格健全、完整生命成长与发展的全方位关怀，更强调师生之间知识交流与情感交流的融合，以及教学过程中认知过程与体验过程的统一。

（二）教学方法的创新

传统式教学以知识为导向，实行程式化、模式化的教学方法，强调知识获得、目标达成和学习系统性的教育。不可否认，这种教育方法曾经取得过辉煌的成就，即使在今天，对于一些基础理论知识的传授它仍不失为最佳方法。然而，大量实践也证明，这种传统模式的教学效果不够理想，使学生感到枯燥乏味，失去专业热情，或者造成"高分低能"的不良后果。体验哲学和认知语言学的核心观点认为：人类的认知是基于身体的亲身经历和经验积累，当他们既用认知的方式也用情感的方式来进行学习时，有意义的学习才能发生。教育学家认为体验使学生在特定的教育情境中产生内心反省、内在反应或内在感受，这是主动探究、创新思维、自我体现和快乐认知的过程。不难看出，体验式教学在当代教育中应是不可或缺的。

体验式教学在"以人为本""师生平等"的理念指导下，一改传统教学方法，强调教师融于学生之中，现实融于情境之中，知识融于思考之中，快乐融于体验之中，通过阅读、互动、实践、反思等多种体验方式，把学习结果与学习过程有机地结合起来。体验式教学通过创设情境、提出问题、学生参与、教师点评等环节进行体验设计，主要从个人发展和团队建立两个方向切入，强调"从做中学"和"从体验中感悟"；体验式教学通过情境模拟、角色扮演、实战实训等多种课堂教学形式和实地参观、专题讲座、知识大赛、实践演练等多种课外学习形式，以及教师指导、学生参与、师生互动等多种教学方法，使学生始终保持学习热情和兴趣，充分开发和挖掘学生创新思维的潜能。它使学生更注重学习的步骤、学习的方法和学习的过程，注重获得知识和技能的途径以及能力的培养。它不是不要结果，而是强调在"过程"中获得"结果"。学习这种教学方法能够为学生提供更大的思考空间和更多的表现机会，所以一直被国外教学改革的倡导者们青睐，也开始受到国内一些高校的推崇和学生们的喜爱。

（三）教学手段的创新

传统式教学主要通过"一支粉笔、一块黑板、一张嘴巴、几张挂图"完成教学活动。近年来，虽然多媒体教学得以实施，但教学手段的现代化局限于服务知识的传播，没有产生学习方式的变革。体验式教学手段创新的实质是实现教与学方式的根本转变。与传统式教学手段相比，体验式教学手段不仅是对现代教育技术的使用，而且是对各种教育资源的整合。体验式教学强调传统手段与现代手段相结合、手工手段与电子技术手段相结合、模拟仿真手段与实操手段相结合，从而形成一套丰富多彩、相互补充、相互完善的现代教学手段的综合运用体系，使学生始终处在一个愉悦的学习环境中，进而变得思维活跃、视野开阔、兴趣浓厚。因此，体验式教学将传统和现代教学手段加以综合运用，并借助多媒体、网络平台、计算机模拟技术、模拟沙盘等，实现了课堂教学的情境化、模拟化和教学内容的形象化。体验式教学有助于扩大媒体的教学信息量，更新教育教学内容，提高教育效率。体验式教学有效实现了现代的教学手段与先进的教学方式相结合：一是在课堂上传输大量的、生动的信息；二是使学生处于具体的环境之中，成为教学活动的积极参与者；三是使学生综合运用多学科知识分析和解决问题，使学生真正产生感官、情感、思考、行动、关联的体验，在心理上产生一种积极探究某种事物或从事某种活动的意识倾向，而这种学习兴趣恰恰是推动学习的精神动力。

体验式教学关注每一位学生的成长，实行个性化、差异化的教育。因此，除了课堂上的体验式教学外，体验式教学还要充分利用现代通信技术、校园网络等现代化手段，有效地构建师生之间交流的桥梁，有效地实现知识的交流、信息的共享、情感的沟通，形成师生间良好的互动，真正体现人文关怀。

（四）教学评价的创新

传统的认知式教学一般采用统一的标准和固定的模式，针对教师的教学内容、教学形式和教学效果进行评价，以及参考固定答案，针对学生通过各种考试对学习结果进行评价。

与此相比，体验式教学对教师的评价有很多不同：一是从注重课堂讲授内容、讲课效果转化为课堂内容的整体设计，如案例的选择、教学情境的设计、师生互动的开展、学生主体的发挥，等等；二是从注重课堂教学转化为课上与课下对学生的全方位培养和教育，体验式教学把学生人格塑造和完整生命成长作为核心目标，教师将利用大量课余时间与学生沟通和交流，以及指导和参与学生的各类课余活动。

体验式教学对学生的评价也有很多不同：一是从注重结果评价转化为注重过程评价，更关注学生的心理历程、情感交流与理解沟通而不是知识的增减，更关注教学的互动过程而不是教学的知识授受结果，更关注师生在情境中参与的程度而不是结果的正误；二是由单一的评价标准转化为多元化评价标准，在学习评价上，采取课堂观察、测试与练习、学生作品评价、学生体验与反思等多元化评价标准，着重评价学生的思维能力和应用能力。多元化评价更重视学生的个体差异，使学生在统一评价的基础上表现出一定的弹性，从而为他们的个性化发展提供空间。

基于以往的研究，体验的特性可以被概括为三点。其一，体验具有内生性。这是指体验不是由外而内生成的，正如狄尔泰所说，体验不是一种外在的、形式性的东西，它是一种内在的、独有的、发自内心的并且和生命、生存相联系着的行为，是对生命、对人生、对生活的感发和体悟。体验与经验的区别也可以证明这一点，经验是个体立足于客观世界，建立在感官知觉上的对事物的认知和反映；体验是以经验为基础，立足于精神世界，个体对事物的意义进行的自我建构。我们无论是将体验看作是发自内心的并且和生命、生存相联系着的行为，还是将体验看作是立足于精神层面的自我建构，实质上都是在强调体验是个体内生的。其二，体验具有整体性。这是指体验是认知与非认知的融合体，是过程与结果的整合体。从体验的成分来看，体验过程中，个体必然综合运用了知识与情感，也必然充分调用了思维与直觉，正如体验是"一种注入了生命意识的经验"，"是一种个性化了的知识经验"所描述的，体验实质上是理性与感性的融合体。从体验的性质来看，体验既有动词意义上的内涵，也有名词意义上的意蕴。从动词意义来看，体验就是一种认知方式，侧重指亲身经历与内心感受；从名词意义来看，体验就是一种认知结果，侧重指具有生命性与个体意义的知识理解、情感态度和深刻领悟。实际上，无论是动词意义上的体验，还是名词意义上的体验，都是理性与情感的融合体，即在体验过程中，知识与情感、思维与直觉会积极参与，而在体验结果中，个体也会生成具有独特性的知识与情感。其三，体验具有多元性。体验的多元性不仅指体验的方式多种多样，如亲历、反思、领悟，还强调体验的过程应是亲历、反思与领悟有机统一的过程。因为，仅有"以身体之"，那是经历，仅有"以身体之，以脑思之"，那是经验，唯有"以身体之，以脑思之，以心悟之"，那才是体验。正是身、脑、心三者的有机统一才使主体有一种强烈的趋近客体、与客体同一的心理倾向，这种心理倾向又会使主体全身心地融入客体之中，从而使客体也以全新的意义与主体构成一种新的生命化的关系，最终二者不可分割地融合在一起。主客体的这种活生生的融合关系就是体验的关键所在。因而，身、脑、心三者的有机统一是体验运行与产生的必要条件。事实上，我们将身、脑、心三者统一起来既是认知与非认知有机统一的具体表征，也是主体与客体有机整合的生动现实，更是实现体验内生的最佳途径。由此，体验的多元性特征是体验的整体性与内生性对体验方式的内在要求。

二、体验式教学模式的价值与意义

体验式教学的价值和意义并不只是它提出了一种教学形态，更重要的是其提供了一种有助于学生主体性发展的教学理念，真正体现了"以人为本"的教学价值观和培养综合能力的教学目标。

（一）有利于确保学生的主体地位

真正的体验，都是人的内心世界的一种发展变化的过程，与主体生命的整体相关联。因此，学生在体验中，需要自我的融入与感悟，主体的角色在感悟中得到完全认同，或者说凡体验总是自我的，他人无法代替，否则就失去了体验的特性。同时，体验总是根植于主体的精神世界，主体是精神世界的主宰者，任何一个人总是根据自己的需要、方式和特点去体察、去感悟，获得与众不同的感受和见解。由此可见，体验教学实际上就是强化学生对教学的主动参与和对学习内容的积极把握，以使人的自然性、社会性和自主性和谐发展，从而生成新的主体。

（二）有利于加速知识经验转换

学生在课堂教学中不断接受知识、积累经验，但是这种知识和经验往往是平面的、抽象的，难以被内化为学生独特的知识和经验结构。这就需要我们在认识主体与认识客体之间建立一条通道，那就是体验。通过这个通道，认识主体就能够迅速地融入认识对象之中，从物境到情境再到意境，并有所感悟。也就是说，体验教学打破了机械孤立的学习状态，促使学生在解决问题时能综合运用自己已有的知识和经验，从而使其获得新的结果和感受。

（三）有利于创新精神和实践能力的培养

创新是高等教育的基本要求，创新精神和实践能力的培养是高等教育的核心。体验是创新精神和实践能力得以产生的中介。体验是相当个体化的心智活动，它总是与个体的自我意识、情感态度和价值观密切相关。在积极的体验中，个体可以充分摆脱外界的束缚，不断产生新的联想和想象。也就是说，体验教学可以帮助学生养成创新意识、创新思维和创新习惯。没有体验，学生就容易失去自我，就不会有深刻的感知，就不会有自我的建构，就不会有创造的发生；没有体验，实践就不会得到深刻的反思，实践能力自然也不会得到长足发展。因此，体验教学有利于创新精神和实践能力的培养和发展。

第三章　体验式教学的具体方式

第一节　情境体验教学

情境体验式教学指的是就某个知识点，教师运用音乐、道具、特定的游戏等设计相关的情境并将场景创造出来，使学习主题和学生的实际生活相结合，师生经过协作探讨之后进行切入性的深层次分析，然后教师让学生用最直接的形式对理念和知识进行感悟和吸收。在教学过程中，教师的任务是指引学生按照相关流程和逻辑对相关问题进行讨论和思考，并使其最终获得自己的理解。情境教学的目的是使学生能够真实且充分地体验并感悟，将学生内在的和谐发展机制调动起来，进而促使知识实现有效转化。

一、情境体验教学的特点

情境体验教学的特点主要有以下三个方面。

（一）独特性

某一情境中的构成要素（如时间、空间、事件、人物、活动等）都具有即时性，无法被复制。情境具有的独特性的特点要求教师在进行情境设计时要根据学生的情况、教学的具体内容和外部的条件等要素来决定，就算个别设计得非常成功的情境也不可以被完全拿来应用。

（二）多元性

按照情境和现实存在的关系进行划分，情境包括想象情境、模拟情境、现实情境等；按照情境所涉及的主题进行划分，情境可以分为"体验美"的情境、"体验成功"的情境、"体验友谊"的情境等；按照情境产生的条件进行划分，情境可以分为创造情境、应用情境、发现情境、呈现情境等；按照情境表现出的特征进行划分，情境包括问题情境、生成情境、探究情境、合作情境、活动情境等。情境的划分也不是绝对的，情境的场合、主题、产生条件等不同特点是综合在同一个情境中的，纬度的划分是为了应对不同的问题，便于人们思考。

（三）开放性

缺乏师生动态参与的情境，只能说是场地和要素的堆砌。我们要想让某个"场合"转变为教学情境，那师生就要参与到这个"场合"中，并在其中进行思考、体验、理解和活动，同时将一定的教学目标完成。情境体验教学的开放性要求情境应该为师生动态的、创造性的参与和交流留有余地。

这些特点昭示了情境设计能够达到各种体验教学目标的可能。精心设计的教学情境可以聚合大量的信息，成为知识构建的源泉和自我教育的有效手段。

二、情境体验教学的设计要点

情境体验教学的设计导向为教学目标，载体是师生的动态活动，内容是科学整合教学或课程资源。体验教学情境设计不仅要注意上述要点，还必须注意以下几点。

（一）增强体验情境设计的有效性

这就要求情境一定要丰富且生动，同时要将知识产生的背景进行还原，让实际生活同教材的内容相互连通，并能够把学生的兴趣和情绪体验激发出来。为了能达到上述效果，教师在设计情境时要充分利用多媒体、道具等教学设施，采用不同组织形式，避免出现有"情境"、无体验的情况。

（二）加大体验情境设计的可操作性

虽然体验情境的创设需要一定的外在条件，比如实物、道具、多媒体等，有时甚至需要协调各方面关系，把场景设置在校外，但在独特的情境体验教学中，教学更强调教师的艺术，而不是外在的教学辅助物。可操作性要求：教师设计的教学辅助条件应易得或可以被替代；设计具有吸引力而且比较容易控制；情境设计要避免"泛化"与"神化"。情境体验学习具有传统学习方式所无法匹及的优势，但并不是全部学习内容都要应用情境体验学习的方法。假如学生拥有较高的认知水平或者学习的内容比较简单且容易理解，那么应用情境体验学习的方法会适得其反，造成时间和精力的浪费，也不一定能达到最好的学习效果。教师的讲解是体验教学中不能缺少的部分，而教师在课堂之外还要针对学习的重点和难点进行适时引导和启发。我们一定要有一个正确的观点：体验式教学不代表排斥传统教学，它反而是一种继承和创新。

（三）提高体验情境设计的互动性

在情境教学中我们必须建立师生互动的、动态的、生成的关系。教师不能把自己的行为和学生的行为事先定得过死，教师担任着一种或者几种角色，如组织者、引导者、推动者、支持者、裁决者等，和学生一起体验并相互分享。由此构建出的教学互动具备了民主、平等的特点。

三、情境体验教学的实施流程

教师在进行情境设计时既要考虑教学条件和课程内容等因素，采用不同的方式与手段，还要进行通盘规划，在教学过程中交互应用或整合使用不同方法与手段创设的情境，给学生一种良好的体验，避免出现"情境体验疲劳"现象。

（一）创设体验情境

创设一个好的情境是教师引导学生进行情境体验的关键。所以，在教学过程中，教师要将一切资源都利用起来，采取适当的方法或者手段，创设出一个相对真实且生动的情境。

1.运用语言创设体验情景

在人类社会中有许多传递信息的符号系列，其中被使用得较为频繁和广泛的就是语言。语言传递的内容之广、速度之快是其他任何一种形式所无法比拟的，语言又是一种最便捷的传递方式，它无须借助于其他任何的外在工具。因此，最为便捷、最为经济的手段便是运用语言创设情境。

运用语言创设情境指的是教师使用情趣、生动、形象的话语，将事件发生的场景、事情的经过、人物的内心世界等描述或勾勒出来，让学生在描绘过程中进入情境，进行深刻而有意义的体验。对一些时空跨度较大的营销实际问题，学生不便于进行真实情境的体验，而教师运用语言创设情境让学生从中获得体验是最佳选择。

2.运用多媒体创设体验情景

文本、图像、动画和声音等多种媒体被集合在一起是多媒体最为显著的特征，多媒体在表现力、感染力和吸引力方面较为突出。运用多媒体创设体验情境指的是教师利用光、声、形、色的传递，把学生的感官有效地调动起来，将学生的情感活动诱发出来，把学生的注意力和兴趣激发出来，让学生入情入境，一心一意地进入情境教学之中。有关研究显示，人们在获取信息时，如果单纯依靠听觉，那么头脑中获得的信息量经过 3 小时后可留下 70%，3 天后仅能保留 10%；如果单纯依靠视觉，那么头脑中获得的信息量经过 3 小时后会留下 85%，而 3 天后还可以留下 20%；假如依靠视觉和听觉，那么效果会非常不错，3 小时后的信息量可保留 85%，而 3 天后可留下的信息量也能达 65%。由此不难看出，运用多媒体创设情境能大大提升教学效率。

（二）引导体验

体验情境创设完成后，学生应该在教师的引导下对情境的内涵进行挖掘，对情境的特征进行分析，对情境的问题进行探究，从不同的方面体验情境。教师在引导对学生进行情境体验的时候，要注意下面这几个问题。

1. 找准情境中的"体验点"

体验点指的是能够建立新旧知识的联系，引起学生的情感共鸣的情境。在众多情境中，只有一个点或者两个点才具有体验的价值。所以，实现有效体验的关键是将"体验点"准确找出来，这一点在某种程度上对情境利用的效果有决定性作用。

2. 把握引导的时机

学生对情境往往会有自己的体验，一些是消极的体验，另一些可能是积极的体验。对学生的这些体验教师要及时进行引导，让学生的体验向着健康的方向发展。教师实施引导的前提条件是学生确实需要或者教师认为有必要。如果教师对学生的体验随意进行引导，学生的思维将会受到严重干扰。

3. 调适引导的力度

教师的引导不仅要杜绝空泛，以免让学生无法找到要领，还要避免过于直截了当，甚至包办替代，用"指示"或"牵引"替代引导。教师只有把引导的力度控制在合适的范围内，才能让学生的主体性充分发挥出来，防止其听之任之。

第二节　活动体验教学

体验的产生，首先源于体验者亲身接触体验对象时获得的感受。体验式教学不可或缺的组成便是活动体验教学。亲自参与活动而得到的体验或感受要比单纯的讲解、分析或者说教更深刻，更让人难以忘却。就像华盛顿儿童博物馆墙上的一句格言所说："听到的，过眼云烟；看见的，铭记于心；做过的，浃髓沦肌。"在教育实践中，人们也发现学生投入到活动中比平静地学习或仅仅旁观更容易产生情绪体验。因此，在活动中"以身体之，以心验之"更加具有特殊的意义。

一、活动体验教学的特点

活动体验教学是以"活动促发展"为指导思想，以学生主体活动为基础开展的教学。活动体验教学是一种新型的体验式教学模式，它的主要形式是构建实践性、操作性、教育性、创造性都较强的学生主体活动，其基本特征是鼓励学生主动参与、探索、思考和实践，其核心是让学生各种能力的综合发展得以实现，其目的是让学生的整体素质得到提高。从广义上来说，活动体验教学也可以被称为"活动情境"，但"活动"和"情境"不能完全等同。活动体验教学更加侧重学生即时的、直接的经验；情境体验教学有时需要学生"移情"体验情境，强调间接经验。因此，活动体验教学的主要特点在于体脑并用，脱离教材甚至课堂，从而亲身体验现实以获得直接经验。

二、活动体验教学设计的要求

活动体验教学设计的要求中，很多都和情境体验教学设计的要求类似，如设计活动体验时也应满足活动的有效性、可操作性和互动性，但它也有特殊之处。

（一）活动体验方案应具有较强的可操作性

比较而言，许多情境体验教学的设计并不要求改变学生的外在行为，学生可以在适当情境中，通过想象、移情、角色体验等达到情境体验的设计要求。活动体验则不然，它要求学生直接与人、物以及环境发生联系，在直接经验中发生体验。这也就是说，在有限的教学资源环境下，活动体验教学的设计一定要将时间、场地、人员和设备等考虑在内，活动要对学生具有一定的吸引力，这样才能让活动继续下去；在策略上，尤其是组织和推动活动的策略等要准备充足，如内容上，必须给学生以启迪和提高；形式上，营造热烈的氛围很有必要；时间上，要保证活动能持续一定的时间。

（二）学生需要先于活动体验主题

活动体验教学设计中最为重要的部分就是确定活动体验主题。明确的主题是活动准备和策略选择的基础。需要注意的是，在确定主题时，首先，教师要考虑的是学生的需求，而不是向学生展示什么或决定自己做什么，也就是说要考虑活动的主题对学生是不是具有价值、是不是能让学生产生体验，是不是能让学生有所发展或提高。其次，教师应确立活动体验主题的原则。这意味着，进行活动体验设计时，教师首先要对学生的特征、兴趣和需求进行把控，其次再结合自身的能力，围绕着教学的需求找到合适的主题。

（三）注重开放性和生成性的融合

活动的开放性和生成性两者融为一体，不可分割。师生参与的即时性决定了活动中"变才是不变"的事实。体验教学活动的目标、主题和形式是开放的，师生的参与行为以及他们在过程中的体验也是开放的。活动的开放性决定了活动设计不是依靠机械的控制，而是整体把握的一个统一的、发展的系统。在活动中，教师应该用开放的心态促进而不是限制各种体验的生成。

（四）要有鲜明的层次性

每个活动都具有独特性，这就导致活动之间会出现差异。即便活动间会有所不同，但是依然有规律可以遵循。在活动进行中，活动的内容从容易到困难，活动的程度由简单到复杂，活动的水平由低到高，活动的主题从浅显到深刻，由单一到丰富，这就是活动本身所展现的层次性。这就要求教师根据学生实际能力"契合"地设计体验活动。

三、活动体验教学种类与设计

设计活动的一般思路为：基础调研—主题确定—过程调整—点评修正。在具体设计时，每个步骤都有技术性方法可以遵循，不过体验活动的设计依然是重中之重。在确定活动设计的思路并且明确体验教学活动的设计需求后，我们可以使用下列方法对体验活动进行设计。

（一）考察与调研活动的设计

考察与调研的形式有多种，如实地考察与调研、座谈、采访和网络调研等。其中实地考察与调研是被运用最多的方式，网络调研是学生乐于采用的新形式。考察与调研活动能让学生深入现场并全面进行感受，使学生的视野不断拓展，是课堂学习的延续和深化。考察与调研活动的设计要将考察的对象和任务明确下来；活动前学生要将资料、工具等准备好；任务会有一定难度，特别是校外考察与调研；考察与调研过程中，教师要注意组织和引导，考察与调研结束后师生要及时进行交流、考核和评价。

（二）竞赛活动的设计

将学生的情绪激发出来的一种活动便是竞赛。竞赛能帮助学生构建宽广的心理场，将学生的主体性调动起来，让其积极参与到教学活动之中。竞赛能将学生的内驱力唤醒，让其斗志昂扬，奋发向上，获得积极体验。此外，竞赛不仅对培养学生的意志力、团队精神、荣誉感等有着积极的作用，还能让学生以正确的态度对待成功或者挫折。

设计竞赛活动时教师要特别注意内容设计应有难易之分，要使所有学生都有获得成功体验的机会。竞赛活动一般分为四步：竞赛主题与内容确定，竞赛准备，比赛，评判。具体过程：根据课程目标及内容要求确定竞赛主题；将全班学生按自愿原则组成若干个 5～8 人小组，利用课余时间进行资料收集和竞赛准备，实施小组自主式学习；利用课堂时间组织比赛，每组选出代表（一般 1～3 人），通过语言、表演及多媒体等多种形式参加比赛；评判时可以教师评判、师生评判、学生评判等形式进行，倡导学生参与评判，这可以培养学生鉴别事物的能力和公平的处事态度。

（三）探究活动的设计

探究活动是一种教学活动，教师在选择和确定所要研究的问题时，可以以营销实际存在的问题、文本或者资料等为主，在此基础上创设一种同研究相似的活动情境，指引学生采取同科学研究相似的方式并经历一系列较为独立的探究活动（如调查、搜集和处理信息、表达、交流等），以激励学生积极进行探究，让其自己发现知识、自己主动去探寻或者建构知识、理解信息、解决问题。这个活动将纯粹传递和教授知识结论的框架打破了，学习的过程也用主动探求、发现知识并再创造的过程替代了被动地接受已经存在的知识或理论的过程。

在设计探究活动过程中，实事求是的态度要贯穿始终；学生的经验和认知的水平是设计探究活动主题的基础；探究活动看重的是活动的过程和学生与学生之间的反思。开展探究活动要分六个步骤：将科学的问题提出来；依据已经具有的经验和知识将假说和猜想提出来；对资料和证据进行收集；解释和分析；点评和评估；交流和内化。

探究活动要以个人或小组形式开展，突出知识的应用性，引导师生从现象到本质进行自主思考，并通过交流相互启迪产生对事物本质的全面认识，从而实现知识的全面运用和能力的全面提高。根据学生自身关心的问题进行学习与探索，可以使学习主体建立在"我要学"的基础上。同时，在探究的过程中，教师和学生的沟通、学习、创新和协作等综合能力和素质得以培养。

探究活动不可忽视的一个环节就是交流，它具有经验共享、知识内化、能力提升等作用。对学生来说，学生之间进行经验的分享非常重要，之所以这样说，是因为学生的成长及其态度、行为的转变都是在采择同辈群体的观点中完成的。特别是现在提倡的通过交流进行体验的共享与争鸣，让学生的体验获得了极大丰富。在设计交流时，教师要重视平等、开放，同时注意营造民主、热烈的氛围，并强调正确的价值观引导。

第三节　网络体验教学

体验式教学强调师生的情感沟通与专业交流，共同体验生命的价值和成长的快乐，这在有限的课堂时间内是无法完成的。因此，体验式教学意味着课堂教学只是教学的一部分，而不是全部，教师必须把教学延伸到课外，开展目标多元化、内容丰富化、形式多样化、时间自由化、关系平等化的一系列协作、互动活动。

网络体验教学指的是师生依靠计算机网络或多媒体等技术，就某些学习内容或问题进行交互与协作，以使学生能深刻地理解和掌握所教授的内容以及进行情感沟通和解决问题的过程。

一、网络体验教学的特点

（一）突破时间和空间的限制

协作者可能是同班师生，也可能是其他专家、教师和学生，他们可以在任何时间进行交流。在协作圈内，各种形式的交互都能产生，这样就为师生进行不同程度和形式的参与提供了更多的机会，也让学习者之间的信息知识交流更加有效，以此让沟通效率和交互质量进一步提升。在网络教学不断发展的今天，在学校学习的束缚即将被打破，随之而来的是社会大环境下的学习，这很好地促进了社会化学习和学习社会化，也让终身学习成为可能。

（二）全面展现问题情境

教师在创设问题情境，进行问题解决教学时，可以利用网络体验教学将学生的参与思维和发现探索的能力激发出来，促进积极的意义建制，使学生得到更高一级的智力技能与认知策略。网络体验学习的环境很容易全面暴露学习小组的问题，特别能说明某些复杂问题，这在教室环境下是无法做到的。

（三）交互的可控性

在传统教室内授课时，教师常常会偏离协作者的角色，把自己放在主控者的位置上。之所以出现这样的情况，是因为在教室内形成的协作关系没有具体的系统支持，主要靠的是默认的规则和意念支持；掌控整个教学过程的教师在学生学习的过程中常用领导、控制和讲授的角色代替参与、指导和咨询的角色。在网络环境中，建立协作关系依靠的是由计算机技术搭建的平台，一旦离开这个平台师生就不可能实现交互和协作，所以这就让协作处于稳定状态，控制权分配也更合理。

（四）分组方式灵活多样

在体验式教学中，团队以小组为单位进行分组。网络的加入使分组的方式更加灵活多样。学生既可以在班级内部同他人自由组合，也可以在必要时通过网络和班级外部的学生进行协作与交流。此外，学生还可以根据自己的学习任务对协作关系进行调整，对学习伙伴进行调换。

（五）简化复杂低层的工作

计算机技术的无条件支持简化了网络教学中复杂的低层工作，如语言记忆、材料分类、繁复数据计算和作图等类似的工作。这样一来，学生就可以集中全部的精力展开高级认知活动了，如分析、决策、探索和评价等。

（六）丰富的网络资源

网络为师生提供多种多样的信息资源（如文体、图形、声音、视频等），这些信息资源具有多样性、丰富性、取用不受限性、同解决的问题相关性等特征。网络提供的多种方式和策略虽然会让学生和教师之间的协作学习面临各种挑战，但是不会让学生失去热情和求知的欲望，同时也不会使他们因面临的窘境而失去自信和兴趣。

二、网络体验教学的技术实现方式

随着网络技术及通信技术的发展，支持网络体验教学的工具也日益丰富。实时、动态、可视化成为网络体验教学的发展趋势。对网络教学的影响最为直接的或者说是核心的技术是计算机、网络多媒体通信、人工智能及虚拟现实等。

目前，我们在计算机上已经可以非常方便地进行文本、声音、图形、图像、动画、视频信息的处理、存储与呈现；随着相关外部设备技术的发展，计算机能够自如地实现与其他技术系统的信息交换与共享；随着网络通信技术的发展和通信协议的不断开发和计算机网络设备的高度融合，计算机已经成为网络通信中的数据处理中心设备和网络终端设备。计算机已经成为网络环境下我们完成教学或学习活动必需的支持设备。特别是计算机在大学生中较为普及，各大专院校基本都开通了Internet网和校园网，已经具备了网络体验教学的基本条件。

除了硬件条件之外，实施网络体验教学还需要软件配套，其中网络教学领域的通信软件、系统软件、数据库系统、开发工具等相关软件的开发与应用为各种网络教学平台的开发提供了完备的解决方案和丰富的选择空间。

师生互动交流时，还可以充分利用同步交流工具微信、QQ等，异步交流工具BBS、e-mail、博客等，可以采用单一或多种方式进行网上互动。随着网络技术的发展，将会有更多新颖的方式可供选择。

三、网络课堂体验式教学

教师可以充分利用上面提到的各种技术实现师生之间的网上互动，特别是在情感交流方面这些技术被更加广泛地使用，而且已被师生熟练掌握和应用。目前比较有效的方法是网络课堂。国家和省级精品课都创建了网络课堂，提供了丰富多彩的内容和新颖的沟通形式，受到了师生的欢迎，在教学方面起到了良好的效果。这也为实施体验教学以及运用网络体验教学法提供了有益借鉴。

（一）网络课堂教学的目标

（1）教师和学生间的角色能够发生转变，学生的自主参与能力得以提升。教师由之前知识的灌输者能够转变成为学生提供支撑点或帮助的人。在这个支撑点的作用下，学生可以拥有独立发现和解决问题的能力。

（2）教师之前肩负的监控、管理学习和探索的任务能够逐步转移到学生身上，以便能让学生在一个新的情境中获得全面发展，并且使其根据理论知识剖析和解决所面临问题的能力得到提升。体验式模式教学要求学生带着问题分析具体事物，找出正确的解决办法。

（3）学生应用计算机、网络和文字处理的能力能够得到提升，并且学生能熟练且快速地收集、整理资料，进而相互沟通。

（4）学生对课题研究的思维方式以及表达和写作的能力能够得到不间断的培养，而且学生也能拥有主动且严谨的学习态度。

（5）学生的团队合作能力、协调能力以及社会实践能力能够得到锻炼。

（6）学生能够更好地掌握课本的理论知识并深入地理解所学知识。

（二）网络课堂的创建与实施

教师将文本、图表、录像、案例、传记、专题、故事等教学资源上传到高校教学系统，学生也可以将获得的信息上传到网络课堂，从而教师和学生可以共同分享。这样可以打破传统信息由教师向学生的单向传递的局限，形成师生之间、学生之间多渠道网络型的信息传递，大大增加知识传递量并且加快知识的传递速度。网络课堂可以为学生提供更加丰富多彩的教学内容。

实现师生互动与协作的良好的网络学习环境是包含人与人之间的相互交流还有以满足人际互动为目的的网络交互技术、资源和学习社区等方面的要素。师生可以通过网络课堂进行课余时间的互动与交流，教师可以进行作业批改和项目协作等活动，还可以充分利用网络课堂的开放性，邀请企业家和毕业生与学生在线沟通交流，使其对学生的职业规划、职业素质、职业技能等给予指导和教诲。

第四节　模拟体验教学

一、模拟体验教学的特点

理论知识虽然都来源于实践，但形成体系后又高于实践，之所以这样说，因为它具有高度概括、抽象等特点。面对多种多样、瞬息万变的社会实践活动，怎样让受教育者把学习到的理论知识很好地应用到社会实践活动中，让其实际能力和水平得到提升，是教育工作者的首要任务。在理论教学中，教师采用多元化教学方法，提供一种与理工科学生常用的实验相当的手段，模拟实际问题，使学生能够身临其境，这对于非理工科学生来说至关重要。

模拟体验是学生在教师指导下，在模拟的环境中，综合运用已掌握的专业知识和积累的经验，处理和解决遇到的各种"实际"问题，以训练自己的专业技能并培养自己的决策能力。模拟体验是学生巩固和深化理论知识的有效途径，更是学生进入社会之前的"实战演习"。传统教学模式中的这一环节非常薄弱，导致学生无法做到"学以致用"。通过建立模仿的教学体系，多方面、多角度、多层次地对学生实际能力进行模拟训练，让学生在无风险但有挑战的模拟环境中经历、摸索、思考、总结，实现高素质、应用型和复合型人才培养目标。

课堂是模拟体验式教学的主阵地，模拟体验式教学在课堂上创设的活动是现实生活的缩影。探究活动是模拟的，学生在参与过程中的体悟与收获却是真实的，是为现实生活服务的。模拟活动受课堂所限，规模、形式有所简化，但其过程与方法应体现严谨性、科学性和实用性，切不可把课堂模拟当成演戏或把课堂与现实割裂开来。

二、模拟体验教学的分类

模拟体验的方式与方法很多，根据目前高校实际教学情况，模拟体验教学主要分为课程单项性模拟体验、课程综合性模拟体验、专业综合性模拟体验和跨专业综合性模拟体验四种类型。

（一）课程单项性模拟体验

课程单项性模拟体验是最简单和基本的模拟体验，它主要针对一门课程的具体内容、环节进行模拟。其目的是为学生提供仿真情境，加深对理论知识的理解或专业知识的运用。课程单项性模拟体验实际上属于理论课体验教学的一部分。

（二）课程综合性模拟体验

课程综合性模拟体验是将一些技术性、实战性较强的课程作为实验课，专业课教师边讲理论边实验，将理论学习与模拟紧密结合，在计算机实验室或仿真式教室完成全程学习并进行模拟实验。

（三）专业综合性模拟体验

专业综合性模拟体验是指学生在完成专业课学习的基础上，为了提高学生综合运用专业知识和专业管理水平，利用计算机软件或仿真环境进行的一整套模拟教学过程。

（四）跨专业综合性模拟体验

学生完成一定量的专业课和选修相关专业课程以后，基本掌握本专业及相关专业知识。为了使学生对所学知识融会贯通，培养团队精神，培养高阶思维，可以开展跨专业综合性计算机模拟体验。

三、模拟课堂的作用

所谓模拟课堂，就是完全按照课堂要求，由执教者讲课，资深老师听课然后现场逐一点评。模拟课堂针对性强，问题集中，反馈快，对学生帮助大，学生综合水平提高也快。目前，模拟课堂已经成为教学研究的重要手段，对提高课堂教学质量，促进课堂教学的快速发展具有重要作用。在当前的体育教学中，开展模拟课堂教学可以提高体育教学的质量，满足体育教学教研的要求。模拟课堂在提升体育教学水平上发挥着积极作用，主要表现在以下三个方面。

（一）提高体育教学研究水平

体育教学与其他学科的教学有很大不同，体育教学研究可以保证教学的整体质量。而模拟课堂有明显优势，将模拟课堂应用到体育教学研究中，可以极大地促进体育研究水平的提高。

（二）提高体育教师素质

体育教学应用模拟课堂能全面展现体育教师的整体素质。模拟课堂为体育教师提供了集中展示素质的机会。在模拟课堂中分享教学意见和建议让体育教师都能有所收获，达到全面提升教师素质，让体育教学方法全方位发展的目的。

（三）满足体育教学

体育教学对教学实效性的要求和其他学科教学相同。将模拟课堂应用到体育教学研究中可让体育教学实效性达到教学大纲的要求。模拟课堂有在教学方法上存在的优势和促进体育教学研究发展的作用，吸引高校把模拟课堂当作体育教研的必备手段。

第五节　实训体验教学

实训，即"实习（践）"和"培训"的有效结合。职业技能实际训练简称为实训，它的控制方为学校。学校会在人才培养规律和目标的指引下，训练学生的职业技能和职业素养。与课堂教学与模拟实验相比，实训具有开放性和独立性；与社会实践相比，实训对学生的约束性和指导性更强。对于对实践要求高的专业，学生要通过实训掌握各种技能，培养职业素质。实训一般以市场人才需求为导向，以提高学生专业素养，帮助学生择业就业、让企业用人称心为最终目的。合理的实训教育本来应该成为大学教育的一部分，但目前却成为社会培训机构、企业内训的责任。因此，体验式教学模式必须增强实训环节的安排、设计与实施，弥补目前高校中实训环节的缺失。

一、实训体验教学实训课程

实训课程是针对具有一定理论基础的学生，在拥有专业理论知识和多年实战经验的教师指导下，以岗位职业标准和真实的工作过程为基础，以市场为依托，融"教、学、做"为一体，强调教学过程的实践性、开放性和职业性，以培养学生的能力为中心的体验教学。实训课程与实习和实践环节相比，目标明确、内容统一、计划周密，便于师生的共同参与，也便于教师的指导和控制。而实习和实践更加社会化和自由化，实习目标和内容涵盖整个专业，时间比较长。实训课程强调以实战为主、理论为辅的教学方法，重点是鼓励学生积极主动参与并亲身实践，让其在极短的时间内提高专业技能、实践能力、工作效率和团队合作能力等。

（一）开设实训课程的前提条件

1. 实训对象必须掌握一定专业理论知识

实训的目的是让学员更好地具备职业素质或掌握专业技能。职业素质的培养需要经过专业学习，长期的积累。专业技能的掌握也需要经过理论学习，掌握其基本原理，再经过实训课程的磨炼，学生才能在真实的体验中领悟和感受职业的标准和要求。

2. 保证实训岗位的真实性，或仿真程度高

实训场地的布置、实训资料的设计都应与学生未来的职场氛围尽量相似，使学生有身临其境的感觉，这样他们更容易进入角色，体会到自己的职责和业务范围，最大限度缩短入职后的磨合期，快速达到用人单位的要求。

3. 拥有丰富实践经验的指导教师

教师应具有丰富的临场指导经验和较高指导能力。实训体验教学的重点是怎样解决问题和如何做出决策。教师的身份多是"教练""指挥""协调者""伙伴"等，不再是权威和核心角色。教师应从疑点、重点、难点入手对学生进行启发式提问，并模拟指导，让学生发现、分析和解决问题，给学生自主空间的同时留下反思的机会。这就要求教师不仅要系统掌握体育专业基本理论，了解相关专业知识，还要具有较丰富的户外体育实战经验。否则，面对实战环境及出现的问题，教师很难指导学生制订具有针对性和准确性的解决方案。

4. 编制实训教材或指导书

目前，高校实训体验教学使用的教材多为实训指导书，此类书根据实训理论教材编写而成的。教材所涉及的内容和企业急需的职业技能有一定偏差，学生无法依据实际情况和技术的要求参与发现和解决问题的实训。与此同时，教材的革新速度也比较慢，一些学术前沿知识以及技能无法及时出现在课堂上，最终导致的结果是

学生进入企业后需要再次培训，造成实训资源浪费。所以，高校应该组织专门力量对实训教材认真编写，实训教材应包括实训任务、实训内容、实训程序、实训要求、时间安排和考核等详细说明，学生在实训教材指引下，进入自主学习状态，在实训过程中扮演不同职业人员，履行岗位职责。

（二）学校实训基地的建设

学校实训基地包括校内实训基地和校外实训基地两部分。实训基地建设要坚持"先外后内"的原则，即先寻找校外合作单位，建立校外实训基地，投资少、岗位真、效果佳；然后再考虑校内实训基地投资建设，方便学生管理，有利于教师科研。

建立相对稳定的，能反映岗位、职业、行业发展方向和水平的校外实训基地，可以充分满足相关专业学生进行岗位实际训练的需要。校外实训基地的建设通常采用与企业合作的方式，在互惠互利的基础上，学校与相关企业携手建立"产、学、研"合作关系，实现实训资源的社会流通与共享。实践证明，充分发挥校外实训基地的作用，不仅能解决学校实训条件不足、实训手段和条件滞后于生产第一线的难题，而且有利于学校轻便灵活地调整专业设置。比如，体育专业，可与健身公司合作，建立校外实训基地，并由合作单位指派责任心强，具有丰富专业知识和一定指导能力的人担任基地指导教师，负责学生的日常实训指导。

校内实训基地的建设与运作可以采用多种有效方式，如"三合一"校内实训基地。所谓的"三合一"校内实训基地包括"教学与技术开发、服务合一"的教研合一基地、"实训与生产合一"的校企合一基地、"课堂与实训点合一"的学做合一基地三种类型。其在功能上融"产、学、研"为一体，在教学上融"教、学、做"为一体。

（三）实训课程的形式

1."课堂与实训点合一"的实训

某些专业的学生很难获得实际工作岗位训练的机会，如会计专业。财务信息的保密性和财会工作的特殊性，决定了学生在毕业实习前很难有机会进入公司财会岗位从事业务操作，熟悉财会业务。这就需要学校建立实训基地，按照会计工作环境和工作规范提供手工技能操作的各种实训资料和工具，模拟企业的实际经济业务，开展记账凭证的编制、账簿的登记、账表的编制与分析、会计资料的装订等一系列会计工作。结合电算会计，还可以把重点放到建立财会手工模拟实训室和电算化实训室两项工作中。通过编写实训教程、编制财会业务及"证账表"资料库、安装常用财务软件、模拟分岗轮训，建立技术仿真度极高的财会实训中心，解决会计专业学生顶岗实习前的实训问题。为学生提供比较真实的职业环境，使学生能感受会计职场的氛围。通过学做合一基地，探索课堂与实习点的一体化，实现现场教学与现场实训相结合，利用多媒体课件教学、现场演示和上机操作相结合的教学方法，使学生在"边教边学、边学边做"中实现教学和实训的互动，有效落实学生基本技能的实验和实训。

2."实训与生产合一"的实训

这种实训适用于技术性能强的职业院校学生。通过校企合一生产性基地，学生进行专业技能的集训，在真实的生产环境中完成生产与实训任务，掌握综合操作技能，具备校外顶岗实习能力。例如，学校建立生产车间、汽车修配厂等实训基地。实训基地的设备、设施、工作环境与企业的设备、设施、工作环境相似，而实训内容的设计是依据企业相关岗位的要求和职业技能鉴定考核，这些都让职业院校的实训情况有了明显改善，教学效果也有了明显提升。这些不仅提高了学生的综合素质和就业率，还为校企合作、工读交替和产学合作创造了必要条件，得到了学生和社会认可。

3."教学与技术开发、服务合一"的实训

在教师指导下，学生通过承担一些具有社会价值的具体项目，培养创新精神和创造能力。这满足了实现校企双赢，实现高校社会服务职能的内在要求。有的院校通过成立 IT 公司，为学生提供实训岗位，通过与国际知名 IT 企业的广泛合作，实施与国际接轨的教学计划。院校通过实训基地以及动态更新的课程体系，使学生从企业文化、时间管理、项目管理、业务理解、需求分析、设计编码、产品监控、测试验收等全面掌握软件开发项目的国际规范，利用教育、产业、研发、软件园区，实现人才培养与产业的无缝连接。

（四）组织实训课程的步骤

1.准备工作

实训组织与管理的准备情况决定着实训效果。因此，实训开始前教师要到实训场地进行检查与布置，对实训过程中所需的设备、工具、材料等做好充分准备，落实设备操作过程中的安全保护措施。

2.教师讲解

指导教师讲解实训目标、操作步骤、结果形式与评价办法等，并对安全保护措施提出具体要求。

3.示范操作

对于技术性操作实训，示范操作主要由指导教师或师傅完成，也可以安排学生作示范，操作过程可以辅以简明准确的讲解。教师要提醒全体学生注意容易操作失当的环节，并提出正确的操作方法以及预防不良操作习惯的方法。对于设计、创作和管理类实训，教师可以将过去学生的实训作品予以展示，让学生对实训内容和结果有比较直观的认识。示范操作结束后，全体学生实训开始。

4.分组与布置任务

将参加实训的学生分成若干小组或团队，一般以 4 ~ 6 人为宜。根据学生掌握的理论知识程度、实际操作能力、协调组织能力等情况，按照实训需要进行科学分组，每个小组或团队指定一名组长全权负责，其他组员做好分工，各负其责。要求学生认真阅读实训指导书，明确实训的各项内容、实施步骤和时间安排。

5.操作与巡回指导

学生按照实训指导书进行实际操作训练，这是由"应知"进入"应会"的实践过程。实训过程中，学生会遇到各种问题，对于校内实训，要求教师在实训现场及时纠正错误；对于校外实训，教师应与学生保持联系和沟通，定期给予指导。

6.评分与小结

学生按规定时间完成实训内容后，要上交实训报告或相关成果作为评分的依据。评分应采用自我评分、小组评分和教师评分相结合的方式，校外实训还应有合作单位的评分。尽量避免只由教师评分的传统方式，使实训成绩公平、合理。评分指标应包括实训态度、品格意志、出勤情况、实际能力、创新能力、实训报告质量等多项内容。实训结束时进行实训总结，以便及时反馈、总结实训过程中产生的有价值信息。

二、实训体验教学拓展训练

拓展训练是一种户外体验式培训，指的是在山川、湖泊等自然环境中使用特殊的训练器材，让团队和个人在一系列设计精巧、富于挑战的活动中接受考验，锻炼克服艰难险阻的坚强意志，使学生养成良好的心理素质，培养积极的人生态度，增强学生团队合作意识，启发想象力与创造力，从而达到自我学习和自我提高的目的。

拓展训练作为现代教育的表现形式之一，旨在促进学生心理发展和人格形成，这与传统的教育有很大不同。传统教育对受教育者智力因素（知识积累和能力发展等）的要求比较高，而忽视非智力因素（人的情感、意志、个性、气质等）的发展。体验式教学重视非智力因素的培养。因此，户外拓展是体验式教学不可或缺的重要组成部分。

（一）拓展训练的目的

1.激发个人发展

拓展训练可以激发个人力量，对个人成长发展、潜能发掘有积极意义。拓展训练能激励人们对其在生活方面和职业方面创造的成果负责；它促使人们乐观、热情地面对生活，让人拥有旺盛的生命力；它使学生在社会主义核心价值观的指导下感受诚信、责任、信任和诚实。

2.强化团队协作

团队协作应具备的素质，如承诺、理想、同情心、积极聆听、热情、诚信和模范，可以通过户外拓展训练发掘出来。仙人指路、信任背摔、巨人脚步、胜利大逃亡等户外拓展项目都无一例外是对团队成员信任度及团结协作能力的考验。

3.挖掘创作潜能

拓展训练解决问题的过程使人们的思维摆脱传统观念的束缚，最大限度地激发参加者的创作潜能。

4.获得积极的心理体验

拓展训练可以增强个人自信心，提高学习和工作效率，而在技能方面表现为促使参与者专注成果的创造，时刻提醒参与者成绩的创造者是他们自己。在这样的情境下，学生能切身感受到内心深处的自豪感和成功感，获得积极的心理体验。

（二）拓展训练的形式和步骤

户外拓展课程包括水上课程、野外课程和场地课程三个种类。水上课程包括游泳、跳水、扎筏、划艇等；野外课程涉及远足露营、登山攀岩、野外定向、伞翼滑翔、户外生存技能等；场地课程指的是在专用场地使用各种训练设施展开的团队组合训练课程，如攀岩、翻越障碍等。户外拓展训练一般按照下面五个步骤开展。

1.明确训练目标

根据教学要求和学生状况，每项户外拓展训练必须首先明确训练目标。以目标为指导确定训练内容，而学生则以训练目标为行动指南。一般训练目标包括团队目标和个人目标。团队目标旨在培养团队精神、合作意识与进取精神，加强信任、有效沟通；个人目标旨在开发心理潜能、增强心理承受力、释放心理压力。训练目标具体包括增进团结与合作；增强个人自信心；增进小组成员间的相互信任；促进沟通与交流；提升人际交往技巧；锻炼身体的灵活性和协调性；培养与人相处共事的态度等。训练目标不再局限于体能训练和生存技能训练，而是延伸到了心理、人格、管理等方面。

2.团队热身

培训前展开的团队热身对消除学生紧张感、增进学生友谊等非常有帮助，还能让学生以轻松快乐的心态参与培训活动。团队热身是体能上的热身，也是思想上的热身、组织上的热身。体能上的热身主要是在训练前必须做好身体的准备活动，补充所要求的能量；思想上的热身主要指明确训练主题与目标，树立坚定的信念和顽强的意志；组织上的热身是指建立团队，确定团队负责人，做好分工与配合。此外，户外拓展还必须做好安全方面的各项准备工作。

3.个人项目

个人项目设计的原则是心理挑战最大，体能冒险最小。之所以坚持这个原则，是因为每一次训练对参与者的心理承受能力都是一项巨大的挑战。个人的挑战项目多数是体能与毅力、思维与判断的考验。比如，在训练场地设计"断桥"等科目，锻炼学生的体能，检测学生心理素质，使学生挖掘自己的潜能，发现自身存在的短板和努力的方向。

4.团队项目

团队项目的目标是增强学生的合作意识，培养受训集体的团队精神。团队活动项目常常复杂而艰巨，在活动开展过程中，学生体验彼此信任、彼此理解、默契配合和自我发掘的乐趣。共同的目标、相互信任、互相尊重、开放的沟通与承诺是团队高效合作不可或缺的元素。学生通过建立团队产生归属感，而团队面临的问题正是团队前进的动力。团队中各个成员文化背景有所不同，团队成员通过解决冲突，选择合适的立场让团队维持在彼此适宜、互相联系的状态。这种团队项目包括集体挑战项目"蜘蛛网"、团队合作项目"孤岛求渡"、分组竞争合作项目"泰山过河"、大团队挑战项目"毕业墙"等。

5.回顾与总结

回顾的作用是让学生消化、汇总、升华训练中的收获，进而实现活动的具体目标。学生通过总结把培训的成果应用到工作和学习中，让训练的整体目标得以实现。

通过体验、交流、整合和应用的学习流程，学生进一步了解团队合作、团队建设与管理以及自我鼓励的技术与方法，对激发个人潜能，改善人与人、部门与部门之间的沟通和协作，提升创新精神，正确认识各个成员的职能职责，加强团队建设，树立责任感和价值观都有重要作用。

（三）实施户外拓展训练应注意的问题

户外拓展训练发展到现在，不再只是简单的体能训练、竞技项目和休闲娱乐类的活动，而是体验探索类型的训练。现今，户外拓展训练重视学生一起回顾训练的过程，学生通过交流，分享、体会团队训练获得的成果等提高自身能力。在整个训练过程之中，学生以个人视角为出发点，感受人和人、人和集体、人和自然之间的关系，找到自己的正确位置，感受集体的力量。与此同时，学生通过发掘自己的潜能实现学习能力的迁移，步入良性发展的轨道。

通过科学规范的实训教学，使教学适应社会与企业要求，使实训教学有依据、可检查、可考评。更重要的是，使学生受到良好的职业教育培训，达到掌握"必要的理论知识"，具有"极强实践能力"的人才培养目标。

第六节　社会实践体验教学

实践教学与理论教学密不可分。实践教学是一系列教学活动的组合，具体指在教师的指导下，学生动手进行实际操作，得到感性上的知识和基本的技能，以提高综合素质。

实践和体验具有天然的密切联系，实践是认识客观世界的来源，也是体验产生的前提。但是，体验是一种认识世界的特殊心理活动过程。体验在实践过程中具有不可预测性、随机性、不可把握性等特点，所以人们在实践过程中是否产生认识的深化和情感的递进无法确定。实践与体验既有联系又有区别，二者相互影响、相互促进。

社会实践体验是指学生在社会生活实践中，通过亲自参与和内省体察（如感情、行为、事物和策略等）掌握某种技能和策略，培养某种能力与行为习惯，树立某些情感、态度或观念。目前大学生的社会实践主要包括两部分：一是纳入教学计划的各种实习任务，它是教学过程中学生必须参加的重要环节；二是学生利用课余时间或者假期自愿参与的各种社会实践活动。

一、社会实践体验目标的重新定位

使学生获取相关领域内的专业知识以及技能是实践教学的意义所在。体验则指在实际参与过程中不断冒出的新情境、新问题、新要求，这就要求主体主动进行反思和批判，清楚认识"新"的事物，然后反思和构建原有的认知。体验可以划归到主动内省的范畴，重点在于元认知，而实践教学的重点为一般认知。

目前高校的实践教学或者社会实践活动多处于注重实践、轻视体验的阶段。学生参与社会实践的目标主要是达到"能做""会做"，毕业时具备一定的实践经验，顺利就业。这种目标定位虽然符合应用型人才培养模式和社会对人才的现实需求，但缺乏人才培养的长远眼光。高校培养的人才既要具有行为的能力，也要拥有实践理性思维能力。实践理性指的是在逻辑思维的指导下，对人类处理各种关系（人与人、人与社会、人与自然）以及采取同目的和规律相符的行为的一种观念上的预设能力。而实践理性思维能力指的是利用社会实践教学和相关活动，一方面让学生可以将已经掌握的专业理论知识灵活地运用于实践之中；另一方面使学生通过不断地发现问题、分析问题与解决问题，拓宽知识面，加深对既有知识的理解，形成新的知识结构。只有具有理性思维能力的实践者才能成为21世纪知识经济时代所需要的知识挖掘者、知识开拓者和知识创新者，这也正是通过社会实践达到体验式教学的真正目的所在。

学校要转变传统的实践教学观念，不但要鼓励学生积极参与社会实践活动，关注学生在社会实践过程中的行为和表现，而且要注意培养学生在社会实践中的理性思维，培养学生的批判和反思意识，使学生的社会实践从技能的传承提升转化到思维的创新。

大学生进行社会实践是体验社会、体验人生的主要途径。在社会实践体验中全面、自由、充分、协调地发挥每个人的积极作用、积极能力，以最大限度实现学生发展价值，是社会实践体验要实现的真正目标。

大学生的发展价值主要包含自身发展价值和社会发展价值。自身发展价值主要指个人在生产、生活中为满足个人需要所做的发现、创造，是个人自我发展及社会对于个人发展做出的贡献；社会发展价值主要指个人通过自己的实践活动为社会的发展需要所做出的贡献，简单地说就是个人对社会发展的贡献。

二、社会实践体验的具体形式

大学生可以通过参与多种形式的社会实践体验活动，实现自身发展价值和加大对社会发展的贡献，具体形式有以下几种。

（一）参与学校和社会管理活动

体验式教学模式主张学校要提高学生的主体地位，这不仅体现在教学过程中，还体现在学校的管理活动中。现代大学内部管理的制度和坚持的原则是学生参与学校管理活动中的理念和方法。学生参与现代大学管理，不但能让学生的权利得到尊重，让管理民主高效，而且能教育学生甚至让学生进行自我教育最终成为一名合格的公民。学生参与学校管理的范围很广泛。学生参与学校一些正规制度（如学生代表参与学校事务的管理和决策）的制定和非正规措施（如学校的招生方针、评聘教师、课程设置等）的实施。无论从学生的教育角度出发，还是从管理学生的角度出发，这样的做法都是值得学习和借鉴的。

目前，我国的听证制度已经不再局限于行政程序（立法、人大制定地方性法规、地方政府进行行政处罚都会召开听证会）。学生可以通过参加听证会了解和参与国家及地方政府的法律法规建设，感受公民所拥有的知情权和监督权，培养社会管理意识和社会责任感，树立推动社会发展、奉献社会的人生价值观。

（二）义务性社会服务

目前我国高校尚未对大学生的义务性社会服务提出具体要求，只有部分学生自愿参与其中，他们作为志愿者从事环保活动，慰问孤寡老人，参与社区服务，等等。

从培养学生道德情操的立场出发，义务性社会服务应该纳入学校实践教学环节，有计划、有组织地进行。

开展学生义务性社会服务对道德教育有着积极作用。德国的大学生在参与社会服务活动时须要遵守一套全国性的制度。德国的义务民役制颇具特色，德国青年经过一年三个月的服役后都有巨大的收获。首先，他们了解当时社会的真实情况，让自己洞悉社会的能力和工作能力得以锻炼；其次，他们确定了自己的人生观和价值观，养成了良好的道德品质。这些都对国家和社会的发展有着积极作用。

（三）勤工助学

学生通过勤工助学一方面可以赚取学费与生活费用，另一方面利用工作的机会对社会各阶层、各领域的生活状况进行深入了解，提升自身的社会适应能力。勤工助学能在无形之中影响人的人生观、价值观、道德品质等。因此，勤工助学不但可以满足社会对劳动力的需求，减轻学生的经济负担，还能为提高参与者道德品质发挥道德教育的作用。

目前我国高校和社会为大学生提供的勤工助学岗位有限，许多大学生从事家教、商品促销、校园销售、派发宣传单、餐饮服务等简单的、不需要特殊技能的工作。这些工作可以磨炼他们的意志品质，但无益于专业素质的提高。因此，学校和社会应提供更多类型的岗位，使学生可以从事与他们专业密切相关的工作。

（四）创业或竞赛活动

大学生开展创业活动或参与竞赛活动是体验社会实践的有效途径。各级政府、企业和学校为大学生创业或竞赛提供了平台、资金、项目的支持，充分调动了大学生参与创业或竞赛的积极性。

大学生在学校学到了很多专业理论，知识层次高，技术优势大，属于智识阶层。在社会经济繁荣发展时期，创办具有一定技术含量的科技型企业，用智力换资本，赢得风险投资家的资助，是大学生创业的特色之路。首先，大学生应对复杂的市场竞争环境要有充分的心理准备，不要盲目乐观或急于求成。其次，在掌握先进技术的同时，还要分析市场环境和市场潜力，学习和掌握商业运作模式和管理经验。再次，为支持大学生创业，各级政府出台了一系列同融资、税收、创业培训、创业指导等相关的优惠政策。充分了解和利用这些优惠政策是走好创业的重要一步。最后，树立法律意识，技术发明、文化创意或商标图案等作为知识产权受到法律保护，大学生应依法依规及时申请专利、著作权和注册商标。由于受到经验、资金和能力等方面的限制，大学生多数以创意、设计、服务为内容进行创业。校园代理是一种比较受大学生欢迎的创业项目，它对资金和经验的要求低。学生能将课余时间利用起来代理学校的畅销产品，以此积累市场经验，让创业能力得到锻炼。

学校会组织各层次、不同学科的各类竞赛。学校应选聘责任心强、经验丰富的教师作为参赛学生的指导老师。而大学生应该按照竞赛内容与要求，做好充分准备，认真完成每一个细节。大学生应该摆正心态，既要追求竞赛结果，又要注重参与竞赛的过程，因为过程往往给人们带来更多的收获和成长。

（五）学校安排的各种专业实习

目前，我国高校学生专业实习时间比国外短，到专业对口单位或企业实习的机会也少。由于学校和学生不重视、企业不接收、考核不严等因素，很多专业实习流于形式。大学生的专业实习是教学重要环节，必须引起国家、各级政府、企业、学校的高度重视，从政策、制度上给予保证。加强校企合作，有计划、分梯队引进学生到企业实习并进行职前教育和培训。企业要将实习生作为潜在的员工，通过实际工作为企业选拔优秀人才。学生应当清醒地认识到社会实践体验的重要性，在校学习期间，应让自己时刻保持危机意识，把每次实习都当成一次来之不易的学习、检查和强化技能的机会，为未来的工作积累经验和技能。

大部分欧美高校将专业实践或者实习列入正常教学计划，同时给予学分。一些美国工科类大学还要求学生在大学期间必须用一年三个月去工厂或者企业学习。例如，在哥伦比亚大学学习国际关系专业的学生有机会到联合国旁听席上学习，而学习经济的学生可以直接到华尔街见习。欧美高校不同专业的学生见习单位也有不同，比如学习历史的学生要去博物馆或者档案馆实习；学习法律的学生可以选择到立法机构或者司法机构学习，而学习政治的学生则要到政府机构或公共决策机构见习。俄罗斯和部分东欧国家在专业实习方面的做法类似于欧美。德国高校对专业实习给予了高度重视。比如，工科类的大学必须参加实践和实习，时间要达到26周；理工科的大学生在撰写毕业论文之前必须参加"中间考试性实习"。这些专业实习活动的主要目的是让学生拥有专业能力和技能，提升学生的学术水平，培养参与者的人生观、价值观和道德观。

第四章　高校户外运动体育课程体验式教学

第一节　高校户外运动体育课程教学理论

户外运动是高校素质教育中的一门全新课程，其不但能让学生的身心健康水平大大提升，而且能让学生德、智、体、美、劳等素质得到全面发展。高校户外运动体育课程综合性非常强，学科的跨度大，涉及了不同学科的知识，比如教育学、心理学、社会学、管理学、学校体育学、安全求生等。上述这些学科的知识体系是户外运动体育课程的理论基础。此外，各个高校开设户外运动体育课程的目的不尽相同，这就导致高校在设置教学重点的时候会出现偏差。比如，一些高校的侧重点是保持学生心理健康，一些高校侧重于是锻炼学生身体素质，而一些高校是为了让学生适应社会的能力得到提升，等等。这就要求我们不能放松对高校户外运动体育课程教学理论的研究，只有科学地分析、研究总结、梳理基本理论，才能让各个高校根据自身发展的特征找准课程发展的方向，让户外运动体育课程的教学目标、内容和方法有据可依。

一、户外运动体育课程教学的教育学基础

对学生进行全面的健康教育和素质教育是高校开展户外运动体育课程的核心功能，也是学校教育系统的重要组成部分。这要求户外运动体育课程的基本内容和教学理论同学校教育系统的基本要求相符合，相关研究教学理论也不能超出学校教研的大范畴。换而言之，在研究户外运动体育课程的教学理论时，教师可以把教育学中针对性较强的研究成果当成基本理论，而后在此基础上对户外运动体育课程的体育理论进行完善并促进其发展。比如，研究和户外运动体育教育相关的各方面问题时，可以利用教学研究的成果对其进行分析，发现并总结符合户外运动体育教育发展特征的理论。

教育学理论对高校户外运动体育教学的影响主要表现在为教学理念的形成提供了研究范式和理论依据。在教学理论逐步转型的今天，被动接受知识和机械化记忆所学内容的形式已经无法适应新的教学理论，体验式新型教学理论应运而生。这一理论能够让学生相互传递知识，结合不同的思考方式进行分析和总结，进而让知识和技能得到新的发展和延伸。这在高校户外运动体育教学中最为常见。比如，针对同一个项目采取小组的形式完成。在项目开展前，不同的小组在讨论时会提出各种各样的完成方法；在项目开展中，各小组之间还可互相学习，取长补短，这样就完成了知识的传递和延伸。

二、户外运动体育课程教学的心理学基础

促进学生身心健康发展是高校户外运动体育课程教学的重要目标。在这一目标指引下，组织教学活动、设计教学的环境、设置教学的内容和模式的心理指向性非常明显。从这一点我们也不难发现，心理学理论在高校户外运动体育教学中发挥着重要作用。高校户外运动体育课程教学的心理学理论主要由归因理论、态度理论、目标设定理论和社会学习理论四个方面构成。

（一）归因理论

归因理论是心理学理论最为重要的组成部分。归因指的是个体分析、解释和推测自身或者他人行为原因的过程。归因的过程其实很简单，就是解释和推测个体外部行为表现的特征，将其发生该行为的原因总结出来。归因理论有以下三个方面的内容：

（1）心理活动的归因。它指的是个体产生这种心理活动究竟是什么原因引起的。

（2）行为的归因。它指的是通过个人具体行为和表现推测其心理活动。

（3）个体对未来行为的预测。它指的是根据个体之前的行为表现，推测其在未来的某个特定情境下出现的行为。

（二）态度理论

高校户外体育课程教学的态度是一种心理倾向，是在学生认识、评价、判断某个特定对象的过程中产生的。态度的构成要素有认知、情感、评价和意向等；态度的对象有人、某个具体的事物、抽象的概念等。构成态度理论的基础是认知，学生的行为意向会受到认知的影响。情感和评价是构成态度理论的核心，而学生行为意向形成的观点就在于此。此外，意向直接体现学生的情感反应，是个体态度最终的表现形式。

（三）目标设定理论

高校户外体育课程教学目标要根据学生的实际情况制定，是一种特殊的行为准

则。它的主要特征通过方向和强度进行表现。教师制定的教学目标具有某种倾向性与针对性。实践研究表明，学生身心的能量和挑战目标时的自信心都需要科学的目标激发和增强。制定明确的目标能提高学生的注意力，能让学生的行为和心理都放在任务的完成上面。合理的目标具有指引作用，能让学生养成永不退缩的坚强品质，即便面对困难和挫折，也能让学生保持头脑清醒，朝着目标勇往直前。从以上我们可以看出目标的重要性，这也就提醒了教师要重视户外运动体育课程目标设定的理论。在设定目标时，一定要注意长期目标和短期目标的结合，且目标要符合实际情况、明确、具体、富有挑战性。

（四）社会学习理论

社会学习理论是一种心理学理论，具有极强的指导性，具体指的是个体将其他社会个体当成榜样进行学习的过程。这一理论认为任何成功或者奖励的行为都有再次出现的可能，个体在这样的理论指导下向那些获得成功的经验和行为学习。下面我们从两个方面分析社会学理论在高校户外运动体育教学过程中的指导作用。

1.自我效能感

自我效能感是个体自我能力的认知，指的是个体在担任某项任务或工作的时候对自我能力表现出来的自信。自信是完成户外运动的重要前提。只有认为自己一定能完成这一目标，才能在运动过程中获得足够的信心，并主动积极地完成，最终取得满意的结果。

2.观察学习

直接经验学习和间接经验学习是个体学习过程的两个构成方面。直接经验学习是一个过程，个体获得直接经验的途径是具体的实践；间接经验学习也是一个过程，个体获得间接经验的途径是个体观察和口头传授。同直接经验学习相比，间接经验学习更加方便快捷。观察学习作为间接经验学习的一种方法，提倡学生通过学习他人的学习方式、学习态度和人际交往等获得相关知识和经验，快速提高学习效率。

三、户外运动体育课程教学的社会学基础

社会学理论研究所包含的内容有经济、社会结构、政治、人口变动、民族、城市、家庭、信仰、宗教、现代化、历史等。社会学的研究对象是整个社会，而在研究社会结构、功能、发展规律时则要通过社会关系和社会行为来进行，可以说社会学是一门综合性很强的学科。社会学理论发展速度飞快，吸引了很多学者对其进行研究。目前社会学研究的重点包括人类组织、社会互动、群体等，研究的方向有缓慢向社会结构微层面（如种族、社会阶级、性别及家庭等）转变的趋势。

众所周知，个体都具备社会属性，这就导致高校户外运动体育课程教学不能离

开社会。在户外运动体育课程教学过程中，教师和学生都会受到社会规律的制约。在社会学理论指导下，高校开展的户外运动体育课程会让主体实现社会化教育的目标。

四、户外运动体育课程教学的管理学基础

有效地管理教学组织是保证高校户外运动体育课程教学顺利开展的基础。我们应该在户外运动体育课程教学中合理地融入管理学的理论体系。这一理论体系包含制订教学计划、组织协调、教师领导力、过程控制和团队管理等。

自从将户外运动课程纳入高校教育体系之后，管理学知识（如时间管理、目标管理、安全管理等）就被大量融入户外运动体育课程教学中。户外运动体育课程的重点由怎样迅速掌握运动技能上升到了如何全面发展学生综合素质上。各个高校户外运动体育教学的内容和侧重点不尽相同，不过教学的重心依旧是必需的基本管理学知识。各个高校会根据学校具体情况、学生的整体能力以及户外场地安全性等设置教学内容和重点。高校综合人才培养的重心是意识培养，比如计划能力、决策能力、沟通能力、应变能力等。

五、户外运动体育课程教学的学校体育学基础

户外运动体育课程是高校体育教育的组成部分，户外运动体育课程在发展的过程中必须要与大的教育环境相符。确定教学目标和选择教学组织形式都要在本学校体育教学具体情况之下开展，让教学资源能够最大化被利用。学校体育是保障学生身心健康的手段之一，其基本理论知识会影响户外运动体育教学实践。它能帮助户外体育运动确定教学目标，教学目标为培养学生积极参与活动并掌握相关技能提供科学方法，这样能有效提升大学生身体素质和心理素质，让大学生成为社会适应能力较强的人才。体育理论知识可以作为高校户外运动体育课堂教学的理论基础，这些理论知识包括保健知识、生理健康知识等。

综上所述，高校户外运动体育课程教学的理论知识内容广泛，它将与户外运动教学内容相关的学科理论囊括其中。在户外运动体育课程教学过程中，教师只有在基础理论的要求下开展教学设计，才能让整个教学具有全面性和针对性，使教师在教学过程中对症下药，提高学生的户外运动水平。

第二节　高校户外运动体育课程现状与对策

高校户外运动体育课程安排因各学校实际情况的不同而不同。下面以北京、长春和武汉的高校为例，对我国高校户外运动体育课程开展的现状和对策进行研究。

一、高校户外运动体育课程的现状分析

（一）北京市高校户外运动体育课程开展的现状

我们以中国地质大学为例分析北京市户外运动体育课程开展的现实情况。为了顺应高校体育课程改革的趋势，中国地质大学把户外运动当成公共基础必修课划到了体育课程中。目前，北京市各高校开展户外运动课程的情况都不错，为其他高校提供了可供借鉴的经验。下面我们通过几个方面进行详细分析。

1. 户外运动课程体育教学的目标

（1）运动参与的目标。培养学生兴趣，积极参与各种户外活动，养成终身运动的意识。学生具备制订可行户外运动计划的能力，拥有户外运动文化欣赏的能力。

（2）身体健康的目标。增强学生身体素质。

（3）心理健康的目标。学生通过参与户外运动自理自立，培养自信心，进而形成强大的意志品质。

（4）社会适用的目标。学生在运动中提升基本的人际交往能力，在合作中培养集体主义，进而培养积极参与户外运动的意识。

2. 户外运动课程的教学大纲

目前，理论知识、实践知识以及综合训练构成了高校户外运动体育课程。

户外运动体育课程包括 10 个课时的理论课、4 个课时的教学考核、22 个课时的实践课。由此可以看出，户外运动体育课程非常重视培养学生的实践能力。

3. 户外运动体育课程的场地和器材

现在，中国地质大学建造了北京高校中最大的人工岩壁，人工岩壁分为难度岩壁、速度岩壁、抱石和仿自然岩壁，为举办攀岩类户外运动和比赛提供了良好的场地。中国地质大学其他器材也较为齐全，为大学生参与训练和比赛提供了便利条件。

4. 户外运动体育课程的师资力量

中国地质大学体育部有负责专业户外体育课程教学的教师，这些教师采用集体准备课程的模式开展教学活动，广受学生喜爱。这些教师的主要研究方向有攀岩教学、定向运动教学、素质拓展运动教学等。

通过研究可以发现，北京市在大学生户外运动体育课程开展方面整体情况不错，正逐步走向正轨。在未来的发展中，吸引学生参加户外运动的手段和方法要多样化，这样才能让更多学生参与其中。

（二）长春市高校户外运动体育课程开展的现状

1.长春市高校户外运动体育课程设置

在长春市进行户外运动体育课程调查的 8 所高校中，只有 1 所学校即长春师范学院开设了户外运动体育课程。开设户外运动体育课程的概率仅为 12.5%，未开设户外运动课程的概率却高达 87.5%。（表 4-1）由此可以发现，长春市高校户外运动体育课程的开设率太低，在未来仍然需要不断发展和改革。

表 4-1　长春市高校户外运动体育课程设置情况调查表（n=8）

项　目	设置户外运动课程	未设置户外运动课程
人数（n）	1	7
比例（%）	12.5	87.5

2.长春市高校学生参与户外运动的情况

（1）高校学生对户外运动的认知程度。从调查的 609 名高校学生的具体情况可知，只有 16% 的人对户外运动熟知，27% 的人是相对熟知，而 31% 的人对此一无所知。这就要求高校和相关部门加大力度宣传户外运动，进而让户外运动逐步在高校普及并得到快速发展。

（2）高校学生对户外运动喜欢的程度。从整体情况来看，高校学生对户外运动的基本态度为肯定、支持和欢迎。其中有 48% 的高校学生持喜欢的态度，31% 的高校学生持比较喜欢的态度。从这两个数据可以发现，长春市高校学生参与户外运动的积极性很高，这对户外运动的开展比较有利。

（3）高校学生户外运动参加的情况具体见表 4-2。在长春市对 609 名在校大学生进行的调查发现，有 62.9% 的高校学生参加过户外运动，而有 37.1% 的高校学生从来没有参加过户外运动。从上述数据可以看出，户外运动在长春市高校内的群众基础很广泛。

表4-2　长春市高校学生参加户外运动调查表（n=609）

项　目	参加过	从未参加过
人数（n）	383	226
比例（%）	62.9	37.1

（三）武汉地区高校户外运动体育课程开展的现状

1.户外运动体育课程设置的情况

武汉地区调查的9所高校中只有3所大学〔中国地质大学（武汉）、湖北经济学院、江汉大学〕开设了户外运动课程。武汉地区开设户外运动的高校占比为33.33%，没有开设户外运动的高校占比为66.67%。从这两个数据可以看出，武汉地区高校开设户外运动体育课程的开设率太低，还有进一步发展的空间，具体情况如表4-3所示。

表4-3　武汉普通高校户外运动体育课程设置情况调查表（n=9）

项　目	有	没有
人数（n）	3	6
比例（%）	33.33%	66.67%

2.高校大学生参与户外运动的情况

（1）大学生参与户外运动的基本情况。在武汉地区对835名高校学生进行了户外运动调查，其中，参加过户外运动的高校学生有503名，占比高达60.24%；完全没有参加过户外运动的有332人，占比为39.76%。（表4-4）从上述数据可以看出，有一半以上的高校学生曾经参加过各种类型的户外运动，说明户外运动有一定的群众基础，这为武汉地区高校逐步开展户外运动打下了基础。

表4-4　学生参与户外运动调查表（n=835）

项　目	参与过	未参与过
人数（n）	503	332
比例（%）	60.24	39.76

（2）大学生参与户外运动的频次。在武汉地区对高校学生参与户外运动频次的调查发现，在一个学期内，参加过一次户外运动的比例为26.71%，参加过两次户外运动的比例为10.30%，参加过三次户外运动的比例为13.77%，参加过四次户外运动的比例为9.46%。（表4-5）从上述的数据可以看出，在武汉地区各个高校中，学生参与户外运动的频率很高，这为户外运动在武汉地区高校内的开展奠定了群众基础。

表4-5　大学生参与户外运动的频次表（n=846）

项目	一次	两次	三次	四次以上	无
人数（n）	223	96	116	79	332
比例（%）	26.71	10.30	13.77	9.46	39.76

二、高校户外运动体育课程开展的对策

（一）加大户外运动师资培训力度

为了解决我国高校严重缺乏户外运动专业教师的问题，我国可以采用"引进来，走出去"的战略，加强户外运动教学技能培训，让教师进一步学习，保证户外运动课程的开课率等。当前国内户外运动教师培训主要从以下两个方面入手。

1. 培训内容

培训内容包括户外运动的发展历史，户外运动的类型、特征和价值，户外运动在身体和心理方面锻炼的方法，户外运动在教学和训练方面把握的原则和规则以及保障户外运动安全的措施等。

2. 培训形式

户外运动的培训形式有集中面授和分散函授。前者看重实践，主要教授户外运动的基本技能和战术、训练方法以及技术考试等；后者则看重理论，在教授时重视户外运动基本理论和理论考试等。

（二）加强学生户外运动知识的传授

户外运动作为具备专业知识、技术和装备的运动，非常重视科学性与安全性。所以，开设专业知识讲座以普及户外运动相关知识十分重要。

高校要重视户外运动知识理论教学。高校可开展专业知识讲座，运用多媒体开展理论教学，向学生讲述户外运动的基础知识（如定向、野营、生存技能技巧、自救、求救、急救、饮食卫生安全、危险因素、使用户外装备等）。高校要确保学生在

具体参与户外运动之前对户外运动系统地认知，确保学生完全掌握户外运动的基本理论和基本技能。

（三）充分利用高校户外运动资源

目前，基础设施、师资力量以及资金等限制了高校户外运动体育课程的开展。为了提高户外资源的使用效率，高校要充分挖掘其体育资源的潜力。这就要求我们在完善高校体育自我造血机制方面要采用各种强有力的措施，为高校实施新兴的体育课程提供物质支撑。比如，在开展定向活动时，高校可以将校园内的建筑物、道路等充分利用起来。这样做不仅能打破户外运动场地和器材方面的限制，还能将学生参与户外运动的兴趣调动起来，达到鼓励学生参与户外运动的目的。

（四）保障户外运动安全

融入大自然的户外运动是一个享受生活乐趣的过程。户外运动受到外在情况的影响，安全指数低于室内活动，存在很多不安全因素，这就要求加强户外运动的安全保障。学校在组织户外活动之前，首先要认真制订户外运动计划，明确组织体系图以及指导方针，明确分工；其次对一些特殊或者陌生的场地，最好提前勘探场地，而后根据了解到的情况制定活动内容，同时排除安全隐患，制定安全事故预防措施；再次在户外运动开展过程中，通过活动会议让参与者对活动开展的具体情况有所了解；最后开展现场指导和调查，发现并解决问题，同时对活动进行总结，吸取经验和教训，为以后开展相关活动积累经验。

（五）采取各种措施和手段大力宣传户外运动

高校可以通过告示栏、广播站、校报以及校园网络等宣传户外运动，从而让学生充分了解户外运动，营造积极参与户外运动的气氛，这样才能让户外运动在高校中不断深入开展。

第三节　高校户外运动体育课程开设的必要性

在高校开设户外运动体育课程十分必要，具体表现为以下四个方面。

一、符合高校体育课程改革的需求和发展趋势

最近几年，高校因为招生量变大，学校的体育器材和场地不能满足学生体育锻炼的需求。虽然高校尽自己的力量对体育场地和器材配备进行了改善，但是仍然存在学生、体育课程、运动场地和运动器材互不协调的情况。

户外运动把跑、跳、投、攀爬等基础的体育技能结合起来，打破了之前体育课

堂封闭式的格局。高校户外运动体育课程开展形式灵活多变，贴近生活且对场地的要求不高，有效解决了高校体育运动场地不足的尴尬情况。所以说，开展高校户外体育课程同其课程改革的需求相符。

开展高校户外运动体育课程符合高校体育课程改革发展的潮流。高校户外体育课程彻底摒除了传统高校体育课程教师单方面教导学生相关体育技能的缺点，将其转变成了教师与学生双方互动的学习模式，这就充分体现了自主性、自由性和主体性，从而提高学生的积极性，激发出学生的兴趣。

二、高校实施素质教育的重要手段

现代意义上的人才不再局限于专业素质，还要关注身体素质、审美品味、创造能力和人际交往能力。

相较之下，户外运动在提高学生创造能力、增强人际交往能力方面所达到的效果令人满意。第一，户外运动让学生身体强壮，激发高校学生的创造灵感，提高高校学生创造能力；第二，一些特殊环境下开展的户外运动能锻炼、培养高校学生的心理素质；第三，以集体形式开展的户外运动为学生提供了体验集体活动的机会，促进学生之间的交流与沟通，让学生认识自我、他人以及社会，并建立良好的人际关系。

总而言之，高校开设户外运动体育课程能够弥补传统教育模式的不足，符合国家和社会现在所推崇的素质教育。

三、实现普通高校体育课程目标的有效途径

《全国普通高等学校体育课程教学指导纲要》提出了五项目标。其中，自然资源的开发、以户外运动来达到所要求的目标被划为了重点。

（一）实现运动技能领域的目标

高校户外运动教学实现了传统运动场地的转变，与大自然亲密接触是它的一个很重要的特点。除此之外，内容和形式都较为新颖。学生需要掌握更全面的基本技能，包括打绳节、攀爬、野外定向、钻木取火、野营扎帐、挖灶埋锅、搭绳过涧、山涧速降等。这些技能都能帮助学生实现运动目标，使高校户外运动课程顺利开展。

（二）实现身体健康领域的目标

户外运动部分项目难度很大，对于身体的体能要求较高。为了应对突发状况，人们在参加户外运动之前须要进行适合自己的必要的体能训练，增强对户外活动的适应能力。在锻炼自己的同时，保障了身体健康，培养了体育锻炼意识，养成了良好的习惯。更为重要的是，户外运动的开展能够帮助学生达到体育课程标准中健康方面的目标。

（三）实现心理健康领域的目标

户外运动与传统体育有很大不同，大自然作为活动场地，本身具有很大不确定性，这都要求学生具备强大的心理素质，具备一定的自救能力。学生在户外运动中应对挫折、勇于探索、顽强拼搏，培养独立自主意识。所以说，户外运动教学对于学生达到心理健康领域的目标有很强的推动作用。

（四）实现社会适应领域的目标

户外运动教学模式往往以培养团队意识和集体意识为主。户外运动一般以小组的形式，通过设置一定的目标和任务，学生分工合作，承担各自的责任，认识到每个角色身上都有着不同的重担。在做任务的过程中，大家互相帮助，团结合作，和谐友爱，一起完成所设定的目标。户外运动可以让学生体会到分享的乐趣，使学生的社交能力大幅提高，更快地适应社会。

四、符合现代学校体育教学理念

体育教育的改革完全符合现代的教学理念。体育教育改革以实现人的全面发展为主要目标，学生的个性得以发展。室内运动变为户外运动是当今时代深化落实教育改革的一个重要体现。

（一）人文性原则

高校体育教学模式的改革充分体现了人文性原则。户外运动的开展一方面保障了学生的身体健康，增强了学生的身体素质；另一方面，培养学生勇于探索、不畏艰难的精神以及团结合作、和谐友爱的团队意识。这些都是人文性原则的体现。

（二）主体性和选择性原则

户外运动教学充分尊重人的个性意识，培养学生的兴趣爱好，从特长入手，重视个性发展，并不存在统一化的标准，尊重差异化。保障学生身心全面发展符合主体性和选择性原则的特点。

（三）开放性原则

户外运动教学最重要也是最大的一个特点是开放性。户外运动教学不再局限于传统的教学模式和场地，从室内转到了室外。同时，户外运动教学也突破了传统的教育理念，在时间和空间上都有了较大的拓展。

第四节　高校户外运动体育课程教学组织与管理

一、高校户外运动体育课程教学组织与管理的特征分析

户外运动以大自然为场地，在自然环境中探险，是一项团队合作的体育运动。户外运动区别于以往的体育运动，大大提高了探险难度，更具挑战性。它的挑战性决定了户外运动的参与人员要具有更高的素质，举办户外运动的人员要具有更高的管理能力。

从户外运动的发展角度看，户外运动逐渐大众化。其中一个主要原因是社会的需求越来越高。户外运动是新兴体育科目，在很多方面都处于探索当中，在借鉴已有经验的基础上，不断加以改造和创新，改善以往室内运动的弊端，在管理模式上追求新的突破。从现代管理教学模式的矛盾入手，抓住主要矛盾并逐一解决。其中主要矛盾主以下三方面。

（一）师生关系

师生关系在户外运动教学中非常重要。教师需要有足够的耐心和细心引导学生，在学生团体活动的过程中，对其进行合适的管理十分重要。在课堂上进行轻松幽默的教学，将尊重学生放在首位，极力推崇学生的个性化发展，而不是死板地进行统一化教育。学生是一切活动的主体，也是教师需要细心照顾的对象。教师是学生学习和生活的引导者。师生关系的和谐直接影响着教学效果。

（二）学生需求

在户外运动教学中，学生在团体活动时，会有各种各样的需求。户外运动教学刚刚起步，不论在资金还是在设施上都不够充足因此无法满足每一个人的需求，这就决定了在教学方式上会有些许的单一性，学生的差异化不能得到合理的照顾。场地的缺少也是教育过程中的一大问题。这些都极大地影响着教师的教学成果，学生的积极性也会受到很大的影响，导致教学达不到理想的效果。

（三）教学内容与课时之间的矛盾

户外运动教学是现代体育教学体系中的新兴教学方式。很多户外运动如滑冰、攀岩等，要求参与者具有一定的实践能力，因此需要教师在上课前认真准备，学生也需具有一定的适应能力。在传统的教学模式中，体育教学每课时为 90 分钟，这个时间很难满足教师教学的要求。因为教师在课程设置上不仅要有理论教学，还要将学生分组，以小组的形式开展活动。要解决这一问题，学校需要进行一定的改革，使教师有足够的时间完成教学任务。

二、高校户外运动体育课程教学组织与管理的实施过程

（一）高校户外运动体育课程教学体系构建

1. 户外运动体育课程教学体系设置的指导思想

（1）户外运动体育课程需要符合教学大纲的要求，包括教学目标、教学内容和课程设置。

（2）户外运动体育课程所选择的每个运动的特点和技能都应被显现出来。

（3）教师在对学生进行教学时，要以学生为主体，同时培养学生自主学习的能力，从学生的兴趣入手，提高学生的主动性和积极性。

（4）户外运动教学的开展要与实际相结合，与社会相适应，这样教学才能发挥正常水平。

2. 户外运动体育课程教学体系构建的基本目的

（1）党和国家的教育思想和教育方针落实在每个教学活动中。

（2）达到教学大纲规定的教学要求，完成教学目标。

（3）以学生为主体。在户外运动过程中，让学生享受大自然，享受阳光、沙滩、空气。

（4）实施高效互动的教学方案，提高学生的团队合作精神。

（5）利用户外运动教学，提高学生户外生活能力。

（二）高校户外运动体育课程教学的内容与结构

在高校，户外运动以大自然为活动场地，以传授学生户外运动项目的技术技能为目标，其中以培养学生能力为主，提高学生各方面的技能。户外运动主要分为陆地、空中、水上三类。我国的户外运动课程主要以陆地户外运动为主（表4-6），涵盖各种各样的地形，如高原、海岛、山地荒漠等。在陆地户外运动中，学生们的身体素质将得到一定程度的提高，适应能力也会不断增强。

表 4-6　陆地户外运动主要内容

大项	系列	具体项目
山地户外	丛林系列	定位与定向、丛林穿越、宿营、觅食、联络、急救、紧急求援
	峡谷系列	溯溪、溪降、搭索过涧、漂流
	岩壁系列	攀岩、岩降等
	洞穴系列	洞穴探险

续　表

大项	系列	具体项目
荒漠户外	荒原系列	穿越项目、生存项目等
	戈壁系列	戈壁穿越、戈壁生存等
	沙漠系列	沙漠穿越、沙漠生存等
海岛户外	荒岛生存系列	觅食（水）、海水淡化、宿营、联络、求援等
	滩涂系列	滑沙、沙地上升器拔河、结绳负重等
	峭壁系列	海上攀岩、悬崖跳伞、溜索等
	水域系列	木筏环岛、水中滚木等
高原户外	高山探险	登山、高山滑雪等
	高原探险	高原徒步、峡谷穿越、大江大河源头探险等

（内容来源：国家登山运动管理中心）

在高校户外运动体育课程教学中，单个户外运动项目的教学主要包括以下内容。

（1）理论教学。在户外运动前，教师需利用现有的教学条件，通过各种形式，如录像观看、图片展示、实际操作等，向学生讲解户外运动的基本理念，需具备的基础能力，出意外时需要的医疗条件以及学生应具备的自救能力等相关知识，使学生对户外运动有一定的了解和认识。

（2）实践操作。要真正掌握户外运动这项技能，最主要的是进行实际操作。在实际操作中，学生的应变能力以及适应能力才会大幅度提高。如果学生在实际操作时出现错误，也便于教师指导。

（3）综合训练。综合训练是户外运动的延伸，因此场地也以大自然为主，如地形复杂的山区。在教师的指导下，综合训练可以提高学生的心理素质和适应能力，使他们在面对危险时临危不乱，还可加强学生的环保意识，也可帮助学生掌握攀岩、漂流、滑冰等技能。

（三）高校户外运动体育课程教学的准备及注意事项

1.高校户外运动体育课程教学的教学准备

（1）将一个学期的课程安排进行系统的划分。

（2）以校媒体为媒介，公布户外运动教学的具体安排，向学生介绍户外运动的基本概念等，使学生对其有一定了解。

（3）组织报名。鼓励学生以选修课的方式报名参加。

（4）对报名人员重新划分。以班级为单位进行划分，每班人数在 30 人左右。

2.高校户外运动体育课程教学的注意事项

（1）教学内容和方式应根据实际情况而定，在条件允许范围内进行教学。

（2）安排专门的教师保护学生的安全，设立紧急事情处理部门。

（3）教学应根据计划按部就班完成，若遇特殊情况，也可重新进行合理安排。

（四）高校户外运动体育课程教学的考核

户外运动体育课程考核内容包括三个方面，分别是理论考核、实践考核以及野外生存技能考核。评分时，结合三项考核内容进行综合评定。考核的具体安排可以参考表 4–7。

表 4–7　高校户外体育课程教学考核

考核项	考核比例	考核内容
理论考核	占总成绩的 30%	所学过的户外运动知识
实践操作考核	占总成绩的 20%	所学过的技能、技巧，抽签考核一种
野外生存生活综合评定	占总成绩的 50%	教师根据学生在户外的表现（吃苦耐劳、互相帮助、团队精神、技能技巧的掌握情况等）进行综合评定

三、高校户外运动体育课程教学组织与管理的发展趋势

（一）户外运动的"小团体"教学

户外运动的根本性质决定了它不同于以往的教学模式。因为学生大多采用团队合作方式，所以教师在教学时也会以小组为单位进行教学，重视学生团体意识的培养，在团队合作的基础上提高学生的生存技能，并达到课程所要求的标准。户外运动教学始终贯穿着以人为本的教学理念，无论什么活动都要以学生为中心，体现了在管理模式上的人性化特点，注重发挥集体的优势，让学生享受合作的乐趣。

（二）户外运动的选项制和俱乐部制

户外运动教学主要采用选项教学方式。这是由它的根本性质和特点所决定的。就时代发展潮流来看，选项制还会存在很长一段时间，是高校户外运动体育课程教学组织管理发展的趋势。

另外，由于户外运动的特殊性，多元化发展已成为大势所趋。由于现在的基础教学模式已经不能满足学生和教师的需要，俱乐部制便逐渐兴起。它符合户外运动

中常规训练所需要的条件，有利于组织活动和管理，所以俱乐部制也是高校户外体育课程教学的主要发展方向之一。

在户外运动中，我们经历了身体和心灵上的各项挑战。在活动的过程中，可以领略山林之美，欣赏大自然的风光。保护生态环境，保护大自然是我们义不容辞的责任。在进行户外运动时，应做到以下几点：

（1）排成队列，有秩序地按照路的方向行进。遇到有植被的路时，要避免破坏植被，分散前进。

（2）严禁喂食野生动物，以免影响动物的健康。如果在途中遇到野生动物，不要大声呼喊，以免动物受到惊吓。

（3）少做路标或不做路标。遇到其他人留下的路标时不要进行破坏，以免对他人的安全产生影响。自己做的路标要有足够的隐秘性，只要能保证自己队的队员明白即可。

（4）不要乱喊乱叫，制造噪声，以免破坏美感，影响其他人的心情。

（5）在气候干燥时节不要吸烟。用火要有明确的规定，增强安全意识，以免发生火灾。可以在指定的安全区域吸烟。

第五章　户外拓展训练课程教学

第一节　拓展训练概述

一、拓展训练的起源与发展

（一）拓展训练的起源

拓展训练是一种"户外体验式学习"，源于英文 Outward Bound。Outward Bound 主要在航海中使用，是船只出发前，用于召唤船员上船的旗语，表示船出发的时刻到了，在教育领域被诠释为一艘小船在暴风雨来临之际，离开安全的港湾，驶向波涛汹涌的大海，迎接未知的挑战。

户外拓展训练起源于第二次世界大战期间，其中还有一个故事：第二次世界大战时，大西洋上有很多船只受到攻击而沉没，大批船员落水。由于海水冰冷，又远离大陆，绝大多数船员不幸牺牲，但仍有极少数的人在经历长时间磨难后得以生还。人们在了解了这些生存下来的人的情况后，发现这些生还的人并不是人们想象的那样，他们既不是最年轻的，也不是体格最强壮的。经过一段时间的调查研究，专家们终于知道了背后的原因：这些人之所以能活下来，关键在于他们有良好的心理素质，意志力特别坚强，家庭生活幸福，有强烈的责任感，有丰富的生存经验，有很多不一样的品质，包括团队的协调和配合，当然还有一点点运气。当他们遇到灾难的时候，首先想到的是：我一定要活下去。而那些年轻的海员可能更多想到的是：这下我可能完了，我不能活着回去了。

（二）拓展训练的发展

1. 拓展训练在世界的发展

1941 年，一位德国教育家库尔特·哈恩（Kurt Hahn）和一位英国海运大亨劳伦斯·霍尔特（Lawrence Holt）在英国威尔士的阿德伯威成立了世界上第一所拓展训练学校。这所学校最初有一个具体的任务，即让在德军潜艇轰炸中幸存的年轻英国海员重获自信并历练他们的精神韧性，还要摆脱传统的教学方式。库尔特·哈恩发现人们能从充满挑战刺激的环境中赢得信心、自尊和自立，还能形成和同伴通力合作的精神。

第二次世界大战以后，英国出现了一种叫 Outward Bound 的管理培训，这种训练利用户外活动，模拟真实管理情境，对管理者和企业家进行心理和管理两方面的培训。由于拓展训练具有非常新颖的培训形式和良好的培训效果，很快风靡整个欧洲的教育培训领域并在其后的半个世纪中发展到全世界。训练对象也由最初的海员扩大到军人、学生、工商业人员等各类群体。训练目标也由单纯的体能、生存训练扩展到心理训练、人格训练、管理训练等。

1946 年，Outward Bound 信托基金会（Outward Bound Trust）在英国成立，目的是推广 Outward Bound（简称 OB）理念，并筹集资金创办新的 OB 学校。OB 信托基金会拥有 OB 商标，掌握着该商标使用许可证的发放。1962 年，曾在戈登思陶恩任教的美国人乔什·曼纳（Josh L Miner）在美国成立了科罗拉多 OB 学校，并于 1963 年正式从 OB 信托基金会获得许可证书，成为真正将拓展训练推广开来的人。

将拓展训练在学校教育中推广开来的是美国一所高中的校长皮赫（J. Pieh）。经过不懈地努力，皮赫将拓展训练的方法应用于学校教育中，与现存的学校制度相结合，为教育开辟了新的思路和领域。1974 年，拓展训练实践活动的大纲出台，得到了世人的瞩目和好评，该大纲被"全美教育普及网络（NDN）"评选为优秀教育大纲之一。随后，在美国所有高中中，一直沿用该大纲的学校数量达到 90%。

1964 年 1 月 9 日，组建 OB 法人组织（Outward Bound Inc）的文件在美国起草。经过不断地发展，OB 学校已经遍及全球五大洲，共有 40 多所分校。在亚洲，新加坡最早建立了 OB 学校，此后中国香港、日本、韩国先后引进这种体验式教育的课程模式。

2. 拓展训练在国内的发展

1970 年，中国香港出现了拓展训练学校。

拓展训练以独特的培训模式和新颖的培训项目，给国内的培训领域带来了前所未有的震撼。经过短短几年的发展，培训机构犹如雨后春笋般迅速增长。据北京一家拓展师培训中心整理的数据显示，在国内比较正规、稍具规模的拓展培训机构已有 328 家，而参与组织拓展训练或"类拓展训练"的机构，包括户外运动俱乐部、管理咨询公司等已超过千余家。

1999 年，我国拓展训练在经历了四年的发展和提高后，和学校教育在培训活动中有了第一次亲密接触。北京大学、清华大学的 EMBA 教育把拓展训练纳入课程体系中，让学生到拓展培训机构参加拓展活动。几乎在同一时期，中欧国际工商学院、中山大学岭南（大学）学院、浙江大学、中国工商管理学院、暨南大学等学校的 MBA/EMBA 教育也纷纷把拓展训练作为指定课程内容。

拓展训练经过很多年的发展，已经逐渐被人们接受。如今，拓展训练已成为国家机关、外资企业和其他现代化企业、各类学校的日常培训课程，也是喜爱挑战的人们在闲暇时间挑战自我、锻炼自我、展示自我的重要形式。

拓展训练不局限于成人同样也适宜于孩子，如今家长对孩子的教育越来越全面化，不再拘泥于考试成绩，也十分注重孩子课外活动能力、交际能力的提升，参加各种各样的拓展训练就是其中一个重要形式。

中国登山协会自 2004 年开始在开发拓展运动方面做了大量工作，针对拓展培训具有鲜明运动元素的特点，初步确定了全国比赛项目，制定了相应的竞赛规则，并于 2006 年举办了全国首届拓展运动展示大会，2008 年和 2009 年分别成功组织了全国山地运动会拓展比赛。

拓展运动多在公园、空地、山野、水面等自然地域开展，有很大的可塑性，深受广大群众的喜爱，便于开展和普及。拓展竞赛要求运动员不但要有很强的团队合作精神和意识，而且要具备登山、攀岩所需的技巧和体能，还要熟练掌握登山器材的使用方法。

近年来，随着我国社会经济发展，群众体育发展力度加大，许多高校、俱乐部等都热衷开展此项运动，从而推动了拓展运动的发展。2010 年 7 月底在吉林省吉林市北大湖举办的首届全国户外拓展大赛有 28 支代表队、近 200 名运动员参赛，是国内首次组织开展的规模最大的全国性拓展运动赛事。

二、拓展训练的特点

拓展训练是通过实践获得感知的一种活动体验，是对传统教学模式的一种变革。它最根本的特点就是实践性。具体来说，拓展训练的特点有以下几个方面。

（一）亲身体验的直接性

1. 一般体验的直接性

每个人在认识世界和改造世界的过程中实践的办法不同，理念也就不同，结果自然也会不同。传统的教育方式，突出理论教学，强调学生在原有基础上学习，将历史性的知识点看得非常重要。而拓展训练，强调创新意识，强调通过探索世界获得新的知识，而不仅仅局限于传统知识理论的学习。学生直接在实践中感受学习，有利于拓宽学生的思维能力，更能切身感受到学习的价值与力量。

2. 高峰体验的直接性

"高峰体验"在拓展训练中的定义是在活动的过程中，对于所学到的知识和经验进行积累，从而获得感悟。马斯洛（A.Msalow）认为，自我实现的人，即处于金字塔顶层的人，更可能获得高峰体验。在高峰体验的一瞬间，人们的幸福感达到百分，自身的领悟能力达到顶峰。这是一个自己认识自己的过程，是一个对自身充满信心的极致巅峰时刻。人在一生中可以有很多的高峰体验，这极大地肯定了自我。

在参与活动的某个瞬间，人们突然对自己充满信心，这是一种很强烈的自我认证体验，全程充满着积极性。不仅增加了人们的自信心，还使团队成员间的联系更加紧密。简而言之，高峰体验是一个培养自信心的过程。

经历一系列户外运动和拓展训练之后，人们的性格也许会发生某些改变。这是一种极为正常的现象。因为他们很有可能在某个时刻明白了某些人生道理，拥有了一些以前从未有过的智慧，这是一种自我的心境，一种特别的成就。

（二）培养习惯的自觉性

个性具有普遍性，共性是以个性为基础而存在的。每个人都有自己的个性，它是由先天遗传因素决定，并在一定程度上受后天环境的影响，在社会活动中，通过自身了解与感悟，而拥有的一种心理特征。它具有创造性，同时具有独立性等特点。

人的主观意识以及精神力在很多时候往往比理论知识更为重要。因为知识、技术的学习与培养，往往可以通过后天的努力达成，然而，人的主观意识以及精神力，在价值观方面的认识，却需要很长时间的学习和教育才能获得。比如，对某件事情的情感，对某个人的态度，并不是一朝一夕可以养成的。拓展训练，以人为基础，这是一切活动的前提，重在提高学生的学习自主性。其不设定统一的目标以及规则，尊重学生的个性化发展，以适应现代教学目标潮流。

（三）学习程序的独特性

拓展训练区别于以往的教学模式，它先行后知，以实践为基础，在实际操作中获得感知与认知，因而这种学习程序具有一定的独特性。拓展训练的学习程序划分为 8 个环节：前期分析→课程设计→场景布置→挑战体验→分享回顾→引导总结→提升心智→改变行为。8 个环节层层递进，缺一不可，理念与知识相互渗透，便于学生彻底掌握并将其运用到现实生活中。

（四）学习意识的自主性

户外运动和拓展训练，均以人为中心。户外运动重视人的作用，以培养人才为主要目的，重视人的意愿，尊重人的差异化，使人全面发展。这有利于学生的个性发展，学生因为兴趣而主动学习知识，效率也会大幅提高。

（五）学习方式的高效性

大量的实验表明，学生接受知识的程度往往与接受方式有很大关联。比如，通过阅读，学生可以接受 10%；通过聆听，可以接受 20%；如果是人们已经历过的事情，可以接受 80%（表 5-1）。由此可知，对于人们亲身经历过的事情，记忆最为深刻，而拓展训练就是让学生通过实践活动获取知识，增长见识。这与传统的教学模式有着根本的区别，也是传统教育理念的一次重大变革。

表 5-1　传统学习方式与体验学习方式的区别

内容	传统学习方式	体验学习方式
以谁为中心	教师	学员生
学什么	过去的知识	即时的感悟
怎样学	模仿	体验
注重培养哪些能力	知识、技术、技能	观念、态度
哪些感官参与学习	视觉、听觉	所有感官
教师（培训师）作用	传道授业解惑	引导
教师（培训师）表现	积极	低调
学习内容的载体	单调的书本	丰富的活动
学习内容的特点	理论化	现实化
学习内容的设计	标准化	个性化
学习程序的特点	先知后行	先行后知
学习方式的特点	强调识记	强调做中学
学习地点	以教室为主	以户外为主
评价方式	考试	多元评价
评价侧重点	结果	过程

第二节　拓展训练课程体系

一、拓展训练的层次能力

拓展训练课程以项目方式开展。根据学生在项目中的角色认定以及项目对学生的培养目的，对每一个项目进行评估可划分出 5 个应用层次，这对于我们合理选择项目，做出合理安排非常重要。

（一）传统的理论学习部分

一般在项目开始前，学员集中在训练场、教室或会议室完成拓展训练课程的开始部分。这一部分课程主要讲解拓展训练的基本知识、完成任务所应具备的基本技能、活动中要注意的行为规范与安全要求、活动的模式及分享回顾的形式、"领导"以及团队文化的存在意义，并分析可能遇到的困难以及如何用积极的心态面对。有时候，还会插入一些理论知识学习，包括团队建设、管理技巧、个人沟通与职业素养等。

并不是每次都要讲解以上全部内容，而是根据课程设计的要求，侧重讲解某一点或某几点。

（二）低风险的户外活动项目

这类活动项目注重对团队成员自信与互信的培养，让参与者在队友支持下接受挑战。因此，强调个人以积极的心态参与项目，在团队的支持下，以个人挑战为主。

（三）较低风险的户外活动项目

主要安排以团队挑战为主的项目，旨在树立团队共同面对困难与战胜困难的信心，加强组织内的有效沟通，加强所有学生之间的合作意识与合作技巧，明确分工与领导在团队中的作用，了解个体决策、专家意见与群策结果的差异，进行关于层级管理、领导授权、监督机制、时间统筹的学习等。

（四）较高风险的户外活动项目

主要安排有其他团队共同参与，以激发个人潜能，具有挑战性的项目，尤其是对个体有较大冲击力的项目。通过这类项目帮助个体了解自己在团队中的作用；理解自己与他人之间的关系，认识到个体逃避困难将给团队带来的后果；培养自立自强和勇敢面对困难与战胜困难的决心；培养在挫折面前自我说服能力，增强自我激励与激励他人的能力；认同在同一现实面前不同人有不同认知的观点，并能求同存异地看待问题；体验成功并能与他人分享快乐。也可使参加者从新的角度认识自己的能力与潜力。

（五）高风险的户外活动项目

这类项目需整个团队参与挑战，目的在于培养团队意识与团队合作精神，提高团队工作效率，营造和谐氛围；培养良好的人际关系，强调信任在团队中的作用；培养团队内部学习与互助的能力等。

将这些项目分为 5 个不同层次，并不是为了说明哪个层次优于哪个层次，也不是说哪个层次的项目更适合进入课程，只是为了表明这些项目有一定的针对性。教师安排课程时的要求，团队发展所处的不同时期，接受挑战与完成任务所产生的结果也许会不尽相同，甚至会产生相悖的可能，这就要求我们及时了解个人或团队在当时的挑战能力，对活动项目进行合理的设置与调配，这样可以使安全隐患降低，也有利于达成最终的培养目标。

二、拓展训练的课程分类

高校拓展训练课程种类复杂，根据各自的特点，主要分为以下几种。

（1）根据课程的时间，可以分为长期课程和短期课程两类。

（2）根据季节，可以分为冬季课程和夏季课程两种。

（3）根据学生性别，可以分为男子课程和女子课程，以及男女混合类课程。

（4）根据课程的开展地点，可以分为户外课程、室内课程和特殊场地课程。

（5）根据课程的训练目的，可以分为激励课程、解压课程、创新课程、社交课程、团队课程等。

（6）根据项目的性质，可以分为野外课程、高山课程、极地课程、水上课程和场地课程等。在这些课程中，水上课程主要包括扎筏、漂浮、跳水、划艇、浮潜等；野外课程包括远足、登山攀岩、野外定向、露营、溶洞探险、伞翼滑翔、户外生存技能等。场地课程指的是利用专门的训练基地和基地上的各种设备，比如跳水台、高架绳网等项目，进行攀岩、跳跃等团队课程的培训。

三、拓展训练的项目取舍

现阶段，国内很多高校已经开设了拓展训练相关课程，这些课程需要相应的配套设施。部分学校单纯地把体育课程扩展、扩大，添加了拓展训练相关理论教学，但没有配套设施而难以实施，或者把高校的定向运动与这些理论相结合，仅仅局限于基础的地面运动。不仅如此，在硬件设施方面，多数高校并没有更新器材和设备，只是在场地上组织小型训练，只有少量的学校会为拓展训练配建诸如高空训练架等新型训练设备。

高校应合理规划拓展训练课程，关注学生参加的项目种类，注重知识要点的运用。拓展训练前，应该提前选取好课程。选择哪种拓展课程，放弃哪些课程，可以从以下几个方面综合考量，尽量选取在各方面具有均衡优势的项目。

（1）高校是否具备配套的软、硬件设施，以支持课程的顺利进行，尤其要具体分析每种项目的独特需求。

（2）分析课程难易程度并进行课程等级评定以及对可能涉及的风险提前考量分析。根据每种项目的难易程度和各种细节点，分析学生可能会受到的伤害，提前制定课程保护应急预案。

（3）规定课程训练的时间，如训练的时间范围、具体小时数以及季节、天气等，这些都影响着课程能否顺利实施。

（4）提炼、深化课程训练的教育目的，教师应带领学生一步步完成课程内容，帮助学生提升个人总结能力，把训练后的经验或者失败的教训进行细致分析，不能让训练变成简单的游戏，娱乐性并不是最终目的，让训练本身变成更好的教育途径，这就对教师提出了更高要求。

（5）鉴于很多训练项目比较惊恐，很多学生不一定能接受这种类型的训练，或者学生患有生理性疾病，如冠心病、高血压等，这就需要教师在选择课程训练项目的同时，调查清楚学生的生理状况，当然教育机构更要严格审查教师的经验和能力。

（6）调查分析学生今后的专业走势，如沟通类课程侧重对学生沟通交际能力的训练培养。如果是一群不同专业、不同背景的学生，可能更容易训练出好的效果，也更加利于授课老师授课。如果课程主题鲜明，那就需要选择符合各类型学生特点的课程内容。人与人的差异性决定了授课内容的差异性，如对于新闻传播专业的学生，应当侧重培养团队协作能力和沟通能力，以更好、更适宜方式传播信息的能力以及适当的创新能力，不能片面地"一刀切"。

（7）提升和扩展教师的匹配能力。不同的教师对不同课程的理解程度是不一样的，不同教师会采取不同的授课方式，也会给予学生不同的课程内容和意义传授。所以，即使同样的课程内容，教师的教学水平和教学方法在很大程度上影响着学生知识的获得，有效的教育手段能让学生在最短时间内获得最大的收益。

（8）选择合适的场地合作者。现阶段，很多高校训练场地都是从校外各种俱乐部基地租借来的，这就需要负责人在选择场地时，考虑各方面因素，尤其是场地的周围环境，为学生提供一个安全舒适的训练场地，保证课程的顺利平稳进行。另外，地理位置、场地设施也是需要考虑的重要因素，拓展训练自身具备亲近自然的特殊属性，需要适宜的自然景观。当然也需要考虑经费支出，如果不能全面满足，选择具有特点的场所也不失为一个好主意。时间不长的课程可以主要考虑场地距离，选择近距离、基础设施完备、耗时短的场地为最佳。

（9）设立具体的项目及其替代项目。需要对特定的培训目的和特定的项目进行选择，并合理规划科目，达成有效组合。为了防止特殊情况发生，需要设定一套替代项目，用来应对特殊时期，以免影响主要科目不能顺利进行。

第三节　拓展训练教学模式

拓展训练课程教学模式主要包括前期分析、课程设计、场景布置、挑战体验、分享回顾、引导总结、提升心智、改变行为。以下对其分别予以介绍。

一、前期分析

拓展训练参训群体往往具有差异性的生活背景、行业以及领导风格，不同的性别、年龄、民族、特征等，在拓展训练时需达到不同效果。课程设计得好与坏及后续环节能否顺利进行，与对受训群体进行的前期分析密切相关。面对有不同需要的受训员工，我们要合理分析其人格特点、职业规划，这也是对受训的群体的一种尊重和负责。这也说明了前期的课程分析和受训者分析对后期的课程发展和人格塑造尤为重要。

因此，所谓的前期分析，无外乎参训群体的人格特点、组织机构，与社会培训目的相匹配，以此为依据开展训练安排。

二、课程设计

课程设计是依据对参训群体的特征与需求的调查分析结果，制定出尽可能满足学员要求与最能表现训练结果的课程。

拓展训练课程的设计需要切合整个培训团队的学习宗旨，要依据学员的特点开设具有针对性的课程。有时学习人数可能较多，需要为每个小组匹配相应的教师，进行训练，当然也要训练好培训教师的专业技能，保证教师对教育培训目的有深入了解。与此同时，项目设立也要具有共通性，要设计好项目与场地的轮换顺序。设计课程时必须了解拓展教师对课程顺序的偏好与调节能力。课程设计流程如表5-2所示。

表5-2　课程设计流程

步骤	内容
第一步	填写拓展训练专业调查问卷。这个问卷专为拓展训练项目设计，是对参训群体目前表现出的一些现象的倾向性调查，对参训学生的年龄、学历、参训需求等情况进行统计，综合评估这个群体的现状

续　表

步骤	内容
第二步	根据问卷反馈，由拓展教师对该群体的现状及需要解决的问题通过课程方案的形式给出解决方案
第三步	拓展教师与参训代表面谈，进一步确认课程需求、方案细节、操作细节等事项
第四步	确定方案，进行前期周密准备工作，包括器材的准备、拓展教师的安排、行程计划等细节工作

关于高校拓展训练课程设计，还有以下几方面需要在实践活动中引起注意。

（1）如果人数较多，就需要分组训练。在规划训练项目之前，培训人员要和委托方沟通协调好，或者在班级内进行报备，把全体参训人员划分为人数相等或者不等的若干个小组，当然，分组时尽可能让相互熟悉的成员组成一队，不鼓励将多数陌生人员组队。团队建设不仅需要加强小组成员之间密切关系，更需要在亲密关系基础之上进行组合构建，优化配置，发挥各自的优势，弥补不足。尽量让不同程度的学生都能很好地协调起来，通过合理分工，让有着相应熟悉度的人能形成共同目标，朝着共同的方向努力。这不仅能让学生之间了解彼此，更能让大家携手共同渡过难关，让大家在各项训练之后由陌生人成为很好的伙伴。

所有人员按每队 12～16 人随机分开，即可以确定总队数 n，将男生分别按 1～n（队数）报数，女生分别按（队数）n～1 报数，这样可以保证各队总人数尽量相同。然后，将报相同数字的人分为一队，数 1 的为一队，数 2 的为二队，以此类推。看起来这是一种相对简单的分组方法，但也会出现许多问题，如学生忘记自身号码随机加入好友所在的队伍中，在训练破冰时，和好友在一起有时候反而不是一种很好的方法。破冰课时，最好给每个人一组卡片，卡片带有不同的标志，代表着数量和种类等，各组之间男女不同，具体卡片数量的多少由自己组的成员来决定。

（2）从事拓展训练的教师需要分析每个学生特点，依据其独特性进行课程设计和训练。教师不能仅仅准备一套训练方案和课程，需根据这些人的独特性准备更多的课程和教学设计。培训教师应当在平时多积累多学习，利用工作时间或者课余时间，汲取实践经验和理论知识，并采取相应的方案将理论和实践相结合，这样才能合理应对不同的群体诉求。

（3）课程如何设计需要调查好实际情况再做决定。比如，如果学生来自同一个专业甚至同一个班级，彼此熟悉，就不需要破冰课这类课程，可以直接介绍一些项目的常识和学习目的。接下来，不要直接开始大的项目设计，先让受训者感受到参加这类课程的乐趣，这也正是区别于传统教学的特点。当然，多数情况下，小组队员间不是那么熟悉，这时破冰课就显得尤为重要，这也是让大家熟悉起来进一步开展活动的关键步骤，这些小的趣味性活动能在短时间内打破小队队员间的隔阂，便于以后的教学互动和团队协作的开展。

三、场景布置

场景布置指的是为了优化活动项目和活动环境，优化资源配置，如精准地安排活动项目和活动器械的摆放、使用等，让活动的实施更容易，也更具有真实性。场景布置也包括拓展教师布课时所描述的情境。

为避免时间浪费，施教者应当在上课之前就检查上课用的器械，而不应当占用上课时间。如果是课堂后半段才用到的器械，在刚开始上课时就布置，则会让学员提前看到相关器械，不仅影响注意力，也会失去神秘感。

当然，有时候一些拓展课程需要特定的场景或者特定的道具，如让学员戴上一个"眼罩"，以模拟黑夜的环境或眼睛受伤后失明等情境，增强学员身临其境的感觉，切实地体会到真实的感受。这样一来，眼罩如何使用、使用时长都需要准确计算，这些都会影响到教学任务能否完成及完成效果。

有些项目对器械和道具的选择有着十分具体的要求。比如，在保卫鸡蛋的项目中，道具要求使用生鸡蛋，因为只有生鸡蛋才能让人们感受到破裂瞬间的挫败感和失败感，所以在这个活动中，即使有经费问题也必须使用生鸡蛋，这样才能有效果，乒乓球或者熟鸡蛋都会使效果大打折扣。

四、挑战体验

挑战体验是让学生完成项目要求的任务，从挑战中体验项目预设的理念，并自然地从中得到感悟。

挑战体验涵盖范围很广，除了只有少数人才能承受的惊险项目外，大部分的项目还是在大家承受范围内的。学生在一开始就要对这些项目的难易程度以及自己能否坚持下来有个判断，但最初的判断往往只是建立在项目之上，有的项目表面看上去并不难，实际上却需要很大的勇气和技巧才能完成。进行挑战训练的教师可以在适当的时机做一些简单的提示，帮助学生完成这些挑战，帮助学生正确面对困难，树立自信心和勇气。

首先，项目的设计在很大程度上决定了项目的难易程度，通常需要更多体力的项目难度就大，室外活动总是会在一定程度上比室内活动困难一些，风险高的就让人更加害怕，道具多的就更让人眼花缭乱，但是这些高难度的项目更能够提升个人素质，深入挖掘个人潜力。当然，低难度的项目也并非一无是处，也能够在很大程度上训练团队成员之间的团队协作能力，让每个人都能够合理解决自身面对的问题，增强团队沟通能力。

其次，学员的体验不仅仅局限于课堂上的几十分钟，体验过程从教师布置课程时就开始了，有时候教师对课程的布置和规划甚至能够决定学生体验效果如何。一般来说，教师会突出课程培训的自主性，不会盲目规划，也不会随便改动现有的活动规划。

再次，拓展训练鉴于其本身特点，本来就有着不确定性，参加训练活动后学生的收获也不尽相同，无论成功或者不成功，人们或多或少都能有自己的收获，这些收获往往是和训练者自身经历相关的。团队教师有时候会根据学生特点，在活动中安排一些学生帮助活动流程顺利进行，帮助记录活动中和活动结束后的参数，或者和队友待在一起维护队友的安全。这些数据的及时上交，也能帮助教师及时了解活动进展和学生的活动参与程度、收获如何、是不是适应等。活动结束以后，合理利用这些数据能够最大限度地提升对这一次学生能力的分析精准度，也是为下一期学生学习提供参考。除此之外，训练过程不能断断续续。如果训练随便就停止了，将会造成数据不连贯，学生的训练效果也会大打折扣；同时，团队共同完成实验项目是更好的方法，如果必须停止，也不能随意停止，应当选择合适的时机，最大限度地降低损失。

最后，在训练活动中遇到一些困难是无法避免的，但是也不能遇到困难就求助别人，应更多地尝试自己来解决。首先应当相信自己和整个团队解决问题的能力，先内部解决，如果是很严重的问题或者自己实在无法完成，再求助教师。这不仅可以更深刻地获得这一具体问题的解决方案，也能提高自己解决问题的实力和水平，提升综合素质。当然，自己在解决问题的时候，需要依照相应的规章制度，不能天马行空随意去做。很多时候学生埋怨任务规则没有说清楚，而找教师求助，其实严格来讲这样的方法也是违反规则的，不仅不利于个人素质的培养，也会使整个活动的公平性下降，这样一来活动的举办也就失去了意义。

五、分享回顾

分享回顾是指学生能够完成各种训练之后，有条理地分析自身的变化和收获，并融入适当的演讲方式分享给大家，结合教师的数据记录，让大家都能获得来源于自己或者其他人的各种类型的收获，这也是训练的重要部分。

分享回顾多采用轮流发言的方式，最大限度地给予所有人发言的机会，尤其是一开始的几个项目，适当地分享交流能够提升大家的信心。

进行分享回顾的时候，应遵循以下几个主要原则。

（1）即时性原则。比如，在孤岛求生项目结束后，学生们往往还没来得及围坐在一起就已经群情激昂，各种想法的表达之声此消彼长。不能过了好几天以后再回顾，那时候学生们对活动过程的记忆已经开始淡化，当时的兴奋度也大幅下降，就不会有深刻的感悟和记忆了。

（2）密切联系实际原则。每个训练者都需要把项目和实际生活联系起来，有时候团队中会出现对项目内容争论不休的现象，这时教师就显得尤为重要，把大家的注意力集中到项目上也是他们需要做的工作之一，尤其是结合实际需要。

（3）求同存异原则。每一个参加训练的人都是各具特点的人，他们有着不同的成长环境和价值观，对相同的事物很难做到看法特别一致，这时就需要在教师的引导下，各自抒发自己的看法，求同存异，阐述自己的观点，同时要尊重别人的差异化观点，也能培养大家发散性思维。

（4）追求卓越原则。世界上的事情都需要我们用辩证的眼光看待，以洞悉事物的本质。结束训练以后，回顾整个训练过程，教师要用引导的手段帮助学生分析每一种观点，对这些观点不能片面肯定也不能片面否定，而应训练学生正视实践的缺陷，接受各方意见。同时，需要用积极的手段，避免消极情绪的扩大而影响训练的主基调。

六、引导总结

引导总结是指将活动中出现的问题和认知感受进行引导，用符合拓展训练理论基础的理念进行科学的总结，使其理论更加严谨与体系化。

引导总结需要在教师的帮助下完成，有时候教师也会交代给个别优秀学生进行讲解，在引导总结时经常会用到一些如"鲶鱼效应""木桶原理"等理论定律，或者引用优秀的企业文化、名人名言，以达到高度概括训练经验的目的，这些总结内容不需要太高深的词句或者太复杂的道理，往往是最简单的故事才最打动别人。

七、提升心智

提升心智是指在分享回顾与引导总结后，将学生感悟与理解进行提升，主要运用鼓励与肯定的形式，让其对自己的能力与潜力有一个新的认识，对团队任务的进展充满信心，并相信自己能够在实践中合理运用的一个过程。

有时，一些年长的学生在完成训练内容后会感叹自己像是更加年轻了一样，其实这种感觉不仅存在于年长的学生那里，很多人都会有这种感觉，甚至不仅在刚完成的训练会有，在一些别的实践中也会有这种想法。想要提升心智，适当的鼓励不可缺少，这能够让学生们及时感受到自己的进步发展，充满信心，对自己以后的训练项目和今后的发展都会百利而无一害。

八、改变行为

改变行为指的是将拓展训练中的所感所悟在生活实践中加以运用，以达到最初学习的目的。这对于新参加训练的学生来说可能有点过早，但是在一开始训练时就应该有这些构想，了解训练目的、形式，达到初步了解，形成前期构想，这样一来，学员就对这一训练体系在心中就产生了大致的轮廓，从而便于收获更加深刻的体验。

第四节 拓展训练教学计划的制订

要想训练效果达到最大限度的满足，就需要在开始训练之前就制订详尽的训练计划，这些计划要有一定的水平和可行性，必要时也需要制定高水平的提案书。而制订计划，首先要了解被训练学生的特点，对这些学生进行细致的评估。评估可以采用一人一份问卷调查的方式，也可以多方打听，如收集父母、朋友、老师等身边人对他的评价，这也是为了让训练内容更具有可行性。后期还需要细致分析这些计划和设想中，有没有是需要舍弃的，有没有是需要大力发扬的，以便选择重点进行训练。不仅如此，每项训练都需要相关人员的配合，前期和这些工作人员的沟通也必不可少，从而同心同力共同推进教学计划的实施。如果有特殊情况，教学计划需要改进，或者需要处理特殊情况，也应当商量解决。

一、拓展训练阶段教学计划

（一）初级阶段

1. 教学目的与任务

依据拓展训练自身特性，让学生充分接触和感悟拓展训练课程的内容，全方位提升学生的综合素质，让学生们全面了解什么是健康，也能在和其他队员的配合中体会到协作的乐趣。

2. 教学内容

1）理论知识

（1）健康的概念、体育与健康的关系。

（2）健身锻炼的基本原则与方法。

（3）野外拓展训练课程的价值。

（4）团队的凝聚力、团队的信任、团队的协作、团队的沟通。

（5）掌握安全保护器械设备的使用方法。

2）身体素质

（1）一般身体素质，包括心肺功能、力量、协调性、柔韧性、反应速度、平衡性等。

（2）专项身体素质，包括各种攀爬的练习、在多种拓展训练教学基础设施上的练习等。

3）团队体验

（1）体验团队的协作。

（2）感受、体验团队的信任。

（3）良好的沟通能力、主动的交往习惯。

4）专项技能

安全器械的正确熟练运用。

（二）高级阶段

1.教学目的与任务

在初级阶段教学基础上，培养学生运用拓展训练技能进行自我锻炼，促使学生全面掌握拓展训练的常识和技能，进一步提高、培养学生的组织能力、领导能力、执行能力、沟通能力与团队协作能力。

2.教学内容

1）理论知识

（1）健身锻炼的原则与方法。

（2）基本活动常识。

（3）安全教育。

（4）领导力、组织协调能力、执行力。

2）身体素质

以专项身体素质教学与训练为主。

3）野外活动技能

（1）上升、下降与攀爬。

（2）高空翻越与跳跃。

（3）水上活动技能。

4）团队感受

（1）主动地组织协调。

（2）强有力的领导。

（3）执行能力，积极主动地服从。

二、拓展训练计划书的制作

在训练设施准备好以后，为了能够再度发现很多平时注意不到的问题，还需要把各项事宜写成计划书的形式。制作计划书时，必须考虑以下几点。

（一）充分的理论支撑

有哪些问题需要解决和有哪些设备需要完善，都需要有明确和充分的理论依据。

（二）目标

如每项训练中小组是不是有了具体的目标，目标是不是明确，是不是具有可行性，是不是在实施过程有了明确的进展。

（三）实践上的具体事项

规划好训练的日程和训练的时间，训练小组究竟需要多长时间维持，以及各项经费开支和各种训练设施是不是完备，这些都需要一一确认。还需要严格审查实际训练时需要的保养品和一日三餐的伙食等。

（四）指导体制和训练计划

首先必须制订出完善的训练规划和开支需要，并且要分析从事相关工作的人员在相关事务上的工作是否完善。其次，在运行过程中还要有比较完善的硬件设施以及专家指导。

（五）评价

帮助学生分析一些与之有关的题目，并且对活动是否达到了指定的期待值进行一个完善的评估。

另外，我们还需要应时而变，不断地修改完善计划书。尽量从各个不同的渠道查阅尽可能多的相对实用的材料，如在拓展训练计划中可能用到的作为参考的幻灯片以及录像带等。然后可以预先查看一下活动效果，在内部进行演练。紧接着需要思考可能出现的一系列相关的问题，为与相关人员以及学生代表的交流做好准备。

第六章　户外拓展训练项目

本章主要是对户外拓展训练项目进行讲解，内容主要包括破冰类项目、沟通类项目、团队类项目、领导类项目以及高空挑战类项目。

第一节　破冰类项目

如果将人的意识比作冰山，人的显在意识在水面以上，只占很少一部分，而更大的部分是位于水面以下的潜在意识，或者说是不容易被分辨的意识。著名的破冰理论的"破冰"一词就来源于此。破冰就是先将人的注意力集中到一个点上，以此打破团队里每个成员之间的不信任，促进成员之间的默契和信赖。

下面是对几种破冰类拓展项目的详细介绍。

一、面对面介绍

规则说明：活动的参与人员围成两个同心圆，面对面站着，并且向站在自己面前的人进行自我介绍。

参与人数：至少 20 人以上。

活动时间：约 15 分钟。

活动地点：一块平整的场地。

活动宗旨：消除人与人之间的不信任与摩擦，增强集体意识。

具体内容：

首先，在唱歌的同时两个圆圈的人同时向相反的方向转动。

其次，当一首歌唱完的时候两个圆圈的人都停下来，与各自相对的那个人进行交流和介绍，如此循环进行这个过程。

需要注意的地方：教师要留心游戏过程中可能出现的意外伤害。

需要深入考虑的问题：

首先，如何让他人对自己有一个更深的印象。

其次，怎样更好地注意对方的话语。

二、松鼠与大树

规则说明：大家一起来破冰。

参与人数：至少有 10 个人。

活动时间：5 ~ 10 分钟之间。

活动地点：一块空旷的平地。

活动宗旨：激发整个团队的活力。

具体内容：

第一，将 3 个人分为一个小组，其中挑选两个人担任"大树"的角色，剩下的一个人担任松鼠的角色，扮演大树的两个人需要将双手圈成一个圆形，假装是一个"树洞"，让另一个松鼠的扮演者站在中间。

第二，当听到"松鼠"时，原本在树洞里的人需要离开寻找新的树洞，而其他的人也就成了新的松鼠，如此反复，每一环节没有找到树洞的人需要进行才艺展示。

第三，当听到"大树"时，需要扮演大树的两个人解除原先的圆圈，然后去寻找新的成员进行组合并圈住新的松鼠，最后没有和其他人组合成为大树的人需要进行才艺展示。

第四，当听到有人喊"地震"时，立马分离，并进行新的组合，包括所有人在内，最后没有伙伴的人需要进行才艺展示。

需要注意的地方：在分离和组合的过程中免不了跑动，应该注意避免受伤。

需要深入考虑的问题：怎样才能准确地分析下一步的规划和其他人的行为可能。

三、大胆叫出来

规则说明：大家一起来破冰，培养幽默、积极向上的态度。

参与人数：没有限制。

活动时间：没有限制。

活动地点：任何场地都可以。

活动宗旨：培养学生积极向上的心态。

具体内容：提供一些动物的图片，让大家在其中选择一个相应的动物（表 6-1），并且挑选一个不熟悉的人作为自己的伙伴，并且相互直视对方，在这个过程中需要向对方学习选择的动物的叫声，要大声叫出来，至少需要持续 10 秒钟。如此循环进行。

表6-1　"大胆叫出来"项目学习对象选择

姓氏汉语拼音的第一个字母	学习的动物名称
A ~ F	狮子
G ~ L	海豹
M ~ R	猩猩
S ~ Z	热带鸟

需要注意的地方：无。

需要深入考虑的问题：

第一，如何能使游戏变得轻松，不尴尬。

第二，检验一个幽默的情绪氛围给人带来的轻松和愉悦感是否有利于获得更好的游戏效果。

第三，考虑积极向上的情绪对一个人创造力的影响作用。

四、我是记者

规则说明：团队破冰。

参与人数：没有限制。

活动时间：不少于15分钟。

活动地点及用具：任何场地都可以进行，需要纸和笔。

活动宗旨：培养孩子们的表达能力。

具体内容：

第一，活动成员任意挑选一位伙伴作为自己的采访对象，以获得尽可能多的信息且时限以3分钟为目标，自己拟定采访的问题，对方最好是比较陌生的人，如此互换角色反复进行。

第二，结束后，在1分钟之内学生把自己所得到的信息进行加工完善，然后展示给大家。

第三，由于时间有限，所以需要教师发挥领导作用，在学生较多的情况下则抽取一部分人进行。

需要注意的地方：被采访的人最好与采访者不太熟悉。

需要深入考虑的问题：在采访和后期语言的组织上需要怎么做。

五、信任之旅

规则说明：单人与多人共同完成。

参与人数：没有限制。

活动时间：没有限制。

活动地点及用具：选择一块空旷的外场地，方便设置各种各样的障碍以及数量与人数相等的常规白纸和眼罩一块。

活动宗旨：

第一，使同学之间形成更好的沟通能力。

第二，通过互帮互助感受人与人之间的关怀与爱。

第三，感受在做一件事的过程中团队协作与相互信任之间的重要性。

具体内容：

第一，由教师告知学生们需要注意的事项。

第二，选定一名学生做安全记录员，一名学生做引导员，除了被指定当安全记录员和引导员的学生外，其余学生全部戴上眼罩。

第三，全体戴眼罩的同学需要在完全黑暗、120 秒钟之内不能互相交流的情况下，用白纸制作一个自己能力所及范围内最好的东西，不参与的人员负责规则和过程的审查。

第四，再次用 120 秒钟的时间，将危险的路径迅速过一遍，并说明相关的注意事项。

第五，开始将之前做好的成果进行整理，然后开始进程。

第六，这时所有人都有 3 分钟的时间说明，之后不能发出声音。

第七，随着教师的指令，依次搭肩的"盲人"做出相应的动作。

需要注意的地方：

第一，不允许说话的时候不能说话，也不能将眼睛上的遮蔽物拿开，另外要保证人身安全。

第二，要求道路地面平整，障碍物设置明显，不要设置尖锐的障碍物。

第三，在眼睛"看不到"的情况下不可以胡乱走动。

第四，旁边的人不能恶意改变规则或者为难参与者。

第五，要善意提醒参与者眼睛需在遮蔽物拿下后等一会儿再把眼睛睁开。

需要深入考虑的问题：

第一，在短短 3 分钟的时间里，是如何进行更好的交流的。

第二，讨论这些活动对同学的影响。

第二节　沟通类项目

现在重点介绍以下几种沟通类拓展项目。

一、孤岛求生

规则说明：在类似孤岛的环境下进行生存活动。

参与人数：9 ~ 18 人

项目时间：大约 1 小时 40 分钟。

活动地点及用具：选择一块空旷的场地；25 厘米 × 25 厘米木箱 1 个、60 厘米 × 60 厘米 × 25 厘米的木质方箱 12 个左右、任务书 1 套、白纸 2 张、生鸡蛋 2 个、筷子 2 双（一段 50 厘米透明胶带缠在筷子上）、2 块木板（要求无裂缝，木板横向叠放在盲人岛上）、羽毛球 5 个左右、1 个塑料桶、1 支笔、$n/3+1$ 个眼罩（n 为参与人数）。

活动宗旨：

第一，帮助同学进行友好的沟通，使他们学会善解人意，理解别人的想法。

第二，教会学生如何进行管理。

第三，培养学生思维和行动上的想象力。

第四，使学生有一个良好的自我习惯和养成时间意识。

第五，促进人与人之间的相互配合。

具体内容：

第一，项目布置。

（1）不分男女把所有人分为三大组，有不合适的可以进行微调。团队中人员所扮演的角色和其他的角色可以互换。

（2）珍珠岛和哑人岛的场地比盲人岛面积稍微大点。

（3）首先把第一组的成员分配至哑人岛，这个岛上的人必须装作哑巴，不能发出任何声音，如果有人发出声音了，就会被取消参与活动的资格。同时，这个队伍中最好有一个在力气上比较有优势的男生。

（4）此时把第二组人带到珍珠岛。

（5）最后把第三组人带到盲人岛，这里的人都必须把眼睛遮挡住。

（6）把鸡蛋、笔、白纸、任务书、筷子与胶带发给远离其他岛的珍珠岛上的学生。

（7）将任务书交给哑人岛上任一人，最后将盲人岛任务书悄悄塞到一名学员手里，并且将羽毛球分发给不同学员。

（8）从游戏的开始到结束，不能超过40分钟。

第二，项目控制。

（1）不可忽视的是硬性的规则，如扮演哑巴的人绝对不能开口说话，扮演盲人的人绝对不能拿下眼睛上的遮挡物。

（2）装扮哑巴的人在装扮盲人的人没有将球投进时不可以有任何的动作，如果不遵守就要接受相应的惩罚。

（3）各个成员之间坚决不允许有任何跨越一个岛进行沟通交流的行为，如果有则按照相关规定给予惩罚。

（4）当项目时间过半仍无人下岛或者进行不下去的时候，需要将该规则的详细内容进行重申。

（5）在活动过程中如果有人不小心"落水"了，应该先忽略掉，之后在游戏的过程中顺手将他带到盲人岛。

（6）只有"盲人"可以直接用手拿球，其他任何人都不可以，如果"盲人"一直无法将球投进去，就需要给予一些帮助。

（7）只有扮演哑巴的人可以搭放木板，如果在其努力了很久之后还是没有成功，就可以稍微改变一下规则。

第三，项目总结。

（1）每一组的成员在最后需要进行一个项目的交流感受。

（2）在任务做完以后，还要查漏补缺，总结出现的一些问题以及解决方法。

（3）与学生们讨论一下三个小组应该属于高层、中层、基层中的哪一个层级并说明原因。

（4）在沟通方面，需要让第一组的同学深入思考在哑人岛上的正确做法，分析如何更好地进行沟通交流。

（5）组织学生讨论珍珠岛上的人如何选择任务，和学员分享"猴子跳到谁的身上"与"县长的大小事"，分析紧急与重要的事情和不同层级人员关系，使用"时间象限图"与学员探讨。

（6）同在盲人岛上的人讨论怎样才能积极主动地完成任务。

（7）告诉学生要尽量发散自己的思维，开拓创新意识，学会大致浏览和精确阅读。

（8）和学生分析杰克·韦尔奇关于三个层级的"梯子的比喻"。

需要注意的地方：

第一，在盲人岛上，教师们应该起到监督的作用，看护好岛上装扮盲人的同学，防止他们出现危险。

第二，在盲人岛上的学生需要向其他岛上转移的时候，教师应该密切关注这里的动向，通过自己不接触的保护，时时刻刻保护好学生的安全，防止意外伤害的出现。

第三，如果出现同一个小岛上人数过于集中的情况，那么就需要尽量先将盲人放到比较安全不容易掉落的地方。

第四，告诫在拿掉眼睛上的遮蔽物时，尽量不要一下子睁开眼，应慢慢睁开。

第五，在装作哑巴的人进行活动时，一定要注意安全，避免伤害到自己和他人。

第六，不管是在哪个岛上，如果人数超出了安全人数的范围，都应当提高安全意识，避免出现危险事故。

需要深入考虑的问题：

第一，从整个游戏的理念来看，需要深入考虑的是人与人之间的信任问题。

第二，要着重分析处于认识层级的管理分析问题。

第三，要深刻认识在游戏中所运用到的一些科学知识背后所蕴含的道理。

二、蜘蛛网

规则说明：这个活动主要是为了培养学生们的团队作战意识和能力，让他们掌握一些应对危机的方式方法，为以后走上社会做准备。

参与人数：根据人数多少进行分组，没有人数和小组数量上的限制，一个组可以设置十几个人。

项目时间：至少 60 分钟。

活动道具安排：先找两棵比较结实的大树（用来支撑蜘蛛网），再找一些尼龙绳或其他类似的绳子（用来编织蜘蛛网），然后再找 8 个螺栓，或几节电线，或几小节绳子（用来把蜘蛛网固定在树上）、蒙眼布若干（将被蜘蛛咬着的人的眼睛蒙上）、小铃铛若干（用来做警报器）、大橡胶蜘蛛（制造紧张气氛）。

活动宗旨：

第一，为了培养同学们互相帮助共渡难关的意识。

第二，为了让同学们能够了解彼此更多一些。

第三，为了通过这些游戏提高同学们的动手动脑能力。

第四，这些游戏表面上难度大，但实则很容易通过，以此达到鼓舞学生的目的。

具体内容：

第一，项目设置。

（1）需要用螺栓在提前找到的两棵树上分别找 4 个点作为支撑，从下往上数的第一个点需要距离地面大约 20 厘米，此外每两个点之间的距离都应维持在 70 厘米左右。

（2）利用固定点测量编织蜘蛛网边框所需尼龙绳的长度。尼龙绳的长度为两棵树的间距加上最高固定点与最低固定点之间的距离乘以 2，在尼龙绳上每隔 10 ~ 15 厘米打一个结来防止绳子不稳定。

（3）用打好结的尼龙绳编织边框。具体做法：从第一棵树开始，把尼龙绳的一端系在第一棵树的最低固定点上；用绳子由下至上穿过树一的其他 3 个固定点，到达最高固定点；把绳子从树一的最高固定点拉到树二的最高固定点；用绳子从上到下穿过树二的 4 个固定点，到达最低固定点；把绳子从树二的最低固定点拉回到树一的最低固定点；绳子的剩余部分固定在树一的最低固定点上。

（4）编织蜘蛛网。具体做法：从边框的一个角落开始，模拟蜘蛛网编成一张网。注意网洞应使队员能够顺利钻过。

（5）在编好的蜘蛛网上放上一只橡胶蜘蛛和一个小铃铛。橡胶蜘蛛可以烘托气氛，小铃铛可以充当警报器提示有人触网。

第二，项目控制。

（1）分组。

（2）教师交代游戏规则："你们迷失在了森林里，唯一的出口被蜘蛛网堵住了，只能钻过去。而睡着了的蜘蛛一旦感觉到有人碰了蜘蛛网就会醒来并把人咬伤，而正在通过和已经过去的人将会变成瞎子。此外，一个洞一次只能允许一人通过，之后便会成为一个废弃的洞，所以所有的人都不能重复使用一个洞。"

（3）参与人数过多时，需要小组之间互相监督。

（4）游戏结束以后，会有总结交流的环节，所有人都可以畅所欲言。

需要注意的地方：学生在穿越蜘蛛网的时候应该以安全为前提。

需要深入考虑的问题：

第一，讨论游戏过程中最容易出现的问题以及该问题的解决方法。

第二，认真思考整个游戏环节，梳理游戏脉络，想想哪些地方需要沟通。

第三，回顾在这个过程中都有哪些矛盾出现以及最后的解决方案。

三、跨越雷区

规则说明：参与游戏的成员需要遮挡住自己的双眼在伙伴的语言提示下通过障碍。

参与人数：每个小组不能超过 10 个人。

项目时间：控制在 50 钟以内。

活动地点及用具：一片空地，A4 白纸数张，桌子一张，三个大的塑料杯子，每组一块 30 厘米 × 30 厘米的纸板，每人一个眼罩。

活动宗旨：帮助学生更好地沟通，提高语言表达能力和语言理解能力。

具体内容：

第一，项目布置。

（1）将事先准备好的纸张放于地上当作障碍物。

（2）将事先准备好的桌子放到空地中间，在上面放三个杯子（底部的杯子正放，第二个杯子倒放，第三个杯子盛水放在第二个杯子上。

（3）组内挑选一个人作为指导员。

（4）其他的人需要在指导员的语言提示下蒙住双眼穿过障碍。

（5）当所有人都完成任务时，最后只要将纸板成功放在杯塔上，并且杯塔不倒则视为完成任务。

（6）如果碰到了障碍则记任务失败。

（7）依次成功的人可以帮助指导员去指导其他人。

第二，项目总结。

（1）要让同学有一个心理准备，可以提前适应黑暗的环境，同时要树立对伙伴的信任。

（2）尽管第一个人可能会是最容易失败的，但也是对后面其他的人提供最大帮助的。

（3）要加强指导员和被指导者之间的沟通。

（4）最重要的是需要一个强有力的总裁判以防在游戏过程中出现场面失控，最好是由教师担任这个角色。

需要注意的地方：安全第一。

需要深入考虑的问题：

第一，怎样向穿越障碍的同学更加有效、准确地传递信息。

第二，深刻关注穿越障碍的同学的内心感受。

第三，总结最有效的方法。

四、驿站传书

规则说明：传递信息。

参与人数：每个组由 10 ~ 15 个人组成。

项目时间：不少于 1.5 小时。

活动地点及用具：教室，纸、笔、秒表。

活动宗旨：掌握传递技巧，感受团队的力量。

具体内容：

第一，项目布置。

宣布规则：

（1）不可以语言交流；

（2）不许回头；

（3）后面人的身体不准超过前面队友的横截面；

（4）教师的指令不容置疑；

（5）教师可随时增加新规则，新规则即时生效。

第二，项目控制。

每一轮游戏都会由教师给予一串数字信息，该小组的成员必须按照游戏规则将这个信息传达给小组的最后一个人。最后根据每组的时间和准确率判断输赢。一共5局，每一局之间有间隔3分钟的整顿时间，而且上一局同下一局的规则往往不同。

需要注意的地方：安全第一，不可违背规则。

需要深入考虑的问题：

第一，计划、实施、检查、改善行动是怎样得以实现的。

第二，创新意识和遵守游戏规则的意识必须具备。

第三，分析利弊。

第四，如何更好地利用规则而不是被它掣肘。

第五，团队信息的传递必须有一个准确的发送—接收—解码—编码—再发送—再接收的过程。任何过程都不能出错，因此信息需要及时回馈和确认。

第三节　团队类项目

现在重点介绍以下几种团队类拓展项目。

一、众志成城

规则说明：需要整个团队的合作。

参与人数：不少于20人。

项目时间：控制在20～40分钟之内。

活动地点及用具：一块平整的场地，数张泡沫板。

活动宗旨：体会团结就是力量以及各司其职的重要性。

具体内容：

第一，分组。

第二，准备一块 1 平方米的泡沫板，放在空旷的场地上。此时将一个组的所有人召集到一起，令他们按照顺序依次站到这张泡沫板上，所有人可以按照任意的站姿站立，但切记不可以将脚伸到外面去，只要有一个人出去了，那么就将宣布整个组失败。

第三，将泡沫板的大小进行缩减，其余的规则不变，这样一来也就增加了项目完成的难度系数，越来越多的成员将会被更快地淘汰掉。此时谁留到最后便是这场游戏的最终赢家。

需要注意的地方：仍然是安全第一。如果同学们介意肢体上的碰撞，可以允许根据性别的不同进行分组。

需要深入考虑的问题：怎样合作才能更好地获得最大的成功。要认识到团体中每一个成员自身的优势，学会扬长避短，以求达到事半功倍的效果。

二、信任背摔

规则说明：团队合作项目。

参与人数：分组进行，每组 12 ~ 16 人左右。

项目时间：尽量控制在 40 分钟。

活动地点及用具：一块平整的场地，一个 1.5~2 米高的背摔台。

活动宗旨：

第一，增加成员间的信任度，提高团队力量。

第二，使同学们增强对自己的信心。

第三，让同学们学会更好地站在对方的角度思考，变得善解人意。

第四，使学生通过挑战理解合理突破本能的意义。

第五，使学生感悟制度的制定与保障对完成任务的价值。

具体内容：

第一，游戏还没正式开始的时候，所有人都必须认真检查身上的贵重物品，需要将它们取下妥善安置。

第二，背摔（后倒）前，接受训练，练习绑手、对位、试压以及搭人床。

第三，每一个学生轮流站在背摔台上，按照要求后倒，其他所有队友将其接住。

需要注意的地方：

第一，要以安全为重，有严重外伤病史、有严重心脑血管疾病及精神病、高度近视的人禁止参加此项目。

第二，教师在背摔同学准备背摔前，应试压接人学生双臂，并强调每一个人手臂位置的重要性。

第三，背摔学生在上背摔台后倒时应靠护栏站立。

第四，接人学生由背摔台向外按弱、较强、强、强、较强、弱来排列，第三组和第四组要安排男生，手臂保持水平或渐高。

第五，学生背摔时，教师应以一手拉住护栏，紧贴学生的手握住背摔绳随着学生重心移动，保持学生的后倒方向，适时松开。

第六，学生背摔时，应避免头和肩先落，尽量保持身体平稳。

第七，注意将人安全地放到地上，背摔学生倒下被接住后，教师下蹲控制挑战学生的脚；学生落地站起时要防止头前冲，碰到背摔台。

需要深入考虑的问题：信任同伴非常重要。

三、平结绳圈

规则说明：团队协作项目。

参与人数：没有限制。

项目时间：应控制在 30 分钟左右。

活动地点及用具：一块平整的场地，长短不一的绳子若干条。

活动宗旨：

第一，让学生在活动中激发自己的潜力，挑战自我并且认识到团队的力量。

第二，使学生具备更好的创新意识。

具体内容：

第一阶段。

（1）学生要在教师的指导下学会怎样以各种各样的方式将绳子更好、更快、更便捷地打结。

（2）学生利用平结打成一绳圈，放在地上，本组所有的学生都将脚放在绳圈之内。

（3）此时需要教师进行监督，看看是否所有人的脚都已经放到了绳圈以内。

（4）教师命令："开始换位！"学生全部离开自己的绳圈并到其他的绳圈之内，如此进行三次。

（5）到第四次的时候，逐渐减少绳圈的数量，每次减少一个，教师要提醒学生本组所有人的脚是否都在绳圈内（可能是几个人同时挤在同一个绳圈里）。

（6）只剩下一个绳圈时，所有人都站在一个绳圈里，不断缩小圆圈，直到所有人都紧紧挤在一起。

第二阶段。

（1）这个时候，绳圈应该已经被教师不断地缩小并达到了一个极限，教师需要大声地询问学生，考查他们的信心和对自己潜力的认识。而此时，学生在教师的鼓舞和激励下往往会产生更大的信心，从而迸发出无限的潜力，令所有人都刮目相看。

（2）在学生不断地进行挑战的过程中，教师要注意把握场上气氛，及时加以引导。当学生没有办法解决问题时，教师应视情况公布解决方法。如所有学生可以坐在地上将脚放在绳圈内，这完全符合游戏"脚在绳圈之内"的规则。

需要注意的地方：教师应注意保护学生的安全，避免学生摔倒或挤压，以免造成损伤事故。

需要深入考虑的问题：游戏中有没有创新，有没有全力合作，效果如何。

四、全体离地

规则说明：所有人在指定的时间里需要共同建造一个竹架，然后在同一时间内离开地面。

参与人数：12 人为一组。

项目时间：20 分钟。

活动地点及用具：找一个空旷的场地，准备一些粗竹子和小白绳。

活动宗旨：

第一，增强学生的团队意识，培养团队精神。

第二，培养学生的计划能力以及各成员之间的分配协作关系，最重要的是提高执行力。

具体内容：

第一，学生被教师以每组 12 人进行分组。

第二，教师们将 9 条绳子和粗竹子分别发给学生。

第三，小组成员需要在 20 分钟的时间里构造一个架构，这个架构保证小组内的全体成员可以同时离开地面 3 分钟视为挑战成功。

需要注意的地方：教师一定要保护学生的人身安全，防止发生意外事故和其他损伤。

需要深入考虑的问题：

（1）如何开始活动，是不是采取了头脑风暴的方式获取大家的意见和建议。

（2）是不是每一个小组成员都加入到了活动当中，是不是每一个小组成员都对自己的职责有所了解。

（3）团体合作过程中发生了什么意外事件，又是如何进行改进提升的。

五、建设大桥

规则说明：团体合作活动。

参与人数：每组 3 ~ 5 人。

项目时间：限时 30 分钟。

活动地点及用具：室内活动，胶布、纸以及剪刀等工具。

活动宗旨：

第一，通过此次活动让学生们了解到团队合作的重要因素，懂得小组成员之间如何进行配合和激励。

第二，使学生们在团队中感受到团队分工的重要程度，也就是在合适的位置分配合适的成员，尽可能地全面发挥每一个成员的长处。

第三，在团队协作的过程中培养学生的创新思维。

具体内容：

（1）教师把参与活动的学生以小组划分。

（2）每一组的参与者通过抽签设定本组的任务计分纸。

（3）每一个团队可以根据任务计分纸上面的点数选取相应数目的基本物资，每一点可以选取一项物资。

（4）团队成员要通过配合设计一个宽度不少于 0.2 米、长度不少于 1 米、高度不少于 0.15 米的桥面，然后完成桥面的构建。整个设计要能够体现出小组的特点，并命名。

（5）桥面的设计和搭建工作一定要在 30 分钟的时间内完成。

（6）把各个团队设计的桥面互相连接，用一辆小车子检验这些桥面设计得是不是合理和结实。

需要深入考虑的问题：

（1）何种设计是最具有创新因素的。

（2）本组作品的设计理念和原理是什么。

（3）在大桥的设计过程，团队的各个组员是怎样进行合理分工的。有没有合理地发挥出各自的特点和长处。

（4）游戏完成之后，我们发现有的团队设计得很漂亮但是不具备相应的功能；有的团队设计虽然没有漂亮的外观却有结实的躯体。这也就表现出了两种团队的不同思考方式，即将更多的时间和精力花在内在还是外表，怎样才可以更好地处理内在与外表之间的关系。

第四节　领导类项目

领导能力指的是一位领导者带领部下开展工作、部署工作以及完成工作的能力。从另一个角度来说，也就是一位领导者身上体现出来的身教能力、影响人的能力、管理人的能力以及说教能力。参加一些培养领导能力的实践活动，可以提升学生动员其他人共同协作的感召力，使得学生在活动开展过程中获取其他人的信任和支持，从而使得学生的领导能力得到提升。

下面介绍几个培养领导能力的素质拓展活动。

一、齐眉棍

规则说明：团队成员相对或者并排站立，双手举起棍子，使得棍子从眉头一直水平地向下方运动。

参与人数：10人及以上。

活动时间：30 ~ 40分钟。

活动地点及用具：一块平整的地面以及2 ~ 3米长的棍子。

活动宗旨：构建整个团队的合作能力，提升学生的领导力，培养学生的沟通能力和交往能力。

具体内容：

（1）提前准备一根棍子。

（2）团队成员相对或者并排站立，所有的团队成员把自己的双手放到自己眉头的位置。

（3）把棍子放到每个团队成员的手心上，保证每一个团队成员都可以触摸到棍子。

（4）团队成员在确保每个人的手都处于棍子下面的状况下将棍子水平地向下方移动。如果有人将自己的双手脱离开棍子或者说棍子失去了平衡那么就算作失败，此次游戏结束，需要重新开始。

需要注意的地方：教师应该在活动过程中关注各个团队成员的手是不是始终都能触摸到棍子，如果有违规的情况发生就需要立刻停止。

需要深入考虑的问题：

（1）如何做才可以完整地完成整个任务。

（2）团队成员之间的合作是如何实现的。

（3）任务执行的过程中是不是有一个核心的领导人员指导各个成员完成任务。

（4）整个团队的力量是非常强大的，进而讲述帕金森定律。

二、授权风格

规则说明：两个团队合作完成整个任务。

参与人数：6个人。

活动时间：大约25分钟。

活动地点及用具：室内活动；一个大的行李箱，三张打包专家卡片。

卡片1：扮演王博士，一位世界知名的打包专家，向全班同学表演独特的打包方式。在表演的过程中，助手会充当其两只手协助完成打包的任务。王博士需要对两只手进行直接操作。每一步都要有详备、特殊的指令。例如，王博士需要携带上一件圆领的衬衣，现在需要将这件衬衣放在其右侧肩膀上，不可以让助手做出任何特立独行的动作。

卡片2：扮演张博士，一位世界知名的打包专家，向全班同学表演独特的打包方式。在表演的过程中，助手会充当其两只手协助完成打包的任务。张博士的助手可以做出所有想要做的行为，只能通过简单的指令，不能做出进一步的提示。例如，张博士需要将袜子塞进对应的袖子中，然后要将牙刷放到鞋子中，不可以给助手提供其他特别的指令。

卡片3：扮演李博士，一位世界知名的打包专家，向全班同学表演独特的打包方式。在表演的过程中，助手会充当其两只手协助完成打包的任务。助手的任何操作都需要经过李博士的指导。例如，李博士需要叠衣服，在这个行为中，李博士要口头上对助手提供辅助，让助手自行探索，在关键的时候提供必要的提醒：我觉得，这双鞋子放在左边会更加合适。

活动宗旨：

（1）使学生掌握更加有效的管理技能。

（2）培养学生的沟通、交往能力。

具体内容：

（1）第一轮。

① 教师把学生划分为3个小组，每个小组分配2人（A和B）。

② 教师介绍整个项目，向每个小组解释，A是一位小有名气的旅行家，他将使用电视卫星向全世界做一个专题讲座。可是A没有双臂，助手B会向A提供必要的辅助，也就是说助手B会辅助旅行家A向全世界的观众隐瞒A缺失双臂的事实。

③ 旅行家A面向观众站定，两只手背到身后，肘部稍弯曲。助手B站在旅行家

A 的背后，胳膊穿进 A 的肘部和胸部之间的空当，给 A 创造出一对假肢。

④ 然后教师介绍世界上著名的 3 位打包专家：王博士、张博士以及李博士，并请 3 位专家演示其独特的打包方式。打包动作需要在 3 分钟之内完成。

⑤ 第一小组做好准备，打包专家是王博士，他站在旅行家 A 的身后，面向观众，旅行家 A 根据卡片上的内容来指导 B 完成打包动作。

⑥ 3 分钟的时间结束或所有的打包动作结束后，停止打包，小组成员需要回答以下问题。

请 B 回答：你的伙伴在打包的过程中是怎样和你沟通的？对此你有什么感想？哪一种因素起到了决定性作用？

请 A 回答：在表演过程中，你表现出来的什么风格可能是你本身就具有的？这与你在实际生活中的表现有着什么相同或者不同的地方？

（2）第二轮。

① 第二组做好准备，打包专家是张博士。

② 和第一组相同，在打包动作结束后需要回答上面这些问题。

（3）第三轮。

① 第二组做好准备，打包专家是李博士。

② 和第一组相同，在打包动作结束后需要回答上面这些问题。

需要注意的地方：无。

需要深入考虑的问题：

（1）3 个打包专家的指挥风格分别属于哪一类，哪一类的指挥更加有用。

（2）最后一组的表演和前两组有什么样的区别。

（3）这三种类型的授权管理分别在什么情况下能够发挥作用，哪种风格最有效。

（4）在实际生活中，应当怎样选择授权管理风格。

（5）在授权管理中，如何更加高效地处理松散管理以及直接管理，怎样才可以更好地分配任务。

三、上下级对工作的理解

规则说明：团队配合项目。

参与人数：不限。

活动时间：10 ~ 15 分钟。

活动地点：室内。

活动宗旨：

（1）让学生了解上级和下级之间的沟通方式。

（2）让学生领会领导的方法和技巧。

（3）让学生以领导者的身份安排任务。

具体内容：

（1）要求学生考虑工作的主要范畴。

（2）要求学生思考上级会给他们布置怎样的任务。

向全体学生提供图 6-1，这个图的目的是描述上级和下级之间对同一工作职责的不同理解。

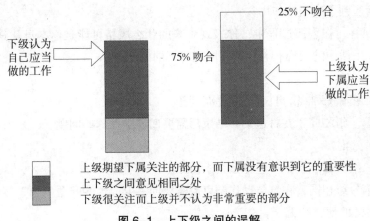

图 6-1　上下级之间的误解

需要注意的地方：无。

需要深入考虑的问题：

（1）对于自己的工作之中那些没有重叠的部分有哪些看法。

（2）我们现在从事的工作和其他人对我们的期望是有一些差别的，为什么上级和下级的理解会不一样。

（3）自己认同的那部分是不是否定了其他人的看法。

四、领袖特质

规则说明：团队进行的独立项目。

参与人数：每组 12 ~ 13 人。

活动时间：40 ~ 60 分钟。

活动地点及用具：一个平整的场地；比尔·盖茨、亚伯拉罕·林肯等著名人物的肖像，每一张肖像的旁边都要张贴一个题板纸，填若干份表格（表格中有各位领袖人物姓名）以及两个投票纸条，若干支笔。

活动宗旨：

（1）培养学生的领导能力。

（2）提升学生的管理技能。

具体内容：

（1）向每个学生分发一张表格。

（2）向每个学生提出下列问题，要求每个学生根据每个问题选择一个相匹配的领导者。同一位领导者可以选择一次及以上。

① 在工作过程中，哪个领导更有可能成为高效的交流者。

② 在工作过程中，哪个领导会在谈判过程中扮演更为重要的角色。

③ 在工作过程中，哪个领导可能是最有效解决问题的人。

④ 当面对困难的时候，你更加倾向于求助哪位领导。

⑤ 哪一位领导会对你的工作成效做出鼓励。

⑥ 你更倾向于哪位领导做你的上级。

⑦ 哪一位领导和你的管理特点更为接近。

（3）让学生们了解其他同学对每个问题的选择，每个学生都要站在自己挑选的领导者旁边。

（4）要求每个学生描述挑选领导者的原因，教师根据学生的描述将理由写在肖像旁的题板纸上。

（5）要求学生回到座位，选出学生选择最多的 3 个领导者。

（6）团队成员查看题板纸上的理由、看法，指出这些领导者曾经提到的管理理念。

需要深入考虑的问题：

（1）哪些领导者被选出来会让大家感到奇特。

（2）哪些领导会成为热门的对象，是不是这些领导者有着某些共同的特点。

（3）管理者和领导者之间有什么样的区别。

（4）自己的特点和性格是什么样的。

（5）什么类型的困难会阻碍你成为心目中的领导者。

（6）要求学生们探讨一个优秀的领导者怎样才可以激励员工具有主动工作的动力；怎样才可以使风格不一的员工团结一致；怎样可以确保自己的命令可以被准确无误地传递；如何才可以知道基层员工在干些什么、思考些什么；当工作压力变大的时候如何才可以使员工顶住压力。

第五节　高空挑战类项目

心理学研究表明，人们会对自己陌生的事物和环境感到紧张和焦虑。所以，一个人在尝试解决自己从未经历的问题时需要极大的信心和毅力。高空挑战项目可以更加有效地鼓舞学生的士气，提升学生在解决困难时的勇气和信心。

下面介绍几个高空挑战类的项目：

一、空中断桥

规则说明：这是一个个人挑战的活动，是一种冲击心理的高空项目，学生一定要凭借自己的力量完成。

参与人数：10 ~ 16 人。

活动时间：2 小时。

活动地点及用具：

（1）专项训练架和组合训练架，高 7 ~ 12 米。

（2）两条直径为 10.5 毫米的动力绳，连接之后能够垂直下垂：一根和桥上面的人员齐膝长，供拓展教师使用另外一根盘至腰间，目的是保护活动中的学生；一根静力绳，大约和训练架的高度相同或略长，是用于攀爬保护的上升器引绳。

（3）4 把 O 形锁或者 D 形锁，4 把主锁。

（4）2 把上升器，拓展教师可以用 80 厘米的扁带和主锁代替。

（5）3 条坐式的安全带，2 副护腿板，1 条 40 厘米的应急扁带，3 顶安全帽，1 条大毛巾。

活动宗旨：

（1）培养学生的团队协作能力以及在解决问题时互相帮助的精神。

（2）让学生懂得自我鼓励以及自我说服的重要性。

（3）培养学生正确认知自我、战胜恐惧的能力。

（4）让学生懂得信任他人以及获得他人信任的重要性。

（5）让学生掌握缓解精神压力的方法，了解如何提升自己的心理承受能力，及时调整自己的心理状态。

具体内容：

（1）教师组织学生学习头盔、上升器、安全带以及主锁的检查方式和使用方法。

（2）教师在地面上教授学生在桥面上需要完成的规定动作。

（3）教师辅助准备进行挑战的学生佩戴好各项装备，在地面上进行试跳，记住自己的起跳腿。

（4）进行挑战的学生通过上升器爬上距离地面大约8米的高空，在高空中有一个断开的桥面。教师在学生站到桥面的一端时大声说"欢迎挑战"，然后让学生背部紧靠立柱，为其扣上保护绳上的主锁，摘掉上升器连接的主锁，一定要注意摘锁的顺序。除此之外，教师还要观察学生的反应，重复检查学生的头盔、安全带以及其他安全设备的佩戴情况。

（5）进行挑战的学生走到桥面的一端时要大声地问地面的队友"准备好了吗"，在队友回应"准备好了"之后，再平举两个胳膊，喊"1、2、3"大跨步跳到桥面的另一侧，然后再按照同样的步骤跳回来。所有的学生都要参与高空断桥项目。

（6）接受挑战的学生在桥面一端的时候，教师要告诉该学生将支撑脚的脚尖超出桥面边缘少许，然后果断跳过去。学生不可以在桥面上助跑，在跳跃的同时可以用自己的双手维持平衡，但是不可以拉拽绳子。

需要注意的地方：

（1）如果学生的呼吸紧促，脸色发白，有呕吐的情况，两只眼睛不能看清周围事物，头脑不清醒，动作僵硬，双腿抖动，拓展教师要不停地询问学生的情况，不强制要求学生完成。

（2）教师应该不停地告诫学生将上升器放在自己的腰部以上。

（3）对于那些有严重高血压、外伤病史、心脑血管等疾病或医生不建议做高空项目的学生，应该明令禁止参与此项活动。

（4）拓展教师要指定一名同学帮助挑战同学佩戴头盔、安全带以及上升器等安全设备，然后指定另外一名同学进行检查，教师进行最后一次检查。

（5）教师的绳子和学生的绳子不能纠缠打结，要连接在各自的钢索上。

（6）学生在下桥之后应该先扣上升器的主锁，然后再摘去保护绳的主锁。

（7）接受挑战的学生如果没有勇气跳过断桥，教师可以先将此学生引导至桥面的一端，自己到另一侧引导学生过桥。在这个过程中，教师要多多激励学生。

（8）教师一定要佩戴安全帽，学生一定要佩戴护腿板。

（9）教师还要注意体胖、不擅长运动的学生以及女学生，结合这些学生在地面试跳的距离的情况，以便调整合适的桥面间距。

（10）所有的学生要轮流接受挑战，并且在完成任务之后进行总结。

需要深入考虑的问题：

（1）在地面试跳与在高空上跨越的感觉有哪些区别。

（2）怎样才能鼓励自己完成任务。

（3）有的同学需要队友的加油鼓劲，有的同学希望在平静的状态下完成任务，你属于哪种类型。

（4）就"时间可以改变世间的一切"这一论断展开讨论。

（5）团队顺序对团队项目的完成有着什么样的作用。

二、空中飞狐

规则说明：又叫作溜索，是一个需要一些技巧、以个人挑战为主的项目。

参与人数：10～16人。

活动时间：2小时。

活动地点及用具：

（1）专项训练设施。

（2）2根静力主绳、2根长度50米的细绳。

（3）1副快挂，6把丝扣主锁。

（4）2条胸式安全带，4条短扁带，3条半身安全带，2条长扁带，2双手套以及2顶安全帽。

活动宗旨：

（1）培养学生的团队合作能力以及面对困难时互帮互助的精神。

（2）指引学生以乐观向上的态度学习和生活。

（3）培养学生挑战自我、克服恐惧的意识。

具体内容：

（1）所有学生共同学习主锁、安全帽以及安全带的检查方式和使用方法。

（2）所有学生共同学习溜索技巧。如果是滑轮和钢索，并且设置了下垂吊索，那么学生们只需要学习保持身体平衡的技术就好；假如是临时设置的溜索，那么学生们就要掌握用腿抱绳技术、双手握绳技术以及上下肢配合前行技术等。

（3）参加项目的学生应该先去掉不安全的穿戴物品，在穿戴好安全设施后，接受队友的鼓励。

（4）参加项目的学生穿戴好安全设施之后，沿梯子或登上高地，然后在教师的辅助下连接主锁，在能够控制的速度内，从高地滑下。所有的学生都要完成任务。

需要注意的地方：

（1）静力绳在架设绳索的过程中是一定会用到的，假如距离很长，需要架设双绳；保护点一定要做双重连接，每个绳端要有2个节点，分别打上2个结。

（2）参加拓展的学生一定要按照规定穿戴好防护设施，教师帮助学生挂上主锁。安全带一定要牢牢地系在髋骨上，否则一定要穿胸式安全带。

（3）参加拓展的学生如果过胖或者肚子很大，一定要穿胸式安全带。

（4）教师要注意每个学生的生理和心理反应，要给学生及时的激励，当学生有意外状况时，一定要及时叫停。

（5）学生在拓展过程中如果停下了，教师要激励他不断前进，在未落地之前一定不可以去除主锁。

（6）假如拓展路线很长或者当天户外的能见度较差，一定要有专业人员做好防护。

（7）如果绳子的下垂距离变化过大或者天气发生了明显的变化，那么教师要做出及时的调整，每个学生完成拓展训练之后，教师都要检查绳索的连接点。

（8）学生一定要戴防护手套，不可以穿裙子或者短裤参加拓展训练。

需要深入考虑的问题：

（1）教师要引导学生讲出自己拓展训练过程中的感受。

（2）在面对困境的时候，保持一颗平常心是最为重要的，学生需要说出自己只能仰望天空不能看地面时的感觉。

（3）面对一定要自己完成的任务，你喜欢在规定的时间内的什么时间段完成，并分析原因。

三、高空抓杠

规则说明：团队合作项目、个人心理挑战。

参与人数：10 ～ 16 人。

活动时间：2 小时。

活动地点及用具：

（1）野外基地综合训练架。

（2）2 根直径 10.5 毫米、长度 25 米的动力绳，2 个八字环，2 套长绳套。

（3）2 套安全衣、6 双手套、2 顶头盔。

（4）4 把钢锁、4 把丝扣铁锁。

活动宗旨：

（1）激励学生学会换位思考。

（2）学生学会目标控制和管理。

（3）培养学生自信心，提升自控能力。

（4）激励学生以平常心去看待一切。

（5）鼓励学生信任同伴。

（6）引导学生正确认识团队内部组织方法和挑战顺序的联系。

具体内容：

（1）所有的学生站成一圈，教师宣布拓展项目的名称与活动方式。

（2）教师介绍活动背景：我方的军舰受到了敌方军舰的攻击，我方军舰马上就要沉入海中，在这种危急的情况下，我方的直升机前来救援，可是海上的风浪很大，军舰甲板上的人无法够到救生软梯，只有向上奋力跳起才有可能抓住救生软梯，可是一旦抓空就会掉落大海。

（3）教师向学生讲解防护设施的使用和佩戴方法，向地面上负责保护的同学讲解防护技巧和注意事项。

（4）学生们要做好跳跃、蹲起等热身运动。

（5）要根据学生的体能状况调节单杠的位置，所有的学生都要完成拓展训练。

需要注意的地方：

（1）患有高血压、心脏病、有严重外伤病史以及医生不建议参加此类活动的学生是不能参与拓展训练的。

（2）学生不可以在拓展训练中佩戴首饰，长头发的学生要将自己的头发盘在安全帽中。

（3）教师在每一次拓展活动开始前都要仔细检查保护设施的完好情况。

（4）在学生开始拓展训练前，自己、队友、教师依次查看防护设施的佩戴情况，教师必须亲自完成主锁的悬挂和摘除工作。

（5）教师用尼龙搭扣把学生的2根保护绳裹在一起，学生在拓展活动中不可以伸手抓主锁和保护绳。

（6）教师要控制好学生从高空下落的速度，防止学生下降过快而受伤。

（7）所有学生不可以在没有防护措施的情况下攀爬训练架。

需要深入考虑的问题：

（1）完成拓展项目之后有什么样的感受。

（2）将抓杠项目看作学习生活中追逐目标的过程，进行讨论。

（3）不敢做与不能做有什么差别，怎样才可以克服自己的心理障碍。

（4）不同的心态会导致不同的结果，就失败与成功差的只是一点点展开讨论。

四、高空速降

规则说明：团队合作项目、个人心理挑战。

参与人数：每组8人。

活动时间：1.5小时。

活动地点及用具：

（1）高度 3 ~ 4 层房屋的训练架，人工岩壁或者山崖也可以。

（2）2 个长度足够长、直径大于 10 毫米的静力绳，4 根长度 40 厘米的绳套。

（3）10 ~ 12 把主锁、6 ~ 8 个八字环、4 把钢锁、4 把丝扣主锁

（4）若干医用胶布、12 双手套、6 条半身式安全带、6 顶安全帽。

活动宗旨：

（1）让学生感受团队合作的力量。

（2）提升学生面对困境时的信心。

（3）激励学生以平常心看待一切。

（4）鼓励学生信任同伴。

具体内容：

（1）教师向学生讲解防护设施的使用和佩戴方法，向地面上负责保护的同学讲解防护技巧和注意事项。

（2）教师指导学生自己完成任务，在学生熟练掌握速降技巧的情况下，逐步提升难度，要求学生完成 3 米、5 米、8 米、10 米的速降。

需要注意的地方：

（1）患有高血压、心脏病，有严重外伤病史以及医生不建议参加此类活动的学生是不能够参与拓展训练的。

（2）教师要保证全体学生都可以熟练完成防护器械的佩戴和检查。

（3）整个拓展活动的防护设施都要有备份。

（4）教师在拓展活动开始之前要仔细检查每一个学生的安全帽和安全带。

需要深入考虑的问题：

（1）完成拓展项目之后有什么样的感受。

（2）完成项目之后对自己有没有一个全新的认识。

（3）在速降过程中的感受如何，同学和教师的鼓励有没有用处。

（4）每一个学生都要分析完成任务和控制速度之间有怎样的联系。

第七章　山地户外运动课程

第一节　攀岩

一、攀岩运动概述

攀岩指的是在不借助外力的情况下，凭借自己身体的平衡以及手脚的力量攀登人造岩墙或者陡峭岩壁的一种新型运动。攀岩有着趣味性、惊险性、技术性以及刺激性，并且凭借这些特点吸引了很多挑战自我的人们参与到攀岩运动中来。

攀岩可以追溯到 18 世纪末的"阿尔卑斯运动"。当时，攀登一座高山对一般人还是困难的，但是为了让更多人的认识、了解、参与登山运动，一些喜欢登山的探险者将刺激、惊险、具有观赏性的登山技术运用到了郊外的自然岩壁以及人工岩壁上。到了 20 世纪 50 年代，攀岩才以体育运动项目的身份在欧洲出现。当时由于条件的限制，这项运动主要是在自然岩壁上进行的。直到 20 世纪 60 年代末期，攀岩才在全世界范围内推广开来，各种各样的攀岩赛事不断被举办。

在世界攀岩比赛中，主要有"难度"与"速度"两个派系，苏联是"速度"派系的代表，西欧国家是"难度"派系的代表。一开始，攀岩比赛是以速度为主，然后慢慢发展到以个人速度赛为主。在人工岩壁诞生后，就逐渐演变成以技术为主的难度赛。1987 年，国际登山联合会做出了规定，国际层面的攀岩比赛必须要使用人工岩壁；同年，法国举办了第一届人工岩壁攀岩大赛。1989 年，第一届攀岩世界杯分别在意大利、法国、保加利亚、英国、苏联以及西班牙等国家举办了分站赛。1991 年，举办了首届攀岩锦标赛。1992 年，举办了第一届世界青年攀岩锦标赛。亚洲的攀岩运动开展较晚。1991 年 1 月，"亚洲竞技攀登联合会"成立了，这也说明亚洲的攀岩运动变得更加规范。1992 年 9 月，第一届亚洲攀岩锦标赛在韩国成功举办。

1987 年，我国举行了第一届全国攀岩赛。这项赛事吸引了很多攀岩运动者的争相参与，这对我国攀岩运动的推广起到了很大的作用，也为我国攀岩运动的发展奠定了坚实的基础。近年来，我国的攀岩运动已经初具规模，很多高校也开设了攀岩课程，这也说明攀岩运动在我国是非常有发展前景的。

二、攀岩运动基础技术分析

（一）手部动作

在攀岩过程中，保持身体平衡的关键是手部技术，当然手臂力量的大小对攀岩质量的好坏、攀岩成绩的高低也有着很大的影响。所以，攀岩者一定要有足够的臂力、指力以及腕力才有可能在攀岩比赛中取得好的成绩。在初学阶段，攀岩者很难充分利用自己的下肢力量，手部技术的好坏显得尤为重要。手部技术有很多种，对同一支点的不同方向进行抓握也有着不同的技术要求。

1. 开握

当一些小洞或者支点的边缘可以为手指的第二关节提供支撑时，整个手部就可以靠在岩壁上。在这种情形下，攀岩者的手可以张开，在手指并拢的情形下，可以让手指和支点更加紧密地结合，整个手掌也不用紧握支点。在这种技术中，大拇指的作用相对较小。

2. 紧握

紧握也是攀岩技术中的一个常用方法。在使用该方法时，攀岩者需要将四指并拢，将大拇指放在食指的上面，由手指的第一个关节受力，紧紧扣住支点。在使用紧握方法的过程中，大拇指的发力是非常重要的，主要是依靠大拇指锁紧食指。

3. 半紧握

这种方法的特点与紧握方法很相似，唯一的区别就是拇指没有压在四指上面。同样地，只有手指的第一关节发力，并且第一关节的弯曲角度超过了90°角。

4. 抓握

这种方法与开握的方法比较相似，但是一般需要拇指共同发力，可以用整个手掌握紧支点，由于并不是单纯使用手指的力量，所以整个手掌抓握可以提升攀岩的稳定性。

5. 侧抠

这种方法是由四指侧向抠住支点，大拇指压在支点的上边固定的。值得注意的是，四指的方向和指压的方向成90°角，对四指有了辅助的功效，使抓握支点更加稳定。

6. 捏握

捏握时，手指的方向与大拇指的方向是相对的。一些可捏握的点可以让拇指压在支点的一边，压的方向与 4 根手指的方向成 90° 角。但是，当支点很小时，就只能用食指以及拇指的第二关节外侧面去捏握。

7. 侧握

侧握方法与侧抠、捏握相似，但在侧握时，拇指是不用发力的。侧握方法一般用于保持身体的平衡。

8. 反扣

反扣支点的可抓握方向朝下或与身体的前进方向相反。这个方法是靠手与脚或手与手之间的反作用实现的。

9. 手腕扣点

在碰到大支点的时候，可以用曲握支撑放松前臂。这种方法只能在固定的条件下才可以使用，但是它能够将前臂的力量转移到骨头上，因此这种方法可以起到放松的作用。

10. 抓点

岩壁上有很多向下或者向外的支点，这个时候就需要用抓点的方法固定自己的身体，从而使手掌能够和支点充分接触，稳定住攀岩者的身体。

11. 手掌按点

在碰到一些很大的圆形支点的时候，要利用手掌的摩擦力才可以握住整个支点。这个时候手掌与手腕要弯曲成一个角度，只有这样才能握住整个支点，这种方法大多是用在自然岩壁上。

12. 前臂勾点

在攀岩的过程中如果遇到一些很大的支点，就要用到前臂勾点方法了，使用肘关节夹住支点，然后凭借大臂的力量维持住整个身体，这个方法大多配合脚部动作使用，可以使攀岩者得到有效的休息。

13. 拇指扣点

在遇到水平抠槽的支点的时候，不仅可以使用紧握技术、开握技术，还可以使用拇指扣点的方法，在使用这种方法时四指只是起到辅助的作用。

14. 指甲抠点

这种方法比较极端，当遇到某些可抓部分较薄的支点的时候，用指尖部分顶住支点，利用手指的第一关节发力，这样手指尖部以及手指甲会承担比较大的力量，而且需要攀岩者能够忍受住剧痛，当然这个技术动作也很危险，指甲或者手指尖部很容易受伤。

15. 曲握

这种技术是将四指并拢，将手掌弯曲，拇指压在食指上，用手掌的边缘握住整个支点。因为拇指的力量很强，所以可以控制手形，而且可以给其他的手指休息的机会。

16. 口袋点

在面对能够将手指插进去的支点的时候，假如口袋点比较宽松，那么就可以将四指的前端全部插进去；假如口袋点比较狭小，那么只能插入 1 个或 2 个手指，一般情况下我们也把这种口袋点称作指洞点。

17. 交叉手

这种方法是使用一只手紧握一个支点，另一只手紧握线路中的下一个支点，并且双臂交叉。另外一种交叉手技术是使用一只手紧握一个较大的支点，另一只手去紧握这个支点的其余部分。交叉手可以分为内交叉和外交叉两种，可以根据实际情况选择使用外交叉手还是内交叉手。

18. 换手

在攀岩的过程中，可能需要在同一个支点上换手，也就是左手和右手交换抓握支点，此时就要使用换手方法了。换手方法比较简单，主要是在换手的同时维持住身体的平衡。

（二）脚部动作

在攀岩过程中，如果遇到小于 90° 角的岩面，那么脚部的支撑就会起到很大的作用。脚部动作主要有挤、蹬、塞、钩以及挂等。这时候手部动作只是辅助攀岩者保持身体的平衡。

1. 正踩、侧踩

在踩点时，要注意踩点的面积不是越大越好，要找到利于脚部发力的位置。侧踩和正踩的技术要点如下：

（1）正踩。使用鞋尖内侧边拇指处进行踩点的技术动作就是正踩。正踩是通过加大支点和攀岩鞋之间的压力从而加大摩擦力，应尽可能地抬高脚跟，把身体重心移到脚尖，以保持身体平衡。

（2）侧踩。使用鞋的前脚掌外侧边四趾部位进行踩点的技术动作就是侧踩。动作的技术原理与正踩基本相同，通过增加脚部对支点的压力增加摩擦力，所以在使用侧踩这一技术动作的时候也要尽可能地抬高脚后跟。

（3）鞋前点踩。使用鞋的正前方部位踩点就是鞋前点踩。一般情况下，一些小的指洞点或者支点无法使用侧踩或正踩，只能将前脚尖部塞进去，此时比较适合的技术动作就是鞋前点踩。

2. 摩擦点

这个技术动作适用于身体悬空时，是通过把鞋底的大部分压在岩壁上面，以增大摩擦力。使用这个技术动作会用到鞋的内侧边、外侧边以及前脚掌来增加接触面积，尤其是在遇到向下倾斜的支点时。踩点的时候脚后跟要尽可能地向下倾斜，增大支点和鞋的接触面积，从而增大摩擦力，这样踩点的时候才更容易发力，这些都是摩擦点这一技术动作的显著特点。

3. 脚后跟钩

脚后跟钩是指用脚后跟钩住支点的动作。在攀岩的过程中，将脚后跟放在合适的支点上，然后钩住这个支点。这个动作需要屈胸、伸腿，向上直到脚能钩到支点，腿部发力将身体勾向勾点的方向，目的是在攀岩过程中节省力气。

4. 交叉脚

用一只脚踩住支点，同时另一只脚从身体的内测或外侧交叉穿过踩踏线路中下一支点，这个动作叫作交叉脚。值得注意的是，交叉脚之后要注意身体重心的移动，在做这个技术动作的时候要提前做好下一个动作的准备。交叉脚还有一种就是同支点的交叉，在攀岩过程中碰到较大的支点时，可以用一只脚踩住支点的一侧，用另一只脚交叉踩住支点的其他部分，完成交叉脚的动作。同样，交叉脚也分内交叉和外交叉两种，选择哪种方法可以根据实际情况而定。

5. 顶膝动作

用脚踩住支点的时候，用膝盖顶住另外一个点，这就叫作顶膝动作。这个动作需要膝盖和脚部的配合，可以为双臂留出放松的时间，是一个很好的休息动作。

6. 膝盖钩点

在翻出屋檐地形的时候就需要用到膝盖钩点这个专业的技术动作，当手部支点与脚部支点很接近的时候，用膝盖的内侧钩住另外一个支点，可以让攀岩者实现重心的平衡。

7. 挂腿

在一只手抓握较大的一个支点的时候，把对侧的腿抬高，挂在手腕上，然后凭借手臂与手腕的力量把自己的身体抬高，另外一只脚作为辅助，从而实现重心的平衡。这个技术动作要求手腕有足够的力量，而且比较危险，所以挂腿这个动作对攀岩者有很高的要求，比较适合喜爱静态攀登的爱好者。

(三) 基本攀岩技术

1. 侧蹬

这是攀岩运动中非常重要的技术，可以让攀岩者有效地节省上肢力量，在仰角地形中可以发挥更大的作用。在使用该技术的时候，身体要侧向岩壁，用对侧的手脚抓握和踩支点，另一条腿用来平衡身体重心，凭借单腿力量站立起来，抓握上方的支点。以左手把握支点为例，身体朝左，右腿弯曲踩在支点上，右脚依靠脚尖站立起来，身体的大部分重心放在右脚上，左脚在这个时候只用来保持重心平衡。然后右脚奋力向上蹬，凭借腿部的力量站起来以节省手臂的力量。左手可以辅助性地发力，右手顺势抓握上方支点，右脚应该保持用脚尖站立的姿态，这样右手可以抓握更远的支点。

2. 扭身锁定

先将身体扭转，使得身体侧面对向岩壁，先用一只手锁定身体，之后用另外一只手抓握下一个支点。这个技术动作和侧蹬动作或扭膝动作经常搭配使用。当面对屋檐或者斜面地形的时候，扭身锁定会被更加频繁地使用。

3. 侧拉动作

这是攀岩者在攀登裂缝的时候经常使用的技术动作。攀爬时，用双手侧向拉住支点，此时手部和脚部的发力正好方向相反，向反方向踩住支点或岩壁，实现身体重心的平衡。

4. 脚上手点

攀登时，以将右脚抬至右侧靠近腰部的支点为例，左手抓握了一个较高的支点，这时候先把腰部向左外侧做少许移动，给右脚留出空间。右手抓握腰部的支点，将右脚放在右手的支点上，靠左脚蹬起将重心放到右脚之上。这个时候左手发力，右手不能离开支点，一直到左脚完全抬起，重心已完全移至右脚，动作才算完成，这个时候抬起右手抓握下个支点。

5. 扭膝

这个技术动作也是攀岩中使用较为频繁的一个动作。两只脚分别站在两个支点上，两个支点可以水平也可以不水平。一开始的时候，两只脚都采用正踩的方式，一条腿稳定不动，另一条腿将支点作为轴心做逆时针或者顺时针的转动，变成侧踩，然后身体侧向岩壁，一只手抓握上方支点，一只手锁定身体。

三、攀岩运动的保护技术分析

（一）保护点的设置

1. 保护点的类型

固定保护点可以分成人工固定点以及天然固定点两种。例如，一些可以给绳索提供连接的巨石、树木以及岩柱等都是天然固定点，在利用天然固定点的时候必须考虑到固定点的牢固程度和承受力度。由金属器械打造而成的则是人工固定点，如岩塞、挂片以及岩钉等。

2. 设置保护点所需装备

挂片、岩塞、安全带、岩钉、机械塞、扁带、膨胀锥以及铁锁等。

3. 设置保护点的方法

可以在中间点设置，也可以在上方保护系统设置。根据岩壁条件的不同，固定保护点的所需数量也有所不同。

一个固定保护点：在固定点的设置过程中，要保证设置区域的绝对安全，如自然岩壁上的大树、人工岩壁上的横栏等。在中间点的设置过程中，自然岩壁上面要使用挂片加膨胀锥，人工岩壁上面要使用挂片。

两个固定保护点：这是上方保护系统的标准安装模式，对大部分的情况都适用。在一个固定保护点的基础上增添另外一个保护点，从而降低意外发生的可能性。

多个固定保护点：适用于单个固定点不安全的情况。在有多个固定点的时候，保护点尽量要均匀受力，夹角不能大于 60°。除此之外，铁锁要大头朝下。

（二）上方保护

上方保护是保护支点在攀岩者上方的保护形式，与此相对应的是顶绳攀岩。在攀登过程中，保护者需要不停地收绳，确保攀岩者的胸前没有余绳，但是也不能拉得过紧，干扰到攀岩者的活动，在攀登大仰角的时候更应该注意。这种保护方式对攀岩者没有过高的要求，在攀岩者掉落的时候会产生较小的冲击，安全系数较高。

1. 基本步骤

（1）保护者和攀岩者做好各自的防护工作。

（2）互相检查各自的铁锁、八字环以及安全带是否安装牢靠。

（3）攀岩者告诉保护者攀登开始。

（4）保护者回应攀岩者可以开始。

（5）开始攀登、保护（按照五步操作法保护）。

（6）攀岩者登顶之后告诉保护者下降的信息。

（7）保护者告诉攀岩者可以下降，然后开始放绳。

（8）攀登者安全下落后，要向保护者表达感谢之情。

2. 注意事项

（1）起步时，绳子要紧一些，防止脱落。

（2）保护者的注意力要集中，预判攀岩者的下一步动作。

（3）在任何时刻都要有一只手握住通过下降器的绳子。

（4）保护者要懂得选择最为合适的位置。

（5）收绳子的时候两只手要互相配合。

（6）放绳子的时候，要缓慢匀速。

（三）下方保护

下方保护指的是把保护支点放置于攀岩者的下方的保护方式，一般更多出现在先锋攀登中。因为没有办法在上方提前放置保护点，这就要求攀岩者在攀登过程中，要不停地将保护绳悬挂在保护点的铁锁上。保护点是可以提前预设好的，也可以是临时设置的。在先锋攀登中，下方保护是唯一可行的一种保护方法，并且在国际比赛中被广泛地使用。可是这种保护方法的使用需要攀岩者有着较高的能力，需要攀岩者根据实际情况和自己的经验判断保护点的设置位置，而且一旦发生坠落，冲击力较强，很容易对攀登者造成伤害。所以，下方保护一般被专业的攀岩队员使用。和上方保护类似，下方保护也要注意收绳以及给绳的时机。以下是下方保护需要注意的几个事项：

（1）开始的时候，保护者要处于攀岩者的下方，保护者张开双手，防止攀岩者开始时就坠落。

（2）保护者要保持高度的注意力，最好能够预判攀岩者的每一个动作。

（3）在任何时刻都要有一只手握住通过下降器的绳子。

（4）保护者要懂得选择最为合适的位置。

（5）收绳子的时候两只手要互相配合。

（6）放绳子的时候，要缓慢匀速。

（7）当攀岩者可能处于危急状态的时候，要适时给予提醒。

（四）保护技术的注意事项

只是学会了最为基本的保护动作还是不能完全驾驭攀岩的，下面几个注意事项可以让攀岩的危险系数降到最低：

（1）提前规划好攀岩的路线，仔细分析攀岩场地以及天气等客观因素。在攀登过程中要选择好休息的时机，在攀登时要能够做好预判，具备一定的心理承受能力。

（2）在攀岩开始之前，充分活动身体的各个韧带、关节以及肌肉，对自己佩戴的防护设施做进一步的检查。

（3）攀岩的过程中要确保有3个固定保护点，每一个保护点都要仔细选取，规划好最稳定和最接近的保护点。

（4）在攀登过程中碰到松动的石子，不可以随意乱扔，应将其放在安全的地方或告知后面的同伴要注意。

（5）保护者与攀岩者要相互配合，攀登过程中不可以将小树枝或小草作为保护支点；潮湿或覆盖积雪的岩壁不宜攀登。攀岩者不可以戴手套，可是一定要戴安全帽。

（6）攀登过程中，要注意保持体力，保持身体平衡；在选择支点的时候要以脚部便利、可靠为标准，大脑要随时保持清醒，碰到突发情况要冷静处理。

第二节　定向越野

一、定向越野运动概述

定向越野是定向运动主要比赛项目之一。运动员借助地图及指北针独立选择行进路线，依次寻找各个地面检查点，用最短时间完成全赛程的运动。

现代的定向运动可以追溯到 19 世纪末期，1886 年在瑞典就出现了"定向"一词。1897 年 10 月 31 日，挪威举办了世界上的第一次定向运动比赛，当时一共有 8 名选手参加了比赛，赛事的主办方一共设立了 3 个检查点，比赛的路线为 10.5 千米，第一名的成绩是 1 小时 41 分 7 秒。这项赛事被认为是定向运动历史上的一座里程碑。

20 世纪之后，定向运动有了长足的发展，慢慢转变成了一个独立的项目。在1919 年，斯德哥尔摩举办了一场定向运动比赛，当时一共有 217 人参加了比赛，这次比赛也标志着定向运动正式变成了一项体育项目。1961 年 5 月，世界上第一个国际定向运动组织（简称"国际定联"）在哥本哈根成立了，并规范和完善了定向运动比赛的规则与技术。在 1961 年国际定联刚刚成立的时候，仅仅有 10 个成员单位，到了 2000 年，成员单位已经发展到了 60 多个国家与地区。

进入 21 世纪之后，现代定向运动获得了更多的认可，在原有的基础之上得到了全新的发展。一开始定向运动只是在森林中举办，后来逐渐向校园、城市以及公园等地推广，这也使定向运动成了一项人人都可参与的大众运动。

二、定向越野技术分析

（一）越野跑技术

1. 越野跑的基本要求

事实上，定向越野是一种间歇式赛跑，运动员需要在中途停下来查看地图以及辨识方向。所以，在越野过程中要尽可能地节省体力，还要维持一定的速度。除此之外，还要根据比赛的实际情况注意以下几个要求：

（1）姿势：运动员的身体最好保持正直或略微向前倾，身体的各个部位——臂、头、腿、身躯、足以及臀等要互相配合，要充分利用越野过程中的惯性和反作用力维持身体平衡，以提高成绩。

（2）呼吸：优秀的越野运动员都会使用嘴和鼻子共同呼吸的方式。在奔跑的过程中一般应该保持自然而有节奏的呼吸。当出现生理"极点"的时候可以通过变化呼吸深度以及频率进行调整。

（3）体力分配：根据赛道的路段、身体状况以及比赛阶段等实际情况进行体力上的分配。通过休息阶段和运动阶段交替进行的方式使身体得到充分的休息。

（4）速度：在奔跑的过程中，还要注意奔跑的速度，加速太猛以及速度过快可能会使自己的体力更快地消耗，并且会干扰自己的注意力，进而影响判断力。因此，要根据实际情况选择自己的奔跑速度。

（5）节奏：在越野过程中运动员最舒适的节奏是每分钟 79～90 次，也就是每一步的时值为 0.25～0.67 秒。保持奔跑的节奏是很重要的，不仅可以节省体能还能发挥出自己最大的潜力。

（6）距离感：越野过程中，距离感也是一个很重要的技能，拥有较好的距离感可以使运动员更快地找到检查点，进而更加合理地分配体力。如果还没有测量过步长，可以参考下面的数据。

草地：每 100 米大约走 56 步。

密林：每 100 米大约走 83 步。

疏森：每 100 米大约走 66 步。

平坦道路：每 100 米大约走 50 步。

下坡：每 100 米大约走 35 步。

上坡：每 100 米大约走 100 步。

2. 越野跑的基本技术

（1）在平坦的道路上，可以采用与中长距离跑相同的技术。

（2）在高苗地或者草地上，要用全脚掌着地，而且要时刻观察前下方的路况，防止自己落入坑洼或者因为石头而受伤。

（3）在上坡的时候，要高抬腿，保持身体前倾，并用前脚掌着地，小步跑。遇到较为倾斜的陡坡时，可以采用"之"字形跑法，或者利用走步的方式攀登。必要的时候可以用双手辅助攀登。

（4）下坡时也要注重方式方法。上体要将重心向后面倾斜，并且利用脚后跟着地或者脚掌着地的方式前行。在这里还要注意的是，当我们遇到尤为倾斜或者泥泞不堪的坡道时，要采用侧脚掌着地或者半蹲前行的方式，并依靠双手抓紧身边的草木，以保证自身安全。

（5）从 1.5 米以下的高处往下跳跃时，必须保持支撑腿的弯曲，采用跨步跳的动作，缓和跳跃产生的冲击力，以便两脚安全着地。与此同时，为方便落地后继续向前奔跑行进，双脚落地前，要尽量保持两脚的适度分离。从 1.5 米以上的高处往下跳跃时，同样要保持双腿弯曲，在合理的情况下，利用双手辅助撑跳，尽可能缩小自身与地面的距离。

（6）试图通过悬空且狭窄的障碍物时，应学会利用脚面外转成"八"字的这种方式前行。在这里要强调的是，如果这类障碍物尤为狭长，应该缓慢前进，切不可急躁。

（7）在树木丛生的地方行进时，要时刻注意周围的树枝、藤蔓等具有伤害性的尖锐植物，以免被扎伤、划伤，尤其要注意眼部。为减少眼部的伤害，一般情况下，我们都用双臂护脸。

（8）想要跳过沟渠、壕坑等阻碍我们前行道路的障碍物时，一定要加快速度，起跑后大步迈过；同时，在落地之前，要将上体微微向前部倾斜，从而达到保护自身腰部的作用。

（二）选择比赛路线

定向越野时，帮助我们获得最终比赛胜利的一个重要因素就是选择最为合适的路线前行。参赛者在选择比赛路线的时候，要做到细致、果断，从而节省时间。选择最佳前行路线的基础在于读图用图的能力，有时候地图上所看到的直线距离并不是最合理的路线。两个地点之间通常有许多线路可以选择，我们选择的道路需要具备以下 3 个条件：一是省时；二是省力；三是安全。只有这样，才能发挥出自己应有的体能和技能优势。例如，当障碍物是高地、低坡、栅栏之类时，我们究竟是选择绕行还是翻越；当障碍物是沼泽、池塘、丛林之类时我们是绕行还是直接前进，都是要靠自身的技术能力在实际中乃至在地图上做出决定的。此外，地形还会影响我们的跑步速度，公路、空地有利于我们行进，而山林、坡地则不利于我们奔跑，这样一来，行进所需要的时间便不同。因此，在这里给出 4 点建议。

（1）当地面相对平坦，方便奔跑时，尽量在高处行走，而不选择低处前行。

（2）尽量选取小路、湖畔等线形地貌前行，这样的地形有利于运动员确定站立点，从而使自己更有信心和力量。

（3）尽量选择山脊等高地行进，避免在山谷等低凹地逗留太久。

（4）在实际操作中，仅依靠上述一般原则决定路线的选择还不够，还要让自己的"感觉"或"估计"变得更有科学依据，如此才有可能更好地提高定向越野成绩。

第三节　野外生存

一、野外生存运动概述

　　所谓"野外生存"，是指在距离居民区遥远的森林、山地、孤岛、沙漠以及高原等复杂地形中，个人或者群体不依赖外界所提供的一切维持生命的物质，仅靠自己对周围环境的利用来维持存活状态的行为活动。一般情况下，该行为活动历时不久。野外生存一开始是军队训练和作战必备的个人素养，后来逐渐发展成为一种户外拓展运动。野外生存运动具备很强的趣味性和挑战性，有利于磨炼个人意志、增进人际关系、促进团队合作。正是因为这一点，野外生存很受当代大学生的青睐。同时，部分高校有计划、有组织地开设野外生存及其相关内容的课程，并将其当作一种全新的教育模式，同现代化教学体系相融合。这种全新的改革形式创新了传统意义上的教学模式，丰富和健全了高校体育课程体系。

二、野外生存基础技术分析

（一）野外取水

　　野外生存中，水资源是生命得以维持的最基本的保障。所以，野外生存应随身携带适量的水。而且，在野外环境中应尽快寻找水源。

　　1. 野外水源

　　（1）地面水：江、河、湖、塘、溪以及较大的水坑都是地面水的主要来源，虽然容易寻找，容易获取，但是因为地面水常年处于暴露状态，卫生安全成了最大的隐患。所以，谨慎合理地选择地面水尤为重要。

　　（2）地下水：地下水水质情况一般较好，尤其是深水井、泉水等都可以直接饮用，原因在于砂层土壤对水进行了简单的过滤。

　　（3）雨水：雨水从本质上讲是天然无害的，但是由于其在下落过程中与大气接触，各种大气微生物、工业废气、有毒化合物等有害悬浮物易将其污染，所以雨水难以作为健康的饮用水。另外，其收集过程困难，合理性较低。

　　（4）动物：野外生存的鸟类、蛇类和蛙类以及昆虫等动物，其身体的汁液可以作为水资源使用。

　　（5）植物：在进行野外生存时，植物也是能为我们提供水资源的。举例来说，仙人掌、旅人蕉的叶柄、纺锤树的茎干以及野山葡萄的藤蔓等都是贮存有一定的水分的。除此之外，山中各种野果以及大部分的藤科植物均含有一定的水分。需要注意的是，在食用前一定要仔细甄别，看看是否有其他动物食用的痕迹，以防有毒物质掺杂其中。

2. 野外找水

野外生存时，先要找的就是水源。在这一过程中，有诸多细节需要把握。在此介绍听、看、嗅三种具体的寻找方法。

（1）听：可以听水声，流水声、滴水声一般情况下都会出现在岩石的附近；还可以听动物的声音，如青蛙、水鸟等，它们都生活在水中或水源地附近。

（2）看：可以看动植物，如水杉、梧桐树、金针、胡杨、柳树、马兰花等植物以及蜗牛、蚂蚁、燕子等动物。还可以看地面的潮湿度，越潮湿地面下的水位越高。此外，还可以根据不同的季节进行特殊情况下的判断：春天解冻较晚的地方，地下水位相对低；秋季有雾处，地下水位相对高；冬天解冻较晚的地方，地下水位相对高。

（3）嗅：地下水位较高的地方会有泥土的腥味，有水的地方会有水草味。

3. 水质鉴别

水质是决定水源是否能够被我们饮用的关键。一旦发现颜色怪异、口味异常、气味恶臭的水时，绝对不可以饮用。在这里提出三点鉴别水质的具体方法。

（1）肉眼甄别：我们通过观察不同水的颜色，可以确定水质的优劣程度。水质若为黄棕色，则受过锰元素或高价铁污染；水质若为黄色，则受过腐败物污染；水质若为绿色，则受过低价铁污染；水质若呈黑色，则受过严重的工业污染。

（2）味觉：如果肉眼不能很好地分辨，则可以取少许水进行品尝。味道发咸的水是受到氯化钠污染的，味道发甜的水是受到有机物污染的，味道发涩的水是受到铁污染的，味道发苦的水是受到硫酸钠或硫酸镁污染的，味道发辣的水是受到某些农药污染的。

（3）嗅觉：凡是被污染的水，大多数都会散发霉变、铁锈、腐败、恶臭或咸腥等异味。

（二）野外取火

野外生存除了水资源之外，最重要的便是火。火在野外生存中是不可或缺的。煮食物、取暖、发信号、驱赶蚊虫野兽都需要火。所以，野外生存时掌握取火的方法至关重要。

1. 取火方法

（1）火柴：野外生存时，火柴是最容易携带、最便捷的取火工具。因此，多携带一些火柴是明智之举。同时要注意防潮，最好将火柴放置于干燥的容器或防潮袋里，以免火柴失效。倘若火柴潮湿，可以将其与头发摩擦，产生的静电有助于消除火柴中所含的水分。

（2）藤条取火：该取火原理在于摩擦生热。劈开干树干的一端，将火种放置于树干的裂缝之间，用坚固的藤条将火种连接，之后用双脚踩踏树干，迅速将藤条抽动，从而使藤条摩擦并点燃火种。

（3）击石取火：这是较为原始的取火方式。先寻找一块坚硬的石头，然后用小刀或者钢片敲击石头，用迸发出来的火星引燃火引子。然后，缓缓吹动火种，以风助燃。

（4）电池生火：倘若你身边有充足电量的电池和铅笔，可以将铅笔芯剥出，连接电池的正负极两端，通过电流作用燃烧铅笔芯，点燃火种。这也是野外生存中常见的一种取火方式。

（5）凸透镜：该方法利用太阳光线的聚焦，短时产生巨大热量，从而点燃火种。在强烈的阳光照射下，凸透镜能快速点燃易燃物。放大镜是生活中常见的凸透镜，方便携带。

（6）弓钻取火：该方法是钻木取火的升级版，其原理也是摩擦生热。它是将鞋带、皮带之类的物品绑在树枝上，做出简易的弓子。之后，将一根干燥的木棍捆绑在弓上，用它在一小块硬木上迅速地旋转。这样会钻出黑色粉末，从而摩擦冒烟，生出火花，点燃火种。

2.野外取火注意事项

1）燃火材料

（1）火种：棉花是火种的不二之选，可将其放置于隔离容器中，防潮防火。除此之外，野外的干草也可以作为火种使用。

（2）引火物：干树叶、干树枝等易燃干燥物。

（3）燃料：干燥的动物粪便、干枯的树干、成片的荒草等。

2）燃火地点

（1）地点隐蔽，防风防野兽。

（2）清扫土地上的杂物，直至露出土壤。

（3）在地面潮湿的情况下，可以利用树木搭建平台，在上面铺上石子或干燥的沙土。

（4）在有风的情况下，可以挖掘土坑，在土坑内生火。

（5）切忌在潮湿或渗水的岩石周围生火，以免岩石受热过度，造成爆炸。

（6）在生火的同时，切记随时防止火势蔓延，避免破坏森林。因此，准备一桶水或沙土是必不可少的，可以有效防止意外发生。

（三）野外觅食

1. 野外可食用的植物

（1）野外可食用的植物茎、叶、花

菩提树：此类树木高大挺拔，高度可达 26 米左右，常年分布在潮湿的森林地区。其叶片呈心形，边缘有锯齿，尚未长成的叶片和叶芽可供食用。其花以黄色为主，可用来泡茶。

普通夜樱草：此类植物体形较为高大，多叶片，有绒毛，常年分布在干旱的荒原地区。其叶片呈梭形，边缘多褶皱。其根煮熟后可供食用，但刺激性气味较大，最好多换几次水进行冲泡。

蛇麻草：此类植物茎长而盘绕，分布在灌木丛中，是一种攀缘性植物。其叶呈三瓣，边缘有锯齿。其花为绿色钟形，将幼茎剥皮切片后煮熟，既可食用，亦可泡茶。

（2）野外可食用的植物根

大多数植物根或块根均富含淀粉，食用时可将其煮熟。

银草：该植物体小匍生，小叶沿着叶序两侧生长。顶端细长，黄色花朵生长在花茎上，多分布于潮湿的地区。植物根部在煮熟后可以食用。

节节草：该植物较为高大，高度平均在 45 厘米左右，多分布于林地或荒野地区。其叶呈三角形状，花穗分白色和淡紫色两种。其根部有苦涩味，可以通过浸泡去除，之后便可煮沸食用。

野豌豆：该植物高度平均在 45 厘米左右，多分布在灌木丛、沙地之中。叶子形状呈卵形，相对而生。其花淡黄淡绿，形状类似覆瓦。

（3）野外可食用的植物果实

夏季伊始，野生水果和坚果开始成为野外生存参与者青睐的食物。野果生存能力和适应能力很强，分布范围广，甚至可以在北方的苔原地区生存。

毛栗：该植物高大挺拔，大多分布在野地山坡。其叶呈卵形至心形、革质，边缘有锯齿。外壳坚硬，呈棕黄色，营养丰富，外被多毛叶状外壳。

山楂：该植物是一种有刺的小灌木，主要分布在荒外野地以及灌木丛。其叶呈羽状，其花呈淡紫色或白色，秋天结红色果实，味道酸甜，可以作为食物。

柿树：主要分布在亚洲东部以及美国南部温暖少雨的地带。树木高大挺拔，高度可达 20 米左右。其树叶小，边缘呈波纹形，是制作茶叶的一大原料，并且营养丰富，尤其是维生素 C 含量极高。其果实如同西红柿，可直接作为食物。

山梨树：主要分布在岩石众多或树木众多的地区，其高度可达 15 米，树皮颜色呈灰色、有光泽。其复叶相对而生，边缘有小锯齿。果实簇生，成熟时颜色为橘红色，可以直接食用，但具刺激性酸味。

（4）海藻类食物

海藻是无根的，属于低等植物，一般生长在有阳光照射的潮间带和潮下带。海藻种类众多，其中的紫菜、海带等早就成为人类餐桌上的重要角色。迄今为止，海藻是最为安全的食品，未有报道有人因食用海藻而中毒致死。

2.野外可食用的动物

野外生存中，一个很好的食物来源便是动物。从小的生物如虫蛹、蜻蜓、蚯蚓、蚕、知了、蜗牛、蚂蚁、蛆，到大的生物如羊、牛、兔子等都可以作为重要的食物来源。需要注意的是，如遇蛇、蝎、蜥蜴等具有毒性和攻击性的动物时，要小心谨慎地对待。下面介绍三种捕捉动物方法。

（1）捕鱼：钓鱼、筑堤、圈鱼、叉鱼、摸鱼等。

（2）河蟹、螯虾、虾：捕捉这类动物，成功的关键在于发现它们的巢穴。它们的巢穴通常都会在有水流经的石块下，一旦找到，便会收获颇丰。

（3）大型的动物：在行动之前，一定要仔细观察动物的粪便和脚印，从而分辨是食肉动物还是食草动物。捕猎的方式有夹猎、伏猎、陷阱猎、枪猎、犬猎、洞猎等。

（四）简易用具的制作

1.窝棚的搭建

（1）屋顶帐篷的搭建

将一根绳子固定在两棵树中间（如果周围没有树木，可以将铁铲等挖掘工具的木柄作为支柱，以便起到固定作用），然后把方块防雨布搭在绳子上，四周边沿处用石头压牢，最后把草席铺在帐篷内的地面上即可。

（2）圆锥形帐篷的搭建

将3根以上的坚固圆杆的一侧捆绑在一起，构筑成圆锥顶点，然后将圆杆的另一端斜插入土地中并加以固定，之后将防雨布覆盖其上。外部结构完成之后，需要在帐篷内的地面上铺上草席，防止土地潮湿和蚊虫叮咬。需要注意的，圆杆夹角可以随意调节。夹角增大，帐篷的空间会增大，但排水能力会相应降低；夹角缩小，帐篷的空间会缩小，但排水能力会大大提高。

（3）多人房屋形帐篷的搭建

选取一片空旷平坦的土地，在其上覆盖一层塑料布，然后用钉子固定塑料布的四个边角，用木棒做支柱，之后用防雨布覆盖，最后在帐篷内铺上草席即可。

2.床铺的搭建

（1）管形床的搭建

此床的搭建最为便捷。先用皮带将材质结实的布料固定在一起，构筑管形床面。

随后制作一个支架，再将木杆穿过管形床面，将其放置于框架之上，最后扎牢木杆与两端支撑架木杆相接触的端点即可。

（2）梯形床的搭建

用两根树干做横档，固定在支架的支撑腿上，使每一边都留有空余的距离；再用树枝制成梯子放置在支架的横档上，绑结实，最后在梯子上铺上树叶等，就做成了一个不错的床铺。

（3）吊床的制作

制作吊床时，要将帆布牢牢拴在两棵高大挺拔的树上，并在上方拉一根绳子，安放并固定雨布的四角，从而形成一个防水的顶棚。

3.炉灶的搭建

（1）蛇形洞火炉

在岸边泥质较为厚实的地方，水平挖掘一个深45厘米左右的坑洞，并将一根木棍插进坑洞上方，轻微转动木棍后将木棍抽出，从而构筑一个小烟囱。用时只需将火点燃在坑洞中即可。这种方式可减少风对火苗的干扰。条件允许的情况下还可以搭建一个通道，使火炉一经点燃便可以用来烧烤食物。

（2）堆灶

堆灶也属于简易的灶台。收集一些大小大致相同的石块，将它们搭筑成拱形，石块与石块中间留有一定的缝隙，方便通风。

（3）育空火炉

这种火炉是较为高级的，是专门用来做饭烧菜的，其最大的特点就是热量散发充分。先挖出一个环形洞口，接着在一侧挖出一条24厘米左右的坑道通向主洞穴，再在主洞穴的外侧垒上石块，建成一个圆柱筒架于坑道上，最后用泥土塞住石块与石块之间的缝隙，保证火苗得到良好的庇护。

（4）壕沟火炉

火堆位于地表面之下，可避开强风。挖一个约30厘米×40厘米×90厘米的壕沟，再在沟底铺上一层碎岩石即可。

（5）悬吊式火炉

这种火炉是容易受到外部环境影响的。搭筑悬吊式火炉时，需要将两根高度大致相等的双杈树枝插入地面，并在树杈之间放一根棍子，上面吊锅，下面直接生火。

4.厕所的制作

（1）小便坑

挖一个深60厘米左右的坑，其中用石头填充3/4的空间，然后将泥土堆放在上面，再用树皮做一锥形孔，安置在泥土中，作为尿液下渗的通道。为了方便，小便坑的搭建地点最好离营地近些。

（2）深坑厕所

挖一条深 1.25 米、宽 45 厘米左右的壕沟，在壕沟上用岩石或木材垒起一个高度合适、使用舒服的"座位"，再将"座位"的一部分埋入泥土之中。在"座位"上放一些木棒，仅留下一个洞口以供使用。可撒一些木灰到壕沟里，形成一个薄层，阻止苍蝇侵扰。

第四节　山地自行车运动

一、山地自行车运动的起源与发展

山地自行车运动是一项新兴的体育项目，近年来发展迅速，已有多个国家举办全国性锦标赛，而且国际性的大型赛事也接连不断地举行。

（一）山地自行车运动的起源

20 世纪 50 年代，法国的一些车手厌倦了在现代化公路上的枯燥训练和比赛，于是他们便到丘陵地带寻找新的环境、新的挑战，这就是山地自行车运动的萌芽。

20 世纪 70 年代初，美国加利福尼亚大学的斯科特首次将普通自行车改装成山地自行车，使之更适合在野外山坡骑行。

（二）山地自行车运动的发展

20 世纪 70 年代，首次山地自行车比赛在美国的旧金山市举行。

1991 年，山地自行车世界杯首次举行。1996 年，山地自行车被列为奥运会比赛项目。

目前，欧洲已经有许多国家举办过全国性的山地自行车锦标赛。巴黎—达卡山地自行车已经成为这个运动项目的著名国际性赛事。

在山地自行车比赛不断举行的同时，这项运动的器材也在不断改进。最新推出的山地自行车轮子直径只有 43 厘米，车架为蛛网状桁驾式。小轮车比较坚固、轻盈，转弯比较灵活，加速较快，桁架式车架能把车的各部分连为一体，使车更加结实。

在山地自行车运动中，法国选手在当今国际赛事里已发展成为一股新势力，与美国、澳洲等地的其他劲旅成为此项目运动的领导者。目前，我国国内非专业性山地自行车赛主要是一些旅游景区举办，如江西省龙虎山景区每年都举办的山地自行车赛，已经成为江西省规模最大、影响最广、参与人数最多的山地自行车赛，在国内众多景区举办的山地自行车赛中，其影响力也是首屈一指。2009年，首届环龙虎山国际自行车邀请赛便吸引来自湖南、江苏、湖北、江西等10个省市一级中国台湾和中国香港地区的1000余名自行车爱好者参加，成为目前江西省举办的规模最大的山地自行车比赛。

二、山地自行车基础技术分析

（一）山地自行车的基本操作技术

1.身体姿势

骑行姿势是首要学习的内容。骑行者在骑行时要将自己的上体放低，头部向前稍微倾斜，手臂和腰部适度弯曲，双手切勿用力握把。这样的姿势不仅有利于自身重心的降低，还可以起到缓解冲击力的作用。上下坡时，还要具体问题具体分析。下坡骑行时，身体的重心一定要始终保持在后面，如果坡度情况允许，车手胸部的重心应该放在鞍座位置。上坡骑行时，身体的重心一定要放到鞍座的后面，使双腿获得最大的杠杆作用。

2.热身

热身是骑行运动开展之前一定要做的运动，但很多车手因为麻烦或自负等原因常忽略热身的重要性，使自己的肌肉得不到较好的舒展。这样的结果就是影响运动效果，甚至造成身体损伤。热身运动有利于做好骑行前的准备，能够更好地锻炼心血管的承受能力，加强肌肉的舒展。先舒展肌肉，再慢慢地骑行，然后再逐渐加速。这种有规律地增大运动强度能使身体逐渐从无氧运动过渡到有氧运动。

3.手的姿势

每个车手握把都有自己的习惯，因人而异，但有三点必须注意。

（1）要以相对放松的状态骑行，后背挺直，肩膀放松，肘部稍曲。

（2）不要把车把握得太紧。这样，运动员上半身处于紧张的状态，难以灵活控制自行车的前行方向，手臂也更容易感到疲劳。

（3）骑车过程中，拇指和其他几根手指分开呈空拳状握住车把，拇指和其他几根手指一起放在车把上面。这样，碰到障碍物时，手会从车把上滑下来。

4.踏蹬技巧

脚蹬是骑行者为自行车提供动力的关键，因此掌握合理科学的踏蹬技巧能够最大限度地推动自行车前行。山地自行车是否能够持续快速地前行，不单由骑行者腿部力量决定，并非骑得越快，用力越大就能在比赛中获得胜利。骑行者必须掌握踩动脚蹬的技巧，有节奏、有规律地做环形运动。通常而言，踏蹬方式有脚尖朝下、脚跟朝下式和自由式3种，各具特色。所以，要有针对性地使用。

5.刹车技术

刹车能够为自行车提供很好的制动力，帮助骑行者控制自行车的行进速度。车手使用刹车装置时，并不需要将所有的手指都用上，只需要一两个手指即可，其他的手指可以用于握紧车把，控制自行车的行进方向。一般的自行车都有两个刹车装置，即前闸和后闸，前闸的刹车效果大多比后闸好。但是，根据地形和车闸刹车效果的不同，两个车闸应该谨慎使用。在短促的斜坡或者土质疏松的地面上骑行时应尽量多依靠后闸制动。

6.变速技术

变速装置的设计旨在更省力、更舒适，缓解出力不均而产生的疲劳感。变速要选准时机。上坡、下坡、坎坷路段、逆风行驶以及疲劳骑行的时候，即为变速的时机。

（二）应对不同地形的骑行技术

1.多石地面骑行技术

在多石地面骑行时，要着重注意掌握平衡感。因此，相应的技术学习是必不可少的。除了放松身体、善于选择道路，还要科学把握骑行姿势。在骑行的过程中，骑行者要尽量俯卧，降低自身重心，避免跟随车子摇晃。这样一来，骑行者就可以较为灵活地控制车子前行，并且保持稳定性。这里还有一个小妙招，即下垂肘部，其作用在于避免前轮上翘。若要改变山地车的前进方向，骑行者只需将自己的重心转移。若向右前行，则把重心移到右侧；若向左前行，则把重心移到左侧。然后轻推手把，即可转向。

2.沙地骑行技术

沙地骑行必须保持高速前行才能通过，这时变速装置可以发挥作用。骑行者可以通过调节挡位来减少前轮重量。另外，将身体重心向后倾斜，也能起到辅助作用。

3.坡路骑行技术

（1）上坡骑行技术

当上坡距离较短时，骑行者所进行的运动属于高强度运动。这种运动持续的时间虽然不长，但是却需要很强的爆发力。这时的关键在于骑行者能否保持自己正确的骑行姿势。冲向坡顶之前有一段平路可以助跑，在这一阶段要尽可能地积攒力量。最好的方式就是将身体的重心放置到后轮上面，同时，前轮保持一定的重量，以免自行车发生倾斜翻车。

当上坡距离较长时，运动强度和骑车技巧与爬陡坡时不尽相同，因此有针对性地根据自身体能状态调节运动强度和骑行姿势十分重要。骑行者需要以自己的体能为基础，及时地改变传动比，即调节蹬踏省力的齿轮以保持车子能快速前进。不要等到山地车前行的速度降下来以后再做调整，这样会出现动力不稳、重新发力的现象。坡路较长或有陡坡时，可采用站立式骑行的方式调节发力位置，让肌肉得到适当休息。

（2）下坡骑行技术

骑行者在下坡时，由于骑行速度较快，很难对前方的突发事件做出及时反应。因此，骑行者要集中注意力，时刻观察前方路况，尽可能预判出前方可能发生的一系列突发事件，要做到机智勇敢、小心谨慎。骑行时，不仅要充分借助惯性使车子向前滑行，更要尽量降低自身的重心，把手臂完全伸直。此外，还要注意胸部的位置，最好能降到与鞍座水平的高度。

在下坡骑行时，还要发挥刹车装置的作用，一般情况下先使用后闸，倘若后闸制动力不能满足要求，可以缓慢地使用前闸，切勿完全锁住前轮。

（3）弯道骑行技术

弯道行驶时，一定要利用点刹的方式控制车速。进入弯道后，要将闸放开，保持身体和车的倾斜方向均为向里倾斜，以克服离心力。倾斜角度要根据弯道距离和骑行速度决定，一般情况下是小于28°的，否则会有滑倒的危险。

三、山地自行车跨越障碍技术分析

（一）骑车跳技术

1. 齐足跳

齐足跳是山地自行车运动中的常用技术，当骑行遇到障碍物且没有可利用的斜坡和沟沿时，就可以采用这一跳跃技术。它可以在不打断骑行和放慢速度的情况下，顺利跨越障碍物。齐足跳的具体方法可分为以下几个步骤。

（1）对前方障碍物进行敏锐仔细的观察，控制自己的骑行速度在较为适宜的范围。在车前轮临近障碍物之前，挺立上身，弯曲四肢，形成下蹲的姿势。

（2）在自行车前轮将要碰到障碍物的时候，双腿向下用力，按压自行车前轮，同时手臂发力将车把抬起。

（3）前轮离开障碍物后，要及时转动车把，双脚发力，向后上方向猛拉。此时，后轮会沿着前轮滑动的轨迹越过障碍物。

（4）注意时刻调整自己的重心。重心前移利于前轮安稳着地，重心后移方便后轮越过障碍物。这一过程需要一定的技术水平，勤加训练能保证效果最大化。

2. 借助斜坡跳跃

这一技巧类似于齐足跳。该技巧的关键在于保持身体的放松，这样有利于提高动作的连贯性和安全性。借助斜坡和沟壑的边缘起跳，可以在自行车着地之前跨越相当长的一段距离。一般情况下，借助斜坡跳跃技术分为以下三个步骤。

（1）靠近：双眼正视前方，认真观察障碍物的大体轮廓。身体放低重心，四肢微曲，形成下蹲姿势。

（2）跳跃：当车子接触到障碍物时，会被弹起一定高度，此时骑行者应该借助反冲力让自己挺立起来，并保持重心后移。当人、车同时悬空时，保持双腿与双臂的微曲，用力下压车子，从而保证四肢在该过程中灵活地运动。

（3）着地：这一步骤可以分成两个阶段。第一个阶段是自行车成功着地。车轮着地顺序是先后再前。第二个阶段是车手复位。等到两个轮子都着地以后，车手身体的重心会随之降低。此时，四肢微曲，调节身体，坐回鞍座即可。

（二）骑车过"坎"技术

在骑行过程中，总是会遇到某些骤然下降几十厘米甚至更多的地面，这就是山地地形中常遇见的"坎"。前轮触地过"坎"和前轮离地过"坎"是两种主要的技术形式。具体介绍如下。

1.前轮触地过"坎"

前轮触地过"坎"是下比较陡的斜坡时需要掌握的一种骑车技巧。要把身体重心尽量后移，让自行车从障碍物边缘滚过去。这一技巧通常用于坡度适中、自行车前轮能够顺利滚动，而不会被沟壑或者竖立起来的障碍物卡住的地方。如果斜坡的坡度太大，几乎是垂直的，则不要使用这一技巧。其具体运用方法如下。

（1）选择看上去比较容易应付的路线，然后低速靠近。当前轮抵达斜坡边界处时，身体重心后移，离开鞍座。

（2）开始下坡后，上身及双腿伸开，稍微弯曲，轻轻地按动后闸，但不要锁住后轮。身体重心后移有助于增加摩擦力。坡度逐渐平缓后，再将身体重心前移，然后回到鞍座上。

2.前轮离地过"坎"

前轮离地过"坎"技术多在"坎"的斜坡坡度非常大，几乎是直上直下，并且坡底是水平地面时使用。具体方法如下。

（1）靠近斜坡边缘时，速度要适中，身体重心后移，后拉车把，同时用力踩一下脚蹬，身体成站立姿势，使自行车前轮离开地面，形成前轮略高于后轮的姿势。

（2）过"坎"后，保持前轮略高于后轮的姿势直到自行车落地，然后骑行者坐回鞍座，继续骑行。

（三）骑车过石块、圆木的技术

骑行途中，前方有较大石头或圆木时应尽量躲避。如果条件不允许，骑行者不得不越过障碍物时，首先要分辨障碍物前方是否有足够空旷的地方供车子落地。其次，相关的专业技术不能忽视。前方的障碍物较为庞大时，要放低车速，选择动力传动速比较大的齿轮。前方的障碍物较小时，可以参考齐足跳技术，一跃而起。以下是具体的方式。

（1）前轮临近障碍物时，双手用力，向上方提拉车把，借助动力传动系统辅助发力。需要注意的是，前轮提拉不用太高，以越过障碍物边缘为限。这样不仅省力，还有利于落地后更好地控制车子前行。

（2）待前轮安全着地后，身体要及时调整位置，把重心放在前方，从而让后轮负担更轻，保持向前的冲力。

（3）继续踏蹬，使后轮越过障碍物上方。在这一过程中需要调节身体重心。当身体重心转移到前轮后，产生的巨大冲力可以保证车子安全越过，等到前轮着地后，要立即后移身体的重心，保持正常的骑行姿势。

（四）骑车过沟壑的技术

穿越沟壑是一项危险的行为，一定要谨慎对待，切不可鲁莽行事。如果发生意外，轻则损伤自行车，重则对身体造成伤害。因此，要多加观察，过沟壑时尽量保持自行车的水平状态，并且根据不同的情况，适时调节才可确保完美通过。

1.骑车过一般沟壑

一般的窄小沟壑都是可以跳过去的，当前轮接触到沟壑边沿时，先要将身体的重心转移到后方，使前轮的负担减小，顺势即可将前轮推到沟壑中。待到前轮接触另一侧的斜坡时，再把重心移到前方，挺立上身，双臂微曲，用力将车把提起，冲出沟壑。这一过程中，要保持蹬踏，提供充足的动力。倘若遇到比较宽的沟壑，可以考虑从沟底骑行过去。

2.骑车过"V"字形沟壑

"V"字形沟壑是流水冲刷造成的，难以对付。这种沟壑距离长又泥泞不堪，通常深处可达50厘米左右。遇见这种沟壑，最好的解决办法就是步行将车子推出沟壑。当然也是有其他方法可以尝试的。比如，待车子后轮接触沟底时，将身体的重心移动到前方，同时双腿发力踏蹬，为车子冲出沟底提供动力。

第八章　冰水户外运动课程

第一节　滑冰

一、滑冰运动概述

滑冰是人们穿着特制的冰刀和冰鞋在冰面上滑行的一种运动。

滑冰运动起源于欧洲，古时候，生活在冬季较长的寒带人，为了适应在冰上行走，发明了滑冰。1250 年荷兰发明了钉在木板上的铁制冰刀，1742 年英国成立了世界上第一个滑冰俱乐部。

我国滑冰始于唐代，至宋元时代在民间开展的"冰嬉"更为盛行，北方满族人则把这种游戏性的冰上活动称之为"跑冰嬉"，既用于休闲娱乐，又作为军事训练的手段。

随着滑冰运动在世界各地普及，1829 年欧洲 13 个国家组成了国际滑冰联盟，1842 年第一个室内人工冰场在伦敦建成，使滑冰运动不再受季节的限制。1855 年首次举行国际速度滑冰比赛，1889 年在荷兰首都阿姆斯特丹市举行了世界速滑锦标赛。自 1892 年正式成立国际滑冰联合会之后，决定每年举办世界速滑比赛，1893 年举办了第 1 届世界男子速滑锦标赛，1924 年男子速滑成为奥运会正式比赛项目。1936 年第 1 届世界女子锦标赛在瑞典举行，1960 年女子速滑列为奥运会正式比赛项目。

目前，随着滑冰器具、技术和工人制冷设备的发展，滑冰种类已大为拓展，现正式列入比赛的有速度滑冰、冰球、花样滑冰、短跑道速度滑冰、冰上舞蹈及编队花样滑冰等项目。

（一）速度滑冰运动简介

速滑指的是在一定距离内以竞速为目的的比赛形式。该竞技运动是冰上运动的最初形式，其他的项目都是由此发展起来的，其主要依赖的工具就是冰刀。

速滑在我国历史悠久。据《宋史》记载：皇帝"幸后苑，观冰嬉"。这项"冰嬉"运动便从此流传千古。直至清朝，速滑已成为民间百姓喜闻乐见的娱乐活动，既可以陶冶情操，又可以强身健体。据《帝京岁时纪胜》所言："冰上滑擦者所著之履，皆有铁齿。流行冰上，如星驰电掣，争先夺标取胜。"文中所提及的运动就是当代盛行的速滑比赛。

现代速滑运动发展于13世纪的荷兰。13世纪中叶，荷兰发明了一种可以安置在木板上的铁质冰刀。1676年，荷兰又在运河上举行世界上首届速滑比赛。此后，速滑比赛便如一阵春风，吹向欧美国家。随着速滑比赛水平的不断提高、规模的不断扩大，诸多地区也自发组织滑冰俱乐部，积极投身该运动项目。英格兰爱丁堡俱乐部于1742年创办了首个滑冰组织，这使速滑比赛进入了有序正规化阶段。1850年，美国人布什内尔制造了第一副钢质冰刀，进一步提高了速滑运动的技术水平。

1885年，德国汉堡举行了首次国际性速滑比赛。之后挪威和德国又多次举办了类似活动。自1970年起，世界短道速滑锦标赛每年举办一次。500米、1000米都分为男、女两个比赛项目举行。为提升青少年速滑水平，首届世界青少年速滑锦标赛在1975年如期举行，这次比赛的参赛对象是20岁以下的运动员。男子组分为500米、1500米、3000米和5000米4种比赛项目；女子组分为500米、1000米、1500米和3000米4种比赛项目。

（二）花样滑冰运动简介

新石器时代，冰刀是原始人类为了满足自身生存和发展的需要而制作的狩猎工具。之后，随着社会的发展进步，人类开始将其转化为一种运动娱乐的工具，逐步独立，自成体系，这便是花样溜冰的最早形式。

13世纪的欧洲，正是花样滑冰大放光彩的舞台。许多贵族阶级开始享受花样滑冰的乐趣。18世纪开始，花样滑冰开始发展到美洲大陆。1742年，英国爱丁堡滑冰俱乐部为诸多参加俱乐部的选手制定了一系列规章制度，只有达到相关要求的选手才能正式加入俱乐部。

1892年，首届国际滑冰界会议在荷兰阿姆斯特丹举办，此次会议一大重要内容就是创建了国际滑联。此次会议还规定了举办频率、比赛规则和宪章，选举主席、副主席等职位。同时，对于滑冰运动发展前景等问题进行了探讨研究。花样滑冰被众多国家所推广，终于在1920年成为奥运会比赛项目之一。

二、滑冰运动技术

（一）速度滑冰基本技术

1.起跑技术

1）起跑姿势

根据站立姿势的不同，起跑姿势可以划分为两类：一为正面起跑，二为侧面起跑。以运动项目距离长短作为划分依据，起跑姿势可划分长距离起跑和短距离起跑。下面介绍正面起跑常用的两种起跑姿式，具体内容如下。

（1）正面点冰式起跑

听到裁判员"各就位"口令后，要转动前脚冰刀，尽量与比赛起跑线呈 45° 角，把冰刀前尖切入冰面，同时抬起冰刀后端，保持不动；将后脚冰刀的内刃牢牢地放置于冰面上方，保证两刀之间的距离适度大于选手的髋，开口角度呈 100° 左右，以更有效地发力。前面叙述的便是双脚的姿势。对于其他身体部位来说，选手需要上身挺立，两臂下垂，目视前方。这样，不仅能放松身体，还能集中注意力。

听到裁判员"预备"口令后，运动员要将前膝弯曲到 90° 左右，后膝弯曲到 110° 左右，并且将肩部移动到前脚刀尖，使自身的重心移动到前脚。对于上半身来讲，头部要和上半身水平，向前方目视。

待到上述动作完成以后，我们需要保持自身姿势，听到信号枪声打响后再做起跑动作。

（2）丁字式起跑

这种起跑方式与上一种基本上大同小异，其主要的区别在于重心的位置不同。运动员利用该起跑方式准备比赛时，会把身体的重心放到两脚中间。换句话说，就是将重心降低，放在两个冰刀中间。在这一过程中，尤为重要的是平衡感，两脚所分担的负担尽量一致，否则容易起跑时产生滑动，甚至导致跌倒。

2）起动技术

正所谓万事开头难，起跑的基础就在于起步。起步指的是前腿向前迈进，在着地时，后脚迅速发力，蹬离地面的这一运动过程。起动技术主要涉及以下三点。

（1）前腿迅速向前上方向摆动，脚下冰刀尽可能向外转动。

（2）摆出向前俯冲的姿势，将身体的重心放置在前方，同时后腿快速发力，为身体前进提供动力。两臂弯曲，快频率、小幅度地摆动，以配合两腿的动作。前脚冰刀可以采用内刃踏切的动作着地，并使刀跟落于前进方向的中线上。

（3）蛙式起跑法也是一大利器。具体动作如下：两手快速撑离冰面，同时两腿用力，蹬离冰面，快速前行。

2. 直道滑跑技术

1）滑跑姿势

滑跑姿势在滑跑过程中起着重要的作用，可以减少冰面的阻力，可以为前行提供更充沛的动力，还可以在一定程度上缓解紧张感与压迫感。科学合理的滑跑姿势能够最大限度地保证参赛者取得最佳成绩。

滑冰者要保持上体的放松，将身体团起，双臂下垂，保持弓形，这一点是滑跑姿势最基本的要求。上体还应倾斜，与冰面构成 20° 左右的角。头部微抬起，目视前方 15 米左右；腿部成低姿势，膝关节角度在 100° 左右，踝关节角度在 60° 左右，髋关节角度为 50° 左右。

2）自由滑行

自由滑行是凭借双腿之间交互发力，借助惯性向前行进的滑行方式。这种技术方法对滑冰者的要求很高。滑冰者不仅要保持三点一线的姿势，即鼻子、膝盖以及冰刀保持一条水平线，还要在运动过程中，转换支撑腿的位置。除此之外，还要保持双肩的平稳，上体朝前方倾斜。

3）收腿动作

滑跑过程中的收腿动作与自由滑行的动作相辅相成，其主要的技术方法包括下列四点。

（1）要明确何为收腿动作。从蹬冰腿结束蹬冰开始，到下一个蹬冰腿发力蹬冰时的这一时间范围属于收腿动作。

（2）蹬冰腿发力后产生的反弹力及其惯性会让冰刀推离冰面，从而完成收腿动作。

（3）浮腿屈膝是保持放松状态的良好方法，依靠大腿发力带动全身向前滑行，以最短路线直接内收至身体的矢状面。

（4）结束收腿时，支撑腿要与浮腿靠拢在一起，并且及时将膝盖向下低垂，使冰刀垂直于冰面。

4）单支撑蹬冰动作

单支撑蹬冰动作的分界时机是从开始横向移重心起，到浮腿冰刀着冰止。单支撑蹬冰动作技术方法主要包括以下四点。

（1）最好选用刀刃中部作为蹬冰的受力部位。在这里要强调的是，切勿把身体的重心放在刀刃前部，以免发力后造成身体失衡，小则削弱蹬冰力量，大则引起摔倒，损伤身体。

（2）把握准确的时机。恰当适时地变换身体重心是尤为重要的，它可以帮助你更好地进行滑行运动，更好地保证你的安全。尤其是经过弯道时，若重心位置不对，容易偏离赛道，冲撞护栏，造成身体损伤。

（3）注意侧蹬方向以及支点的牢固性。冰刀要以内刃为切入点触碰冰面，其刀尖要沿着滑冰前行的方向，在冰面上牢牢地构筑起一个受力支点，以便将全身的力量集中于冰面。此时配合强有力的侧向推蹬，便可以产生推进力。

（4）善于发挥浮腿的协调作用。浮腿的协调作用是不容小觑的，当它配合重心移动时，能够缩小蹬冰腿的水平线与纵轴线的夹角度数，相应地增大水平分力，收获"1+1 > 2"的奇效。从数学角度审视，负弦函数可以用来表示蹬冰力曲线，也就是说蹬冰力量达到一定程度后会适得其反。

5）摆腿动作

蹬冰动作的重要组成部分之一是摆腿动作。在直道滑跑过程中，一条腿要完成单支撑蹬冰的动作，另一条腿要完成摆动动作，相互协调。这一技术的具体操作方法如下。

（1）由后位矢状面开始浮腿，随着重心移动而移动。

（2）膝盖位于下体的最前方，整个运动凭借摆动大腿以带动小腿而进行。

（3）进行摆腿运动时，要把大腿向前摆动，直至胸前。这样的舒展动作可以使膝部由下垂状态改为上抬状态，从而更好地靠向支撑腿的膝盖。

（4）摆腿动作结束时也有很多讲究。小腿要向前微微翘起，大腿要上抬至胸部，尽可能地保证两腿之间的距离不大。此外，还要把浮脚冰刀放置于支撑脚冰刀的前方，为冰刀后部着地做准备。

6）双支撑蹬冰技术动作

下面介绍该技能的具体操作方法。

（1）自浮腿冰刀接触冰面那一刻开始，就要控制自身的重心，找好蹬冰角度，双脚交互，蹬冰发力，以最大限度提高速度。

（2）时刻保持冰刀内刃牢牢压住冰面，刀尖所指应是滑行方向。

（3）蹬冰速度达到最快时，将蹬冰腿充分展直，即在蹬冰结束时，踝关节和膝关节要充分地舒展开来。同时，踝关节还要做到跖屈，从而更好地发力。

（4）延长蹬冰的距离，尽可能地产生最大的能量。

7）着冰动作

下刀动作是其另外一个称呼，指的是从浮脚冰刀着地那一刻起，直至完完全全承接所有体重的动作。此动作与双支撑蹬冰动作是同步进行、相辅相成的。其具体操作方法如下。

（1）在浮脚冰刀着地前，应尽量靠近支撑脚冰刀并领先一半刀长的位置，刀尖微翘，准备向新的方向滑行。

（2）以冰刀刀刃和冰刀的后半部着冰。这里的刀刃既可以是平刃，也可以是外刃。

（3）膝盖率先向上抬起，同时小腿借势发力，向前做快速摆动运动。

（4）尽可能地把出刀角度缩小，使其与直道方向平行，即沿着直线方向运动，从而避免大幅度地偏离赛道。

8）摆臂动作

摆臂动作分单摆臂、双摆臂和不摆臂环形方式。通常情况下，长中距离的滑行道路采用单摆臂方式的较多。这样一来，可以保证滑行的速度和节奏是较为均匀的。短距离的滑行、临近终点的冲刺以及滑行起步都可使用双摆臂方式增强爆发力，迅速把速度提上去。过弯道时可以采用背手滑行即不摆臂的滑行方式，这有利于延长滑步，可以为弯道后的直道滑行做准备，也可以舒展身体。我们在这里主要讲述一下双摆臂动作。在进行双摆臂动作时，两臂需要快速地摆动，其力量、频率以及动作幅度都要和身体滑行速度保持一致，并在此基础上运用滑行技术，方可事半功倍。两臂摆动有 3 个位向点，即前高点、后高点以及下垂点。向前摆臂时，手臂依次后高点、下垂点以及前高点，是一个先减速下垂再加速上抬的过程。

在此介绍其具体操作方法。

（1）双臂应先于腿部摆动，带动起全身部位。待到腿部动作频率提高后，双臂才同腿部保持一致频率。

（2）以肩为轴。两臂要将肩部作为支点，加速摆动。

（3）前摆达到最高时，手不能超过肩高。肘部弯曲夹角在短距离内可以不大于45°，但在长距离内需要达到150°。

（4）后摆达到最高时，因距离不同，手部与肩部都有不同的姿势。就长距离来看，手臂可以略微高于头部，肘部切勿弯曲。就短距离来看，手臂需要略微低于肘部，而肘部需要弯曲，同肩部呈一条水平线。

（5）两臂摆动时要紧靠大腿，保持头、腿和上身呈一条水平线，这样有利于维持平衡感。

3. 弯道滑跑技术

1）滑跑姿势

在此简要介绍滑跑弯道技术的具体操作方法。

（1）上体动作：上体向前倾斜的程度要更加接近水平状态，并保持放松的状态，将身体团起，形成流线型，以这样的姿势向前滑行。

（2）头部、肩部和臀部动作：弯道滑行时，要保持头部和身体呈一条直线；保持两肩与半径延长线平行；保持臀部自始至终同冰面平行。

2）单支撑左腿蹬冰动作

从右脚冰刀离开冰面那一刻起，直至右腿摆动后重新着冰的动作就是单支撑左腿蹬冰动作。其具体操作方法如下。

（1）尽量让臀部、肩部和冰面保持一个平行的状态，将膝盖和大腿放在胸部以下，并利用冰刀的外刃接触冰面，此时身体的重心会移动到冰刀的中部。

（2）舒展双腿时，要同时配合膝关节、裸关节的弯曲，迅速摆动浮腿，自由延伸。

（3）为了更有效地完成动作，尽量贴近弯道半径的延长线，向外侧发力。

3）右腿摆腿动作

从右腿蹬冰结束抬离冰面的那一刻起，直至右腿加速摆动与左腿交叉后至右腿冰刀着冰的动作就是右腿摆腿动作。在此简要介绍右腿摆腿技术的具体操作方法。

（1）膝盖要位于摆收右腿的前方，以便在重力内收的作用下，顺势改变腿部动作，使其由外展变成内收以及前跨动作。

（2）右腿向左腿右前方加速摆动，其移动方向同支撑腿移动方向保持一致。

（3）右腿交叉经过左腿时，右刀跟要贴近左刀尖做交叉跨越动作。其原因在于，这样的做法有利于为左脚侧蹬提供力量，也有利于为右脚着冰动作做好充分的准备。

4）双支撑左腿蹬冰动作

从右脚冰刀摆动后着冰的那一刻起，直到左脚冰刀结束蹬冰离开冰面的动作是双支撑左腿蹬冰动作。在此简要介绍双支撑左腿蹬冰技术动作的具体操作方法。

（1）尽可能地把身体的重量放在蹬冰腿上，充分利用体重完成一系列动作。

（2）用臀部控制蹬冰冰刀，利用冰刀的中部实现迅速地推蹬。这一运动向侧方开展。

（3）蹬冰运动临近结束时，要将膝关节舒展开。随后，以此为基础，将身体的重心移至冰刀的前半部，快速弯曲踝关节，增加发力的力度。

5）右脚冰刀着冰动作

从右脚冰刀以内刃着冰那一刻起，直至该腿完全支撑承接体重左腿蹬冰结束冰刀离冰的动作就是右脚冰刀着冰动作。在此简要介绍右脚冰刀着冰技术动作的具体操作方法。

（1）应选择支撑脚冰刀的左前方作为着力点，尽量贴近弯道切线方向滑行，从而保证冰刀同重力与离心力的合力点契合。

（2）刀尖抬起朝着切线方向移动，依靠刀跟内刃着冰。

（3）右腿采用前跨动作，并保持小腿在着冰后朝着左侧倾斜。

6）单支撑右腿蹬冰动作

从左脚冰刀离开冰面那一刻起，直至左腿摆动后重新着冰的动作就是单支撑右腿蹬冰动作。在此简要介绍单支撑右腿蹬冰技术动作的具体操作方法。

（1）右腿蹬冰方式与直道右腿蹬冰动作大同小异。

（2）在左腿蹬冰结束时，右腿要及时发力蹬冰，以弯道切线为滑行方向前行，逐步滑离雪线。但此时的身体重心并非与冰刀行进方向一致，而是沿着另一切线方向移动。随着右腿远离雪线，膝关节、踝关节都应该弯曲。

（3）全身呈"一"字形向左侧倾斜平移，利用冰刀的内刃牢牢接触冰面，以切线为轨迹，向前滑行。

（4）利用冰刀内刃中部加速滑行，完成侧蹬。

7）左腿摆腿动作

从左腿结束蹬冰冰刀蹬离冰面开始，直至左腿冰刀着冰的动作就是左腿摆腿动作。在此简要介绍左腿摆腿技术动作的具体操作方法。

（1）以蹬冰结束后产生的反弹力和重力为基础，结合股内收肌的力量，迅速摆动左腿，做推拉动作。

（2）将刀跟抬起，使冰刀前端垂直指向冰面，同时屈膝、屈髋，完成提刀动作。

（3）依靠膝盖带动大腿摆动，这一过程的运动方向同重心移动方向保持一致。

（4）摆腿时，大腿要向上抬送，使刀尖同冰面平行。

8）双支撑右腿蹬冰动作

从左脚冰刀着冰起，直至右腿蹬冰结束冰刀离冰的动作就是双支撑右腿蹬冰动作。在此简要介绍双支撑右腿蹬冰技术动作的具体操作方法。

（1）当展腿速度达到最高时，右腿快速伸展，完成蹬冰动作。

（2）使肩部、臀部与冰面平行移动，随蹬冰腿迅速舒展，从而令蹬冰角度达到最小值。

（3）为防止滑行者在蹬冰时发生滑脱现象，需要利用右脚冰刀内刃紧贴冰面。

（4）滑行者采用新式冰刀技术时，要在蹬冰临近结束时将重心转移到冰刀的前半部分，微曲踝关节，让蹬冰腿得以充分舒展。

9）左脚冰刀着冰动作

从左脚冰刀的外刃着冰那一刻起，直到左脚冰刀完全承接体重，右腿蹬冰结束，冰刀离冰的动作就是所谓的左脚冰刀着冰动作。下面简要介绍左脚冰刀着冰技术动作的具体操作方法。

（1）上抬冰刀前端，同时舒展膝关节，微曲踝关节，以便将左腿的前送动作做到位。

（2）先以左脚冰刀后端的外刃着冰。

（3）以弯道标记的切线方向为基准线着冰，从而使蹬冰距离延长，方便力量积攒。

（4）着冰动作在安全条件得以保证的前提下，以快为优。

4.终点冲刺技术

全程滑跑的一大重要组成部分就是终点冲刺。终点冲刺事关重要，虽然距离短、时间短，但需要高强度的爆发力。因此，运动员在进行全程滑跑时，一定要注意体能的分配，留存最后冲刺的体能。在此基础上，配合科学有效的终点冲刺技术，即可收到意想不到的效果。下面简单介绍终点冲刺技术的具体操作方法。

（1）滑冰者应时刻留意自己的滑行速度，保证动作的正确性和蹬冰的质量。与此同时，将双臂摆动，加快节奏，提供动力。

（2）经验十足的滑冰者可以运用"箭步送刀"的方式完成冲刺。

（二）花样滑冰基本技术

单人花样滑冰技术、双人花样滑冰技术和冰上舞蹈技术是花样滑冰技术的三种类型，下面着重阐述单人花样滑冰基本技术。

1.基本滑行技术

（1）冰上站立。滑行者进行此动作时，需要分开双脚，距离同肩宽一致，膝盖微屈，平稳站立，上体挺立，可微微前倾，把身体的重心放置于支撑脚。

（2）单脚蹬冰、单脚向前滑行。临近蹬冰结束时，要维持重心的平稳，保持向前滑行的姿势。换脚时，要尽量使浮脚贴近滑脚，同时自然舒展双臂。

（3）双脚向后滑行。滑行者做此动作之前，需要将双脚调整到"八"字形，向后移动重心，微屈两腿，靠近双膝。在开始时，两腿用力，利用冰刀内刃向身体后方发力。

（4）前外刃弧线滑行。以左脚内刃蹬冰，用右脚外刃滑出为例。滑行者在进行该动作时需要将身体向右侧圆弧内倾斜转体，右臂在前，左臂在后，滑脚的膝部慢慢舒展。换脚时利用右脚冰刀的内刃发力蹬冰，用左脚冰刀的内刃滑出。

（5）前内刃弧线滑行。以右脚滑前内弧线、左脚内刃蹬冰为例。滑行者在进行该动作时需要利用右脚冰刀的内刃滑行，把身体重心转移到左侧，手臂位置与前外刃弧线滑行一样。右膝微屈，左脚蹬冰，沿滑线靠近滑脚向前移动。换脚时要利用右脚冰刀的内刃发力蹬冰，用左脚冰刀的内刃滑出。

（6）后外刃弧线滑行。滑行者在进行该动作时需要平放两肩和双臂，面向前方，用右脚冰刀后端的内刃发力蹬冰，右臂用力向后滑行方向摆动，左臂在前。右脚蹬冰后迅速放在滑脚前，左脚做后外刃弧线滑行，当滑行到弧线一半时，头向圆内，上体随之向外转动，浮脚靠近滑脚移向滑线前，上体姿势不变。然后再做右后外弧线滑行。

（7）后内刃弧线滑行。滑行者在进行该动作时需要将双臂舒展，背向前方，右脚发力蹬冰，利用左脚冰刀后端的内刃做弧线滑行，右臂在前，左臂向滑行方向用力摆动，右脚蹬冰后要及时放在滑线后。但滑至弧线的一半时，浮脚要靠近滑脚，上体缓慢地向圆内转动。换脚后，继续滑行，方法同上，方向相反。

（8）急停。急停动作不仅能够起到安全防护的作用，还能够增强表演效果。①单脚前外刃急停：向前方滑行时，可以利用一只冰刀的前外刃做横向刮冰动作，并将身体重心放到后侧。同时，另一只脚需要迅速离开冰面。②双脚向前内刃急停：向前方滑行时，将双脚调整到"八"字形，向后移动重心，微屈两腿，双膝靠近。

2.基本旋转技术

花样滑冰技术的一项重要内容就是旋转技术。通常，大多数运动员都会选择逆时针方向旋转，也有少数人能掌握逆时针和顺时针两种旋转方法。下面着重介绍更易于接受的逆时针旋转方法。

1）双脚旋转

该动作是整个技术体系中难度最小的，主要依靠双脚在冰面进行旋转。在此简单介绍此技术的具体操作方法。

（1）双脚直立旋转：滑冰者完成此动作时，需要在原地保持直立姿势，放松身体，分开双脚，距离同肩宽一致。左臂在前，右臂在后，膝关节微屈。

旋转开始时，滑冰者同时扭动双臂，右臂带动右肩向前摆动，左臂带动左肩向左摆动，并将双膝迅速挺立，使整个身体成为一个旋转轴。为了更好地控制身体的平衡，方便转动，可以在旋转运动开始之前，使两臂侧平举。之后可以把双臂收到胸前，从而使旋转的半径缩短，提高速度。在旋转运动结束时，伸开双臂也可以让速度减慢。

（2）双脚直立交叉旋转：滑冰者进行该运动时需要从双脚直立旋转开始做起。起转后，左脚以顺时针为方向进行滑动，待其滑至右脚前外侧时，形成双腿交叉姿势，用右脚冰刀的外刃和左脚冰刀的内刃形成对称姿势。

2）单脚旋转

以一只脚为支点，在冰面上旋转的动作就是所谓的单脚旋转。在此简要介绍单脚旋转技术的三种主要方法。

（1）单脚直立快速旋转：滑冰者在进行该动作时需要收回右腿，以左腿前外侧为基准线向下方滑动，形成交叉态势，以便缩小旋转半径，加快旋转速度。

（2）单脚直立反旋转：滑冰者在进行该动作时需要在完成右前内—右后外"3"

字转体后，及时利用右脚冰刀后端的外刃在原地旋转，两臂侧平举，待重心稳定之后，将四肢交叉，加快旋转速度。若将左腿交叉放置于右腿滑脚的前外侧，结束时依靠右脚冰刀后端的外刃或左脚冰刀前段的外刃弧线滑行，也可以收到同样的效果。

（3）单脚直立旋转：滑冰者在进行该动作时需要拉开浮脚与滑脚之间的距离，将右臂放在左臂前面。起转前要用右脚用力蹬冰，把身体的重心转移到左脚，左脚滑前外刀齿制动，成后内刃转动，右脚伸直摆到右前方，开始两臂侧举，待重心稳定后，两臂和浮脚再靠拢身体加快转速，身体重心始终保持在冰刀的前 1/3 处，结束时两肩臂侧举、左脚蹬冰、右脚用后外刃滑出。

3）跳接旋转

旋转动作和跳跃动作相结合就是跳接旋转。下面简要介绍旋转技术的两种具体方法。

（1）跳接反蹲踞旋转：起跳后，右腿在侧后方向前摆动，并尽快弯曲。与此同时，手臂和左腿朝前外侧舒展，以维持身体平衡。当身体下落时，要及时向下舒展右腿，待冰刀锯齿接触冰面后下蹲，左腿向旋转方向摆动，两臂收至胸前，形成右后外刃反蹲踞旋转动作。

（2）跳接蹲踞旋转：滑冰者在进行该动作时，有相应的要求。准备阶段，利用左脚冰刀前端的外刃发力起跳，保持上体挺直。当用刀齿制动起跳时，滑冰者需要弯曲膝部，两臂同时向上方摆动，右腿经侧后方向前摆动，左腿在空中形成蹲踞姿势。当身体下垂时，应及时挺直左脚，利用冰刀锯齿接触冰面，之后连贯地将受力面转移至左脚冰刀前端的内刃上，此时右腿顺势向旋转方向自然摆动，左腿迅速下蹲，两臂收至胸前，形成蹲踞旋转。

3. 基本跳跃技术

跳跃动作在整个滑冰技术中起着举足轻重的作用。其中，起跳方式主要有点冰跳和单脚刃起跳两种类型。就其具体的跳跃动作而言，有华尔兹跳、阿克谢尔跳、鲁卜跳、菲力普跳等多种类型。每一个跳跃技术都有其各自的特点，所呈现出来的难度也是不一样的。即便同一种跳跃技术，根据不同的空中转体周数，也分为不同的难度系数。转体周数越多，难度系数越大。不过究其核心环节来说，无论哪一种跳跃技术，都要有以下四个环节：

（1）准备阶段：滑冰者从弯曲双膝开始到起跳前的过程都属于准备阶段，其中包括助滑、缓冲等过程。该阶段旨在更好地为增强跳跃效果做准备。关键的技术点在于双手摆动与双腿屈伸之间的紧密配合。

（2）起跳阶段：滑冰者从身体重心降至最低点开始到滑脚即将离冰的过程都属于起跳阶段，其中包括四肢下摆、上摆、滑脚蹬直制动和预转的技术配合。

（3）空中动作阶段：滑冰者从冰刀离开冰面开始到冰刀触冰结束的过程都属于空中动作阶段，其中包括四肢的伸缩舒展、转体技术及其配合。

（4）落冰阶段：滑冰者从落冰脚触到冰面开始到身体重心降至最低点的过程都属于落冰阶段，其中包括伸展四肢以及深屈滑腿的技术。

三、滑冰器材的选择与应用

对于初学者而言，合理科学地选择滑冰器材是一门大学问。优良适合的器材既有利于掌握标准的动作，又有利于高效地提高滑冰水平，更有利于保证运动员的生命安全。

（1）冰刀。冰刀较矮，是一种固定在鞋底的滑冰工具。从整体结构上看，冰刀由刀刃、刀托两部分组成。刀托本身具有一定的弧度，下有浅"凹"沟形厚刃，锋利无比，既便于滑行，又利于在冰面上留下清晰的图案。刀刃前端有 5 ~ 6 个大小不等的锯齿，以锯齿大小不同为划分基础，可以分为自由滑刀和图形刀。自由滑刀的锯齿相对较大，适用于跳跃、迅速改变动作或急停。图形刀的锯齿相对较小，适合在冰面上留下清晰的图形。选择冰刀时，要挑选与鞋大小相匹配的。就通常情况来说，刀身前端应位于大脚趾与二脚趾之间的正下方，刀跟位于脚跟正中间的下方，刀尾超出鞋后跟 1 ~ 2 厘米，刀身前沿的锯齿应临近鞋底前端的边缘。

（2）冰鞋。冰鞋的主要材质是牛皮，男女鞋颜色不同，黑色的是男鞋，白色的是女鞋。

冰鞋的选择对运动员技术水平的发挥有着至关重要的影响。举例而言，倘若一名初学者总觉得自己的踝关节过于柔软，难以站立，那么问题很可能就是冰鞋不合脚。选择冰鞋时，应该优先选用鞋面柔软、结实的，穿起来有稳固感。

四、滑冰运动的竞赛规则

以下五点是滑冰运动的主要竞赛规则：

（1）滑冰比赛滑跑方向都是逆时针方向。

（2）超越：比赛时无论何时何地都是可以进行超越的。值得强调的是，倘若被超越者所做的阻挡行为具有合理性，那么一旦发生意外，责任由超越者承担。

（3）完成比赛：运动员冰刀的前尖一旦碰触终点线，则被判定为完成比赛。

（4）罚则：运动员被罚扣一圈时仍可继续比赛，但需要在跑道的外侧滑行，以免对其他运动员造成不良影响。运动员被罚扣两圈时，除非自身处于竞争位置，否则需要立即退出比赛。

（5）有下列不正当行为时，运动员需要受到相应惩罚。① 援助，在竞赛中运动员给予或接受他人体力帮助，接力赛除外；② 横切，比赛中不合理地穿越赛道，或者违规变道影响其他选手比赛；③ 集体滑跑，比赛中不依靠自我真实实力，而借助其他队友的力量，蒙混过关；④ 降速，无理由地突然减速，造成后方运动员减速或碰撞；⑤ 危险冲刺，在整个比赛过程中，运动员有意做出踢出冰刀之类的危险性动作以争夺名次；⑥ 离开跑道，比赛过程中，运动员为缩短滑行距离，有意将冰刀滑出跑道标识线外；⑦ 阻挡，运动员有意利用身体部位阻碍其他队员前行；⑧ 碰撞，被超越者为保持自己的名次，利用不正当手段碰撞超越者。

第二节　滑雪

一、滑雪运动概述

据史料记载，滑雪起源于北欧的挪威，距今约 4 000 年。也有资料称滑雪运动的发源地是中国与俄罗斯交界的阿勒泰地区。

随着时代的发展，滑雪的实用价值已逐渐降低，由于滑雪更贴自然、贴近生活，所以被人们广泛接受，并演变成现代的竞技运动和旅游项目。据国际体育用品联合会公布的 1996 年十大最受欢迎运动中，滑雪运动名列榜首。

我国的滑雪历史也很悠久，唐代李延寿在《北史》书中有这样的记载："气候严寒，雪深没马，地高积雪，惧陷坑阱，骑木而行。"这句话的意思是为了防止行走时脚陷入雪中，人们脚下踩着木板走路。《新唐书》《山海经》中也有我国东北和西北等地区的少数民族借助雪上滑行从事狩猎和生产劳动的记载。20 世纪初，现代滑雪技术从俄罗斯和日本传入我国东北地区。

滑雪运动从所处地理条件来说可分为越野滑雪和高山滑雪两大类。越野滑雪起源于北欧的挪威，主要是在平原或地形起伏不大的丘陵地带开展；高山滑雪起源于欧洲的阿尔卑斯山区，所以也称阿尔卑斯滑雪，主要是在地形起伏较大的山区开展这项活动。高山滑雪与越野滑雪相比更有娱乐性、刺激性和挑战性，所以高山滑雪对人们的吸引力更大。

（一）越野滑雪运动项目

越野滑雪运动早期起源于北欧，因此也叫作北欧滑雪。据挪威史料记载，1226年内战时期，两名士兵怀藏两岁的国王哈康四世，滑雪越过高山，成功地甩开了敌人，保住了皇室血脉。因此，为纪念这一壮举，现在的挪威仍然会举办一年一度的越野马拉松滑雪大赛。比赛全程 35 千米，与当时士兵所滑路程相同。

15 世纪随着滑雪技术不断发展，滑雪运动在丹麦、芬兰、俄罗斯等国家广受好评。值得一提的是，这些国家不仅开展了相应的活动，组织了相应的团体，还培养了别具特色的滑雪部队。19 世纪，越野滑雪作为滑雪项目之一，在欧洲诸多国家成为正式的比赛项目。

国际滑雪联合会于 1924 年 2 月 3 日在法国夏蒙尼成立，瑞典人霍姆奎斯特担任首届主席。从 1925 年开始，国际滑雪联合会将 1924 年冬奥会的滑雪比赛设立为首届世锦赛，并规定每年举办一次世锦赛。迄今为止，越野滑雪世界杯赛以及世界青年越野滑雪赛已经成为世界大型越野滑雪比赛。

目前，越野滑雪在欧洲、亚洲、北美洲、南美洲等地的 60 多个国家和地区广泛开展。其中，在越野滑雪水平上处于世界领先地位的有芬兰、挪威、意大利、瑞典、俄罗斯等欧洲国家，处于中游及以下水平的多数是亚洲国家。不过，随着近些年来亚洲国家对滑雪运动的重视与支持，竞技水平不断提高，部分亚洲国家开始跻身于滑雪运动前列，成绩斐然。

（二）高山滑雪运动项目

高山滑雪运动起源于欧洲北部阿尔卑斯地区，因此又称为阿尔卑斯滑雪。该运动项目以越野滑雪为基础，不断发展演变，至今自成一家。

1931 年，首届国际高山滑雪锦标赛成功举办。

1936 年，正式将高山滑雪列为冬奥会比赛项目。

高山滑雪运动项目具有诸多技术种类，如加速技术、减速技术、停止技术、跳跃技术、转弯技术、滑降技术以及特殊技术等，各具特色。

滑雪运动初学者应该在专业人士的指导下，结合自身年龄、体能、基础以及场地环境等因素，选择适合自己的运动技术。

二、滑雪运动技术

（一）越野滑雪自由技术

20 世纪 80 年代是越野滑雪运动发展的分水岭，在这之前，世界各地的运动员都将"传统技术"作为基本滑法。20 世纪 80 年代初期，芬兰运动员西多宁在一次世锦赛中发明了"蹬冰式"滑法，并且凭借此技拔得头筹，崭露头角。从此以后，这项技术被广大运动员争相效仿。1988 年，加拿大的卡尔加里举行了第 15 届冬奥会，国际雪联规定将以后的越野滑雪比赛划分为"自由技术项目"以及"传统技术项目"两种。下面对自由技术项目做简明概述。

1.蹬冰式滑行

蹬冰式滑行适用于平地或缓下坡地段，运动员凭借双腿发力，向前蹬动，提高速度。这种滑行方式是不使用滑雪手杖的，双手只需要握住手杖，夹在腋下，或者配合双腿摆动。通常情况下，运动员在做完蹬冰动作后，要及时将重心转移到滑行腿板上，从而延长滑行距离。膝关节要尽可能地弯曲，使小腿与雪地夹角保持在75°左右，利于延长蹬动时间；上体要微微前倾，呈弧形，保持放松，以便减少空气的阻力，更有效地提高滑行速度。蹬冰式滑行技术根据具体动作可以划分为一步一撑蹬冰式滑行和两步一撑蹬冰式滑行，无论哪一种滑行方式，都最好在滑行速度达到 7.5 米 / 秒以上时运用。

1）一步一撑蹬冰式滑行

该方法适用于平地、缓坡以及短距离加速。在此简单介绍其具体操作方法。

（1）右脚发力蹬冰的同时，收手发力推杖，将重心转移到左板。

（2）左脚向前滑行，右脚发力蹬板，靠近左板。

（3）在完成上述动作后，左脚再蹬动，同时双手撑杖。循环往复即可。

2）两步一撑蹬冰式滑行

该方法也适用于平地与缓坡。此滑行技术有较强的节奏感，易于掌握。在此简单介绍其具体操作方法。

（1）利用冰刀的内刃发力，推动右板向前方滑行，随即把身体的重心移动到左板。与此同时，双手发力向两侧撑杖。需要强调的是，两手发力有大小之分，右侧力量要小于左侧力量。

（2）将上述动作连续几次后，再换另一侧进行，这样反复即可。

2. 单蹬式滑行

单蹬式滑行适合平地以及缓坡滑行，在这些路段中，可谓最有效的方法。在此简单介绍其具体操作方法。

（1）双手发力，推动手杖，同时利用右腿雪板的内刃向内侧滑动。

（2）上述动作完成后，及时将重心转移到左侧板，使其承受大部分体重的压力。双手有节奏地摆动。

（3）左板向前滑行一段距离后，将身体重心向右倾斜，待右板着地后，再次进行蹬地动作。

（4）右脚准备再次蹬动，两杖插入板尖两侧。

3. 转弯滑行

在此简单介绍其具体操作方法。

（1）身体向弯道内侧倾倒。

（2）内侧板以弯道的切线为基准线向前滑行，时刻保持平衡掌控方向，以防偏离圆心。

（3）外侧板需要以弯道法线为基准，向外侧发力蹬动。此外，为配合内侧板，达到转向的目的，还需要加快蹬腿频率。

4. 登坡滑行

1）两步一撑蹬冰式滑行登坡

该方法主要适用于上坡滑行，不同坡度有不同的操作方法。在此简要介绍基本的操作方法。

（1）上坡时不需要明显地加快步伐，单纯靠弯曲膝部也能收到预期效果。

（2）该动作与两步一撑蹬冰式滑行有一些相同的地方，即两手发力有大小之分，滑行板一侧用力较大。

（3）在坡度较大的情况下，两步一撑蹬冰式滑行动作的第一步往往只能起到过渡作用，原因在于前行距离不长。

2）交替蹬撑滑行登坡

从蹬动和撑杖协调配合这一方面来看，其基本操作方法和两步一撑蹬冰式滑行相似，只是蹬动和滑行的方向略有不同。对于动作频率和每一步的滑行距离，都要根据坡度的变化做出相应改变。倘若周边环境较好，每一步的滑行距离可以稍加延长。

5. 滑降

自由技术滑行与传统技术滑行的滑降方法是一致的，但因越野滑雪板与高山板的宽度不同，加之雪鞋后跟部与板的连接性不强，所以不易控制平衡，速度过快时容易发生侧翻等意外。

（二）高山滑雪基本技术

应用于高山滑雪运动中的基本滑雪动作的技术就是所谓的高山滑雪基本技术，其主要包括滑降和转弯两个部分。

1. 滑降技术

滑降技术顾名思义就是指滑雪者从高处往低处下滑的相关技术。以板形为划分依据，其可以分为三大类：直滑降、犁式滑降、斜滑降。

1）直滑降

沿垂直落下线方向，借助平行的双板直线下滑的技术就是直滑降。该技术有利于滑雪初学者掌握基本的动作要领，领悟重心变换的技巧，体验滑行的速度与感觉，提高应急能力和面对不同路段的适应能力。这项技术的关键在于保持正确姿势，其中合理地舒展腿部是重中之重。以下为具体操作方法。

（1）适度地将双板分开，平行放置，两脚用力，将体重均匀分担给双腿。

（2）上体微微前倾，膝关节、踝关节以及髋关节做微蹲姿势，时刻为舒展腿部做准备。

（3）肩部放松，两臂自然下垂，放置于身体两侧，肘部微屈，以便更好地掌控平衡。

（4）双眼直视前方，小心观察前方路况，为应付突发事件做准备。

2）犁式滑降

该技术动作在雪板放置位置上与直滑降有不同之处。犁式滑降的雪板呈"八"字形。以下为具体操作方法。

（1）两膝微微下屈，略微靠近，将两块滑雪板中间位置作为重心，双脚同时向外移动，呈"八"字形。

（2）目视前方，全身保持放松的状态，上体微微向前倾斜。两手自然握杖，放置于身体两边，利用杖尖作为发力点，向后方发力，推动雪板向前移动。

3）斜滑降

斜滑降与直滑降的不同之处在于滑行基准线。斜滑降并不是沿垂直落下线方向下滑，而是略有倾斜。在此简要介绍其具体的操作方法。

（1）斜对山下站立，髋部、肩部稍向山下侧转形成外向姿势。上体稍向山下侧倾，膝部向山上侧倾，用双板向山上侧刃刻住雪面。

（2）在下滑过程中，时刻把握从山上向下踩住雪板的感觉，上侧板比下侧板向前一些，双板应平行。

（3）身体姿势的转变要同用刃一致，从而更好地控制用刃力量的强弱及速度的快慢。

2. 转弯技术

犁式转弯、双板平行转弯、蹬跨式转弯和跳跃转弯是四种主要的转弯技术。

1）犁式转弯

犁式转弯是高山滑雪转弯的基础技术。该技术主要适用于缓坡、中坡的一般速度，并可适应除薄冰雪面之外的各种雪质。在此简要介绍其具体的操作方法。

（1）在犁式滑降姿势的基础上将体重逐渐向一侧板上移动，保持雪板外形不变，进行自然转弯。

（2）单侧腿加力伸蹬时，保持"八"字形不变，自然形成转弯。立刃转弯同样如此。无论是移体重、单腿加力伸蹬还是单板加强立刃的转弯都必须注意雪板外形，身体姿势不改变。

2）双板平行转弯

两雪板在平行状态下进行转弯的技术就是所谓的双板平行转弯。在此简要介绍其具体的操作方法。

（1）转弯前要做一系列准备动作，提高自身重心，将体重转移到转弯内侧，用一块雪板的内刃和一块雪板的外刃接触雪地，发力蹬雪，朝向垂直落下线滑行。

（2）继续保持膝关节以及踝关节微微前倾，在体重转移动作完成后，立即开始点杖。

（3）在进行上述动作时，上身要挺直，踝关节应有蹬实的感觉，从而更好地依赖蹬踏的反作用力，向斜上方提起体重。

（4）待再次滑入垂直落下线方向时，滑冰者应该能够体会到骑车过弯时将体重压向内侧、车胎紧紧接触地面的感觉。

3）蹬跨式转弯

蹬跨式转弯又叫作踏步式转弯，是所有高山滑雪转弯技术中实效性和实用性数一数二的技术动作。在此简要介绍其具体的操作方法。

（1）以双板滑进动作为基础，将右板微微向上抬起，跨出一定距离。需要强调的是，右板跨出以及左板向弧外蹬出这两个动作要同时进行。

（2）左板强有力的蹬雪动作能为右板转弯提供强大的推进力，此时右腿主要承担身体重量。

（3）在左侧板蹬板结束时，及时提高重心，收板向左侧倾倒。随即双板以平行状态滑入新的回转弧。

4）跳跃转弯

借助地形优势，双腿发力，使两雪板在离开雪面之后进行变向着地的转弯技术，就是所谓的跳跃转弯。在高山滑雪中，跳跃转弯可以方便滑雪者在 20°～30° 的陡坡上控制滑行方向与速度。而且该技术实用性强，可用于雪质条件差或场地条件差等情况下的滑行。在此简要介绍其具体的操作方法。

（1）借助雪包或自身力量跳起，在空中改变雪板方向，完成着地动作。

（2）雪板蹬出后，应注意重心位置的变化，及时调整，并采用正当方式进行落地缓冲。

（3）选择合适时机进行跳跃转弯。

三、滑雪器材的选择与应用

滑雪杖、滑雪靴、滑雪板以及固定器是滑雪运动中最常见的器材。

（1）滑雪杖。在挑选滑雪杖时，最重要的一个因素就是高度。一般而言，手臂自然下垂时肘部距地面的垂直距离是最适合的高度。初学者可以适当挑选稍长的滑雪杖，滑行时将佩带牢牢系在手腕上，以便更好地掌控滑雪杖。

（2）滑雪靴。滑雪靴的主体结构分为内部与外部两部分。内层的主要材质是保暖物以及化纤物；外壳坚固，具有强大的稳固性。在挑选滑雪靴时，要注意灵活与舒适。

（3）滑雪板。滑雪板是由弹性板材、高分子底板、边刃、抗扭力盒型结构、板芯等部件组成的多结构性滑雪工具。长度问题是最困扰初学者的，在挑选滑雪板时，"身高厘米数加 5 厘米"长度的滑雪板最适合。滑雪板底都会有一条方向槽，旨在更好地保持直线滑行，防止侧滑，发生意外。

（4）固定器。固定器是滑雪靴和滑雪板连接的枢纽，其作用在于保护滑雪者的生命安全。

四、雪道及其技术分级

滑雪运动在雪道技术等级方面都有详细的规定，等级越高，危险系数越大。因此，对于初学者来讲，了解相关等级及其危险程度，有利于选择适合自己的赛道，从而更好地保护自身安全。那么究竟如何辨认不同等级的赛道呢？通常而言，不同难度等级的赛道会用不同的颜色加以区分。绿色代表初级雪道，坡度是小于 40°的，适合初学者。蓝色代表中级雪道，坡度大于 40° 小于 65°。黑色代表高级雪道，坡度大于 65°。每一个颜色代表的雪道还会分为易、中、难三个等级。举例而言，45° 和 60° 都属于中级赛道，但因为坡度大小不同，难度系数也有差异。不同的滑雪场也会有不同的特点，有的滑雪场的绿色赛道比其他滑雪场的蓝色赛道坡度更陡。

五、滑雪运动的安全注意事项

在此简要说明 12 点注意事项。

（1）滑雪者在参与滑雪运动之前，需要整体了解整个滑雪赛道的长度、高度、坡度以及大致走向。因为滑雪运动属于高速运动，不事先了解整体的状况，一旦遇到突发事件，就无法做出及时的反应。

（2）滑雪者在滑行过程中，如果遇到前方情况不明或运动器材异常等突发事件，必须及时停下，切忌冒险行事。

（3）滑雪者的着装也是一大学问。在滑雪过程中，滑雪者要尽量穿着鲜艳的服饰，以便滑雪者之间相互辨认，及时绕行。

（4）注意天气情况，以便根据当地的气候，备足适当的衣物。

（5）与他人结伴滑行时一定要保持适当的距离，避免因为速度的骤增或骤降，引起碰撞。

（6）滑雪者一定要根据自身的体能和专业素养，选择适合自己的赛道，切不可盲目自信。在进行滑雪运动时，最好找专业人士陪同，在其指导下循序渐进地进行。

（7）在滑雪过程中，有视力问题的滑雪者一定要配备专业的防护眼镜，避免眼镜在撞击后破碎，伤及双眼。同时不建议佩戴隐形眼镜。原因在于，一旦发生撞击，隐形眼镜掉落概率很大，而寻回概率极小。

（8）滑雪者休息时应让开滑雪赛道，以免妨碍其他滑雪者正常滑行。

（9）一定要遵守滑雪场的规定。

（10）滑雪者在运动过程中一旦发生侧翻，一定要迅速降低身体的重心，将上体微屈，抬起四肢。切记保护头部，避免翻滚。

（11）摔倒后要及时收领近胸，保护后脑，随即放松四肢，因为处于紧张状态的身体更容易受到损伤。

（12）当发现他人受伤时，应该立即报告给相关人员，切忌随意移动伤员。

第三节　漂流

一、漂流运动概述

中国的竹筏和爱斯基摩人的皮船是漂流运动的早期存在形式。第二次世界大战结束后，漂流运动才真正成为一项正式的户外运动。该运动和其他野外运动一样，既可以强身健体，又可以愉悦身心；既有安全性的保障，又能在一定程度上有刺激性和冒险性。

长江探险漂流、雅鲁藏布江科考漂流等一系列探险活动是我国最早的漂流活动。举例而言，象征着中国人首次挑战自我身心的"雅漂"和"珠漂"于1998年成功开展。中国首届漂流大赛于2000年8月在内蒙古海拉尔区成功举办；2006中国国际漂流大赛于2006年在广东省英德市举办；截至2011年，我国已经连续举办了5届"中国攀枝花国际长江漂流节"。迄今为止，我国有200余家营业性漂流场所，诸多群众自发性漂流探险活动更是数不胜数。

自然漂流、探险漂流与操控漂流是漂流运动的三种主要类型。从一定角度上审视，自然漂流和探险漂流可以归为一种。这种运动的目的以探险为主，固然具备了一定的危险性，因此没有广泛普及。我们平日提及的漂流运动是狭义的，包含自然漂流和操控漂流。适合在水流较浅、流速平缓的河道中进行的是自然漂流。组织漂流运动的工作人员会为漂流者准备必要的工具设备，在保证安全的基础上，让每个人怡然自得地参与活动，享受漂流乐趣。操控漂流指的是漂流者乘坐专业人士远程控制的漂流工具漂完全程。因此，操控漂流相对自然漂流来说，更具安全性。

二、漂流的器材与装备

（一）漂流船的类型

在选择漂流船时，应以漂流河段的具体情况为基础。漂流船主要包括以下三种类型。

1.竹排

竹排又称为竹筏，适用于水速缓慢、无风的河段，韵味十足，悠然自得。要尽量避免在湍急水流和险滩行驶，容易翻沉。

2.橡皮艇

适用于礁石分布密集的河段。依靠自身材质的柔韧性，辅以充气囊保护，橡皮艇可以在绝大多数情况下安全通过。随着科学技术的发展，现在的橡皮艇已经改善了材质，用高强度纤维制作的橡皮艇质地更轻，耐磨、耐冲击以及耐紫外线能力更强。

3.小木船

适用于河道较为平直、礁石分布稀疏的河段。小木船的实用性比竹筏好，但次于橡皮艇，介于二者之间。从操作难度上来看，小木船的难度系数远远大于橡皮艇。通常情况下，小木船可以同时承载8个人。需要强调的是，乘坐橡皮艇与小木船时都不要随意站立或走动，时刻保持平衡，以防失足落水。

（二）漂流器材

1.船桨

起初的船桨材质是木的，上好的船桨一般都是用橡木制作的。如今，船桨的制作材质大多以高强度玻璃钢为主，因此更具坚固性、耐久性和便携性。根据长度的差异，船桨可以分为大桨与短桨。长桨长4米左右，需要固定在船架上才能使用。漂流者手持双桨，用力摆动，可控制方向。大桨还可以拆分，便于携带及更换。短桨的桨片由聚乙烯制作而成，具有超强韧性，比较轻，平均重约0.9千克。

2.救生衣

漂流用的救生衣不同于普通救生衣。第一，其包裹身体的范围更大。第二，其前扣皮带有更多的调整点，能更好地适应不同身型的漂流者。更具安全性的皮带还装备了承托头部的头托部件，以防止头部撞击带来损伤。第三，人性化十足，不影响划船动作的幅度，不会挫伤手臂，而且能长久保持浮力。

3.安全扣环

漂流救生衣上常常挂着安全扣环，它是漂流运动的必备装备之一，能够有效地保证漂流者人身安全。

4. 绳索

绳索是漂流必备工具之一，其主要作用是救生。需要强调的是，漂流者在平时需要对绳索多加整理，以便在使用时更好地抛出。

5. 救生绳投掷包

漂流运动使用的专业救生绳能够漂浮在水面上，其主要构成成分是聚丙烯。

求生绳投掷包在设计上同攀岩使用的镁粉包相似，都属于宽口径，其设计目的在于更加方便地抽出绳子，以应不时之需。标准、正规的投掷包都附带浮力板，该工具的构造材质与游泳背心相同，具有强大的浮力。

6. 防水包

在漂流过程中，不可避免的就是对水的接触，而许多物品遇水潮湿后，便会失去应有的价值。因此，携带防水背包是明智之举。防水包有三大优势：一是其提手以及背包带的设计便捷，人性化十足；二是很坚固，PVC/涤纶结构能保障其在野外旅行中经受得住摔打的考验；三是暴风式密封设计能提高防潮性能。

7. 刀

刀作为漂流运动必备工具之一，主要用来割断绳索或割破船艇，以保障生命安全。

（三）漂流装备

1. 头盔

作为漂流运动必备装备之一的头盔能在危急关头保护漂流者的头部，减缓岩石等坚硬物体的冲击，因此挑选高质量的头盔是必要的。高质量头盔的外壳主要由高密度聚乙烯制成，内部主体是防水泡沫，既坚固又舒适。周边分布透气孔，能迅速排水。侧边设计了一个可调节的开口，以免影响漂流者听力。可调节带扣能让头盔牢固地护住头部。漂流者在进行漂流运动时，一定要仔细检查头盔各部件是否能够正常使用。

2. 防水衣

防水衣在漂流运动中扮演着重要的角色，不可或缺。进行漂流运动时，周围的环境常常是潮湿、阴冷的，这时候防水衣就派上了用场，高质量的防水衣能有效抵御寒气的侵袭。防水衣在制作上采用3毫米左右的杜邦合成橡胶，同防寒潜水服材质一样。两侧袖孔宽大，确保漂流者运动自如。膝盖处的护垫使用双拉式的YKK拉链，踝关节处的护垫使用流线型拉链。漂流者穿防水服进行漂流运动时，可长时间将体温维持在正常范围内，以免因温度下降发生不测。

3. 漂流手套

漂流手套起到的作用主要有两点：一是增大摩擦力，以便更好地操控船桨，使乘载工具按既定路线前行；二是保护双手，既可以避免受冷水侵袭，又能够防止手部刮伤。

4.漂流靴

漂流靴是用来保护漂流者双脚的必备装备。当漂流者行走在河岸边或河内时，寒冷的河水会使漂流者的双脚失去知觉，严重时，会产生冻伤。穿漂流靴即可起到防寒作用。除此之外，漂流靴还能保护双脚，使其不被尖锐的石头划伤。

三、漂流运动的技术

（一）漂流的读河技术

1.激流

激流是漂流运动中常见的河流现象。一般而言，河流因地势地形的原因会呈现出多种多样的状态。在某些河段，河水在狭长的悬崖缝的挤压下，会碰撞崖壁，巨浪滔天；在某些河段，河水在分布密集、复杂的巨石阻碍下，会流向四周，蜿蜒平稳。有的河段因地势低平，似池塘一般，平静缓慢；有的河段因地势起伏，似烈马一般，奔腾湍急。这里提及的地势地形问题主要包括四个方面：第一，斜度，即河床顺流而下的倾斜程度；第二，构造，即河床的宽度；第三，体积，即顺流而下的水量；第四，平整度，即河床在石块、边缘形状以及砾石形状作用下的具体表现。

能够针对不同的激流做出应付，是一个漂流者基本的专业素养。不同的激流有不同的难易程度，对其起影响作用的因素主要有通道宽度、障碍物类型、水速、湍流、拐弯处形状等。在此简单介绍一下激流的三种类型。

（1）通道。河水顺流而下时，常常分为大小各异的河流，沿着不同的河道并行，因此激流和通道大多与河岸是不平行的。对一个漂流者而言，熟知激流对船的影响能够更好地利用它们，顺水行舟，事半功倍。

（2）排浪。湍急的潮水向岸边涌动时，整体速度会越来越慢，此时就会出现大范围的波浪，形状同干草堆一般。我们可以通过观察这些排浪的形状，判断通道的深浅。平直排列、历时长久的排浪通常出现在较深的通道；杂乱排列、历时短暂的排浪通常出现在较浅的通道。

（3）舌状潮水。一般情况下，激流的源头是平稳而快速的，其形状呈倒"V"字形，此为激流通道的标志。

2.河道弯曲

漂流者需要掌握河道弯曲技术。漩涡往往产生于河水不能逆流又难以停止的地方。这些地方有一个共性，即礁石分布密集，阻碍河流正常流动。

在较急的河道弯曲处，潮水受到离心力的影响，会堆积至外环线，从而使内环线的水流速度变得缓慢。因此，漂流者若想提高行驶速度，即可选择沿着外环线行驶。

3. 间断连续的波浪

间断连续的波浪会对船只产生强大、持久的冲击力，因此漂流者要及时掌控船只方向，切勿轻视。

4. 逆流

因某一河段地势问题，可能会发生河水逆向流动的现象，这种现象就叫作逆流。逆流属于危险系数较高的河流特征，它的出现往往伴随着阻塞、卷曲、侧向卷曲、孔洞、拖滞、激流尾部和滚浪等情况。

（1）洞孔是逆流常见的形式。它是水流过巨石的表面时形成的。水流从岩石上方流经后注入河底，会在水面上形成一个个间隙，这些间隙使水流逆流。

（2）瀑布底部也是逆流发生的常见地区。这种水力现象在形式上与洞孔类似，但力量更大，危险程度更高。原因在于，水流在下落过程中，自身速度变得更快，冲击力自然更强。

5. 直立浪

流速快的水流遇到流速慢的水流时，会因为无法及时流动而产生堆积，形成直立浪。直立浪是一种常见的河流现象，本身的危险系数不大，但容易与被礁石激起的水浪相混淆，经常使漂流者做出错误判断，发生意外。直立浪是有规律可循的，浪虽高，但坡度较缓，因此采用切浪技术，即可安全通过。而被礁石激起的水浪散乱不齐，起伏不定，因此尽可能地绕行，以确保安全。

6. 倒卷浪

通常水往低处流。但是，河流在礁石的影响下，常常会自动地向上游流动，这种现象就叫倒卷浪。倒卷浪是一种常见的河流特征，多出现于水下有礁石分布的河流下游，危险系数很大。一般而言，漂流者称这种倒卷浪为"洞"，一旦船只陷入"洞"中，便很难脱离。

（二）漂流操桨技术

1. 前进与后退

在漂流运动中，前进技术和后退技术是每个漂流者必须掌握的基本技能。前行时要正对前进方向侧身而坐，后退时要背对前进方向侧身而坐。将双臂挺直，握紧船桨，将其放入水中，然后将整个身体的力量集中在手臂上，将双桨向既定方向回拉或前推。需要强调的是，水的反作用力和船只前进的方向是一致的，而与双手发力的方向是相反的。每一次划行动作都应该是持续连贯的，双手发力应均匀。这里有一个技巧，即"直面危险，努力拉动"，按照这种方式拉动是最易发力的。

2.改变船的角度

（1）单桨转动，只使用一支桨划行。需要注意的是，另一支桨要收起来，因为放置在水面上会增大前行的阻力。

（2）双桨转动，使用两支桨划行。双桨转动需要特定的技巧，在推动一支桨的时候，同时将另一支桨拉动，双桨将向相反的方向移动。

双桨转动虽然难度偏大，但加速效果明显，适用于在大浪中行驶。

3.避开障碍

漂流过程中遇到障碍物时，优先的解决办法就是规避。在这里简单介绍几点基本的规避技巧。

（1）观察水流的方向。

（2）改变船的移动方向，使其同水流构成一个摆渡角度。

（3）连贯持续地拉动双桨，为船只前行提供动力。

4.激流摆渡

船只的移动方向与水流构成摆渡角度后，就会受到水流的冲击力，这样一来，即使是再小的水流运动也能让船只摆上渡口。在此简单介绍一下激流摆渡的基本技术。

（1）把船转到想要到达的角度上，改变船在河中的位置，最重要的是让船与流水保持一定角度，然后开始向后划桨，而不是向着河岸。

（2）当船只处于一个不是直对逆流的摆渡位置时，可以利用旋转船的方式使船只穿过狭窄通道或绕过障碍物。用双桨旋转法使船只转向，同时利用水流的推动力，让船只从障碍物的后方划过。

激流摆渡能在船只保持钝角或在没有足够空间转向时发挥最大的作用，而且省时省力，可谓事半功倍。

5.利用后部旋轴使船转向

（1）以一个钝角接近障碍，在拐弯处上渡口。这一过程中，最重要的不是船只与河岸构成的角度，而是船只与水流构成的角度。

（2）拉动离障碍物相对远的桨，使船只旋转，以船首为先，通过河道。在水流与岩石的冲撞中，船可能撞上岩石，在石头周围摇摆。漂流者若想安全地穿过急流，就必须熟练地操控后旋轴、纵旋轴，并运用所学划桨技术，这是毋庸置疑的。

6.排桨船操作技巧

排桨船的具体操作技巧是和双桨船不一样的，双桨船的前行由一人操控即可，而排桨船需要诸多船员合作完成。船员分列在船的两侧，共同发力，均匀地将力量分布于船的两侧。船长负责指挥，坐在船首持桨，手中的桨是整个船只的方向舵。船员需要密切配合。船长还有一个职责，即观察水况。在对前方水况做出判断以后，船长要及时发布口令，从而使船员快速行动，共同发力，以便迅速地推动船只前行，渡过危险水域。

在顺流而下的过程中，船只移动的速度很快，漂流者并不容易观察前方的水况。因此，如果遇到障碍物密集的危险水道，可采取下列方法使船只速度下降，让船穿过水流而到达岸边。

顺流摆渡所需力量较小。该方法方便漂流者观察前方水况，即使在最后关头也能让船头改变行进方向。

逆流摆渡所需力量较大。采用此方法时，一定要让船桨面向前方，与水流构成一定的角度。

操控排桨船能为我们提供一种刺激性十足的体验方式。船员在船长的指挥下，相互合作，执行命令，既能够培养责任感，又能够让船员亲近河水。

（三）应对紧急情况的程序

在漂流过程中遇到突发情况是很常见的。漂流者若能将熟知的紧急情况处理方法付诸实践，即可使危险最小化。在这里简单介绍应对紧急情况的程序。

1. 游过激流

该行为本身就有一定的危险性，但只要掌握下列处理方法，其危险性会降低，实用性会提高。

（1）沉着冷静。当面对湍急的河流时，漂流者一定要保持冷静的头脑，时刻观察四周的情况，尤其要注意脚下岩石。与此同时，用力握住船只内侧的扶手带，向前移动。

（2）屏住呼吸。在漂流船冲入大浪之前，漂流者需要深吸一口气，之后屏住呼吸，随漂流船一起冲入波浪，在浪与浪的间隔中反复进行吸气、屏气的动作，直至船只渡过波浪，行至安全水域时，再调整呼吸。

（3）避免体温过低。漂流者穿过激流时，难免会有水浪打在衣服上，受潮的衣服会严重消耗漂流者的体能，通常情况下，10分钟就能让漂流者疲惫不堪。因此，采取一系列的保温措施是必不可少的，如穿着防护上衣。

（4）远离船边。一般情况下，漂流者为方便划桨，都会选择坐在船舷边。漂流者驾船冲过激流时，容易使外侧的脚挤在船和岩石之间，造成腿部受伤，甚至会失足落水。因此，要及时将外侧的腿移动到船舱内。

（5）举桨求救。漂流者驾驶船只遇到急流时，一旦感觉自己无法掌控漂流船，就应该立即向高处举起船桨。该行为可以作为求救的信号，用以告知旁边的漂流者。

2. 陷在漩涡里

进行漂流运动时，船只经常会陷入河流的漩涡中。只有凭借船只自身的动力以及惯性，才确保安全地冲出漩涡，否则波涛汹涌的水浪会灌入船舱，对船只造成冲击。更有甚者，船只会原地打转，或发生侧翻。当然，一般情况下侧翻是罕见的，因为水灌入船舱以后会增大船只的重量，在一定程度上也增强了船只的稳定性。虽然漩涡表层的水流是逆向的，但下方的水流却是与主流方向相同的，因此用力划桨是最好的方法。万不得已时，也可以用岸上的绳子把船拖出。

3. 与岩石碰撞

若漂流者在驾驶船只前行时突遇岩石，可采取以下方法。

（1）船头是整个船只最坚固的地方，万不得已时，可以利用船头与岩石碰撞。

（2）及时转向。在漂流船与岩石发生碰撞之前，漂流者可以轻转船头，规避岩石。

（3）改变船只重心位置。在漂流船与岩石发生碰撞之前，漂流者可以立即转移到靠近岩石的那一侧，使漂流船改变重心位置，自然旋转，绕开岩石。需要强调的是，一旦操作不当，会使船只失去平衡，发生倾覆或沉陷。

4. 倾覆

在进行漂流运动的过程中，船只发生侧翻是极为危险的。引发船只侧翻的障碍物主要有漩涡、波浪、礁石以及倒伏树干等。船只一旦倾覆，就会使漂流者落入水中，危及生命。因此，及时实施自救和救援就显得格外重要。在此简单介绍7种具体施救措施。

（1）切莫牵挂一切装备。在危急关头，唯有人的生命才是最重要的。

（2）一旦落水，先要判断自己是否处于石头与船只之间的逆流中。如果并没有身处于此，要尽力浮在水面上。

（3）要充分利用现有工具。缆绳是最常见的，其作用不容小觑。救援船只在施救的过程中，可以借助缆绳，牵引倾覆的船只，使其安全靠岸。救援工作完成后，要及时清点人数。

（4）一旦船只发生侧翻，漂流者必须保持冷静，不可盲目地四处游动，在条件允许的情况下，尽可能地在原地等待救援。

（5）在漂流船只完全侧翻之前，漂流者可以及时观察周围的情况，跳离船只，避免自身受到周围障碍物的伤害。

（6）若距岸边较近，可采取上岸等方法，避开恶劣水域。

（7）尽量与人结组而行。

5. 沉陷

当船只与岩石产生巨大的冲撞时，有可能使船只沉陷。此时，漂流者要学会及时利用绳索自救。在此简单介绍自救方法。用一根粗绳绕成 D 形环，将船只后端的船架套起，借助一个拉力系统将船只提起，使其离开水域。之后，再利用船头或船尾的绳索帮助其上岸。

第四节　溯溪

一、溯溪运动概述

溯溪顾名思义就是逆流而上。从峡谷溪流的下游划行到上游，一路克服地形障碍，到达目的地。溯溪原本属于登山技术的一种，后独立出来自成体系，成为一种有益于身心健康的探险运动。溯溪并不只包含划行，还可以将其与攀岩、游泳、野外求生等运动结合在一起，是一种综合性的户外运动。溯溪者在此过程中要凭借既有的技术以及专业装备来克服湍急瀑布、石滩深潭等艰难险阻，一路挑战性十足。溯溪者需要根据地形环境的差异性，使用不同的装备和技巧前行，因此该运动还充满了多变性与趣味性。溯溪活动是团队合作类运动，需要队友之间相互信任、相互扶持，共渡难关，收获成就感、荣誉感，收获自信和信任。

溯溪的魅力正是在于，一切未知和困难都会成为启发漂流者思考和向上的动力。

二、溯溪的方式与器材装备

(一)溯溪的方式

1.初级溯溪

初级溯溪是溯溪运动的一种方式。在宁静清幽的溪谷中，踩着清流碎石，沿着溪谷逆流而上，这就是溯溪的开始。从下游到上游，初级溯溪的路程不定，行程不受时间限制。

2.以地域研究为主的溯溪

以地域研究为主的溯溪是溯溪运动的方式之一。每当发现未曾开发的溪谷，并且没有任何可供参考的资料时，必须动员很多人，长年累月利用科技逐一探测方能完成。比如，勘查某山区的所有溪流，并综合考察其溪谷、棱脉、步道、岩壁、动植物、人文生态等资源，这时溯溪运动以地域研究为主。

3.完全溯溪

完全溯溪就是克服地形上的各处障碍，穿越很多急流深潭，穷水之源而登山之巅，然后依山径路线原路返回。

4.漫无目的的溯溪

漫无目的的溯溪是目前国内最盛行的一种溯溪方式，具有较强的休闲娱乐性。兴趣相投的朋友组合队伍，伴行溯溪，尽兴而上。溯溪是可休闲、可冒险的活动，在国内十分盛行，而且众多户外运动俱乐部都有开设。

（二）溯溪的器材装备

溯溪中登山装备必不可少。一些溯溪运动专用的装备物品（如护腿、防水衣物、安全头盔、溯溪鞋和救生衣等）也是必备的。

1.技术装备

（1）安全头盔：能保护头部免于滑坠及落石袭击伤害。

（2）主绳：攀登用，长度为 9 ～ 11 米，防水。

（3）安全带：攀登者穿在身上，由铁锁等与主绳相连，起保护作用。

（4）铁锁：用于连接安全带、各种绳索及攀登器械的装备，使用简便。

（5）上升器：在攀登过程中，向上攀登时使用，也会起保护作用。

（6）下降器：在攀登过程中，从上方下降到下方的专用器械。

（7）水镜：在攀登过程中，用于保护攀登者眼睛的装备。

2.个人装备

（1）溯溪鞋：这种鞋鞋底摩擦力大，便于在湿滑岩石上行走，有阻滑效果且不易磨损。这种溯溪鞋在国内很难买到，手工编织的草鞋具有防滑效果，也是很好的选择。

（2）防水衣物：溯溪的衣物要求速干保温，有利于保持体温，排除汗液，避免着凉感冒，主要以轻便、透气性良好、易干燥的尼龙面料为宜。

（3）护腿：使用护腿可以防止杂草的擦伤及蚂蟥的叮咬。

（4）物资装备：保暖衣物和露宿帐篷、炊具、食品等视日程的安排而有选择性地携带。原则上以轻便、负重不宜过大为准。攀登者还可以自带渔具，在露营时享受垂钓带来的乐趣。

溯溪运动总在水边或者水中进行，因此所带的装备需要妥善打包，最好用防水内袋包好之后再放入背包尽量使背包的体积最小。

三、安全准备与注意事项

（一）安全准备

在溯溪运动中，充分的安全防护措施是必不可少的。

（1）选择溪流：溯溪者必须做好行前准备计划。根据溯溪目的，可以选择郊山、中级山或高山溪流。

（2）查阅资料：参加溯溪活动之前，阅读溯溪技术的书籍，学习各种攀登技术。根据等高线图来判断溪谷地形，选择行进路线、紧急撤退路线以及临近登山路径、宿营、交通等资料。

（3）决定路线：溯溪运动需要制定三条路线，即溯行路线、下山路线、预备路线（紧急撤退或替代用）。路线需要所有队员知晓。

（4）队伍的组成：从事溯溪活动一定要结伴而行，不论新手还是老手，均不宜单独冒险溯行。原则上，队员中新手的人数不宜超过 1/3。一般溯溪探险以 5 ~ 7 人为宜，稍具难度的溪流可 10 人，大众化溪谷可多至 20 人左右。若人数过多，不但照顾不易，而且会拖延溯行时间。

（5）职务分配：溯溪活动需要同伴之间的密切配合，根据溯溪队员的专长（如泳渡、攀岩、记录、绘画等）分配任务。

（6）装备的调整：溯溪活动装备需要依据人员、季节、溯行路线等调整。

（7）食粮采购：食粮重质不重量，以精简、轻量为原则，根据一般粮、行动粮、预备粮进行调配。

（8）交通：为了减轻身心负担，溯溪者最好采用起始点接送、租车等方式，应尽量避免骑自行车或者开车。

（9）寻找溯行路线：在遇到困难地形时，溯溪者应谨慎选择可行路线前进。借助地图、指南针与高度计来断定主支流路线。高绕路线应选植被良好、岩壁稳定、坡度较小之处绕行，并注意上方落石，谨防隐藏在石缝或林间的蜂、蛇等。

（10）紧急联络措施：在溯溪之前，溯溪者应把联络方式及紧急撤退路线等详细资料备份留给留守人员。

（二）注意事项

溯溪者不仅要掌握一些基本的安全注意事项，还要掌握溯溪前的准备计划、天气、体力、意外事件处理等事项。

1.基本安全注意事项

（1）横渡溪流：岩壁瀑布下深潭阻路，可尝试由两侧岩壁的岩根横移前进。在选择横渡地点后，可利用游泳、辅绳、跳跃岩石、木杖或数人互助等方式渡河。

（2）暖身操：在溯溪运动中，溯行前的暖身是必要的。肩、颈、腹、手、腰、背、胸、臀、脚等各部位的关节和肌肉都应进行充分伸展，以减少伤害事故的发生。

（3）宿营地点：不宜在易落石或者岩质不稳定地带扎营。多关注地形信息和天气的变化，营地应选择在最高水线以上。

（4）坚持三不原则：不做超过本身技术能力的动作、不摸黑、不贪快。

2.其他注意事项

（1）在溯溪运动前应做好准备计划，保证每位队员对前进路线与临时撤退方案都有一个清楚的认知。

（2）保证成群结伴进行溯溪行动，切忌单独进入溪谷，以免受困无法脱身。

（3）溯溪对身体素质要求较高，运动量极大，因此溯溪者应在平时进行耐力训练，提高身体素质。同时，溯溪者还要熟练掌握各项溯行技术，如游泳、攀岩、定位等。

（4）当溯溪者在溯溪运动中发生意外事件时，溯溪者不可慌乱，要保持冷静，视情况选择继续前进或者撤退中止活动，尽量把伤害降低到最小。

（5）溯溪者在进行溯溪运动之前应密切关注最近的天气情况。天气转坏时，溯溪者一定要及早考虑所去溪流及上游地区的天气情况，因为有时候上游的一点降水就可能导致山洪暴发，使溯溪者面临危险，尤其是在南方山区及多雨地区。

（6）如果溯溪者在溯溪运动中遭遇意外事故和灾难，可向各地派出所报案请求援助。

（7）溺水这一伤亡事故在溯溪运动中极易发生。为了防止溺水事故的发生，涉水过河的地点不能选在急流及瀑布上游，以免滑倒造成伤亡。若在水较深处渡河，应事先架设好保护绳索或手持一根长杆试探水的深浅，小心地慢慢渡过。但最好是选择在水浅（浅于膝盖之下）且水流平稳之处渡河。参加溯溪活动需要经常进行相关训练，最好装备头盔、救生衣及溯溪鞋等专用装备，以保障安全。

四、溯溪运动技术

溯溪运动既是对溯溪者基本的登山、攀岩技能的考验，又需要溯溪者掌握涉水泳渡、攀登瀑布等技术。下面对攀登技术和溯溪专用技术进行简要介绍。

（一）攀登技术

溯溪运动要求溯溪者熟练掌握攀登技术。"三点式"攀登是攀登技术的基本要领，即攀登过程中四肢中的三点固定，在身体平衡后，另一点向上移动。

（二）溯溪专用技术

穿越乱石、涉水泳渡、横移、爬行高绕、攀登瀑布等都是常用的溯溪专用技术。

1.穿越乱石

穿越乱石技术是溯溪专用技术之一，应该被溯溪者熟练掌握。溪谷中多岩石滚块，湿滑难行，溯溪者在踩踏大石块时，应看准踩踏地点并踏准，事先想好站不稳时的解决办法，避免踏上无根岩块而摔跤或者被急流冲倒，在溪流中行走应以踩踏小碎石为主，这样会减少滑倒的可能。

2.涉水泳渡

涉水、泳渡也是溯溪运动中常用到的技术。在进行涉水或泳渡时，必须准确地判断出水流的深度、缓急，是否有暗流，必要时借助绳索保护技术。使用绳索横渡过河在溯溪过程中很常见，这需要溯溪者掌握一系列的绳桥、绳网技术等。

3.横移

在岩壁瀑布下有深潭阻路，可尝试由两侧岩壁的岩根横移前进。岩石湿滑，支点不易掌握，有时支点隐藏于水下，此时以脚探测摸索移动，横移需要特别谨慎，若特别困难，干脆涉水或泳渡，这样会更简单。

4.爬行高绕

在遇到瀑布绝壁，其他方法不适合时，可采取爬行高绕的方式前进。爬行高绕是指从侧面较缓的山坡绕过去，注意不要在丛林中迷路，并要确认好原溪流，避免偏离原路线过远。

5.攀登瀑布

溯溪运动中最刺激和难度最大的一项技术是攀登瀑布。攀登瀑布有着潜在的危险，对溯溪者的技术要求较高。瀑布主体水流湍急，但苔藓少，反而更容易攀登。在攀登前，必须考察好路线，熟记支点，当进退两难时要有可行的解决办法。不建议新手或不熟练的溯溪者采用这种技术。

第九章　户外运动的安全防范与急救

第一节　户外运动受伤后的急救

户外活动中意外事故的发生往往是由一个个小问题所引起的。如果遇到突发性病人或者伤者，具体采取哪种相应的急救措施要视情况而定。一般来说，愈快处理效果愈好，施用急救措施后应尽快送医救治。

一、急救的目的

防止病情进一步恶化；减轻病痛，减少意外伤害，降低伤残率；抢救生命，降低死亡率。

二、急救的原则

急救应遵循以下原则：遇到事故时不能慌乱，应沉着大胆、细心负责，分清轻重缓急，果断实施急救，即先处理危重病人，再处理病情较轻的病人，在同一患者中，先救治生命，再处理局部；观察现场环境，确保自己及伤者的安全；充分运用现场可支配的人力、财力来协助急救。

三、处理前观察

在进行急救时，先要仔细观察患者，掌握周围状况。具体来说，要推断出伤病原因、疼痛部位和伤病的程度，或将耳朵靠近听听呼吸声，特别要注意嘴唇、脸、皮肤的颜色，确认有无出血、外伤、呼吸不畅和意识不清，并仔细观察创伤、呕吐、骨折的情况。接着，选择具体处理方法。特别是针对服毒、呼吸停止、昏迷、大量出血等情况，不论患者是否有意识，发现者都要迅速紧急处理，不然会使患者产生生命危险。现场要尽量组织好脱险救援工作，救护人员之间要分工合作。

四、观察后处理

移动患者时需要注意使患者处于最舒适的姿势。若遇到昏迷患者，确保其呼吸顺畅至关重要，救助时一般采取平躺的方式。撞击到头部的患者若脸色发红则要抬高头部，若脸色发青则要稍抬高脚部。遇到呕吐患者，要谨防呕吐物引起的窒息死亡，宜采用侧卧或俯卧方式。

五、处理完毕后

处理完毕后，应尽快联络医师、救护车、患者家属，及时送医救治。需要注意的是，为了避免症状的恶化，消耗患者体力，保暖措施要做到位。搬运患者时，要根据患者的情况和周围状况来确定搬运方式。在搬运中，要随时注意观察患者的病况。抢救病危患者时，时间紧迫，要遵守急救原则，抓住重点救助，按以下步骤迅速检查。

（一）判断意识

轻轻拍打患者面部（或肩部），在其耳边大声呼喊测试其反应，若患者是婴儿，应拍击足跟或掐其合谷穴，如果哭泣，则有意识。

（二）高声呼救

当患者对呼喊、轻拍无反应时，说明其已失去意识，应原地高声呼救。

（三）急救体位

在施行急救时，应使患者仰卧在坚硬的平面上。如果患者是侧卧或俯卧，应在条件允许的情况下将他翻转为仰卧，放在木板床、地板等坚硬平板上，或背部垫上木板，对心脏施行按压。为了不影响胸外心脏按压的效果，应避免使患者仰卧在柔软物体上，如沙发或者弹簧床等，并注意保护患者的头颈部。

（四）翻身的方法

将患者翻身到正确体位的方法如下：抢救者先跪在患者一侧的肩颈部，将其两臂向头部方向伸直，然后把离抢救者远端的小腿放在近端的小腿上，两腿交叉，再用一只手托住患者的后头颈部，另一只手托住患者远端的腋下，使其头、颈、肩、躯干呈一个整体，同时将患者翻转成仰卧位，最后将其两臂还原放回身体两侧。

（五）打开气道

为了保证呼吸道通畅，抢救者先将患者衣领扣、领带、围巾等解开，迅速将患者口鼻内的土块、污泥、呕吐物、痰等清除。清除口腔内异物时，不可占用过多时间，要在 3 ~ 5 秒内打开气道，心肺复苏全过程中要始终保持气道的畅通。

（六）人工呼吸

如果患者不能自主呼吸，抢救者应马上对患者实施人工呼吸，具体方法为口对口（鼻）吹气 2 次。每次吹气量应为 800 毫升，每次吹气时间为 1 ~ 1.5 秒。

（七）检查脉搏，判断心跳

抢救者通过摸肱动脉或颈动脉，观察 5 ~ 10 秒后，看是否有搏动，来判断患者心脏是否跳动。检查时不可大力压迫，应轻柔触摸。为保证判断的准确，可先后触摸双侧颈动脉，切忌两侧同时触摸，否则会阻断脑部血液供应。

若脉搏不搏动，可以进行胸外心脏按压，挤压速度为每分钟 60 ~ 80 次，挤压 15 次。

吹气与挤压气之比为 2 ：15，连续反复进行。做 4 遍或 1 分钟后，检查脉搏、瞳孔有无变化和呼吸恢复情况。

（八）紧急止血

遇到有严重外伤者，抢救者应检查患者是否有伤口存在严重出血的情况，若存在，应紧急止血，以免因出血引起休克甚至死亡。

（九）保护脊柱

在现场救治中，因突发事件、意外伤害造成严重外伤者，应在医疗监护下进行搬动转运。应注意保护患者脊柱，避免进一步加重其脊柱或脊髓受伤。

第二节　户外运动常见的动物伤害与处理

一、水母伤害的预防与处理方法

被海蜇等大型水母刺伤后，刺囊中的毒素会进入人体，造成皮肤红肿。假如受伤面积较大，会引起麻痹，甚至死亡。

遇到水母伤害可采取如下处理方法：

（1）送医院治疗。

（2）鸡蛋涂抹患处。

（3）肥皂水清洗。

（4）牛奶涂抹患处。

主要预防措施如下：

（1）乘小船、艇时不要把手脚放在水里。

（2）水下作业要穿防护游泳衣。

（3）不要在有水母出没的地方游泳。

二、蛭类伤害的预防与处理方法

（一）水蛭

背腹扁，体色背黑褐，腹黄褐，整体密生环纹。体长 30～60 毫米，宽 4～8 毫米。体前后各有一个吸盘，前吸盘中有口，3 个颚存在于口腔中，可割伤皮肤。吸血的时候，唾液腺能分泌血管扩张素和抗凝血酶，令寄主伤口血流不止。

水蛭分布广泛，集中分布在我国各地的湖泊、河流、水田、水库、池塘等水域。涉水时应该注意。

处理方法有：

（1）被水蛭叮咬时，不要用手直接拽下，否则会增加伤口的流血量，还可能在伤口上留有动物残留物。可以用手或其他扁平物拍打，或用烟头或打火机烤，水蛭会自行蜷缩落下。

（2）如果没有消毒水，可用盐水或清水冲洗伤口。然后，用手压法止血 10 分钟以上，或者用加压法包扎。

（3）向医生咨询。

预防措施有：

（1）经常检查浸水肢体。

（2）水中活动尽量不赤脚。

（3）烟蒂泡水，涂抹身体，干扰水蛭的化学感应器。

（二）旱蛭

旱蛭为陆生，属于外寄生虫，常栖息在山林的草丛和灌木中，在我国南方分布较广。形态与水蛭类似，体色比水蛭浅，黄褐色，个别种类多少有些绿色倾向。因为旱蛭的化学感应器较灵敏，所以对寄主的气味比较敏感并能做出迅速的反应。旱蛭食量惊人，吸血后体重能达到原来的 6 倍。

处理方法同水蛭处理方法。

主要预防措施如下：

（1）穿越林地后，及时检查。

（2）服装不要有开放点。

（3）以烟蒂、香水等气味干扰其化学感应器。

三、节肢动物伤害的预防与处理方法

（一）蝎子蜇刺

蝎子白天常隐藏在缝隙、石块、落叶下，夜间活动。蝎子属珠形纲蝎目，尾端发达的尾刺中存在毒腺，分泌出神经性毒素。人如果被蝎子蜇伤，伤口剧痛，而且伴随局部或全身中毒，多处被蜇刺甚至会危及生命。

蝎子中毒的症状有：

（1）局部红肿、水泡、血泡、组织坏死，伤口剧痛。

（2）两小时后，出汗、烦躁、气喘、恶心、流口水，甚至呕吐。

（3）蜇刺伤口较多，严重者可昏迷、呼吸困难、呼吸麻痹以致死亡。

主要处理方法如下：

（1）蛇药溶解涂抹患处。

（2）板蓝根、半边莲捣烂外敷。

（3）送医院治疗。

（4）3%的氨水泡洗患处。

（5）拔出毒刺，用肥皂清洗伤口。

（6）结扎肢体，防止毒素扩散。

主要预防措施如下：

（1）帐篷离地面较近处的拉锁要拉好。

（2）晚间半睡半醒时感觉有东西在身上爬时，千万不要用手去捉，要慢慢调整身体，在弄清楚是什么东西后，迅速抖掉，等其自己爬走。

（3）不要赤手在缝隙、石块下摸索。

（4）放在营地地面的服装、鞋帽，要检查后再穿。

（二）蜈蚣咬伤

蜈蚣腹背扁，夜行性动物，属多足纲。蜈蚣附肢较多，每体节都有一对足。第一对附肢特化为颚足。颚足基部愈合，末端毒爪内有毒腺。被咬后疼痛难忍，但不致命。

中毒症状如下：

（1）被咬部位红肿、疼痛。

（2）伤势严重者会恶心、眩晕、发热、呕吐等。

（3）如果治疗不及时，局部组织会坏死。

主要处理方法如下：

（1）蜈蚣的毒素属于酸性，可以用一切碱性液体中和，肥皂、石灰水、氨水都可以涂抹患处。

（2）明矾调匀涂于患处。

（3）蛇舌草捣烂外敷。

（4）蛇药片溶化外敷。

（三）跳蚤咬伤

跳蚤深褐色，体小，通常以毫米计。跳蚤属昆虫纲蚤目。跳蚤胸部的附肢发达，适合跳跃，不易被捕捉。跳蚤是体外寄生虫。人类被跳蚤叮咬后，皮肤会产生连片的丘状红肿，伴随难忍的瘙痒。

主要处理方法如下：

（1）龙葵捣烂涂抹可消肿。

（2）碱性液体涂抹叮咬处，止痒处理。

主要预防措施如下：

（1）跳蚤在开阔处喜欢跳跃，在隐蔽处喜欢钻营。在有跳蚤的地方宿营尽量少穿衣服。怀疑身上有跳蚤时，应尽量大范围地抖动衣服。

（2）跳蚤常常寄生于其他哺乳动物体毛中，与动物接触时要注意。

（四）全沟蜱咬伤

全沟蜱属人蛛形纲蜱螨目。体长 3～5 毫米，褐色，头、胸、腹合起呈卵圆形。脚须在体前并拢，外观似头部，因此称为"假头"。森林中比较常见，尤其是落叶松林。

全沟蜱是体外寄生虫，食用动物血液维生。侵咬人类时，它的"假头"常常钻入皮下。当人们发现后，往往用手拽下，这时"假头"就会遗留在皮肤内，皮肤会产生局部溃疡。

主要受害症状如下：

（1）全沟蜱可以传播"森林脑炎"，并有一定潜伏期。

（2）皮肤局部红肿、溃疡。

主要处理方法如下：

（1）用手在叮咬伤口处挤出一些血。

（2）向医生咨询，注射疫苗。

（3）发现被全沟蜱叮咬后，不要直接拽下。应该先在全沟蜱身上轻轻拍打，待其有准备后，以拇指和食指捏住，向前轻轻提起。若发现皮肤中有残留物，应及时取出。

主要预防措施如下：

（1）穿越森林前，将领口、袖口包扎严实。

（2）尽量不晃动树枝。

（3）穿越森林后，及时检查。

（五）蜂类蜇刺

蜂类属于昆虫纲膜翅目。并不是所有的膜翅目都能蜇刺，蜇刺是雌性的产卵管特化而形成的，基部往往具有毒腺，所以雌蜂才会蜇刺。

胡蜂科比较凶悍，马蜂是其中的一种。蜜蜂科很多种类也有蜇刺，不过远远没有胡蜂科可怕。

主要蜇刺症状如下：

（1）严重者出现头晕、眼花、气喘等症状。

（2）多处、大面积蜇刺可引起过敏性休克，甚至导致死亡。

（3）局部有红肿、发热、剧痛等症状，5～7天后逐渐消退。

主要处理方法如下：

（1）胡蜂蜂毒属于碱性，不要用肥皂去清洗，可以用酸性液体冲洗。

（2）最好能判断是被什么蜂蜇刺的，如蜜蜂的毒液是酸性的，应该用肥皂等碱性液体冲洗。

（3）如果情况严重，应该送医院。

（4）千万不要挤压伤口，以免毒液扩散。

（5）认真检查，看看是否有蜇刺留在皮肤内。如果有，应及时用小刀或针挑出，伤口流血可任其自然。

主要预防措施如下：

（1）一旦被大群蜂类攻击，千万不要去扑打，那样会引来更猛烈的攻击。可以用厚衣服蒙住外露的皮肤，远离蜂巢。如果附近有水源，可以钻到水里。

（2）建立营地时，先观察周围是否有蜂类出没，如果有，请分析是由于花蜜的原因还是附近有蜂巢。应该远离蜂巢扎营。

（3）如果你的衣服很鲜艳，就会有蜜蜂在你身边飞舞或落在你身上。千万不要扑打它们，应站立不动，不久它们就会离开。

（4）如果遇到蜂群的围攻，可用火、烟驱赶。蜂类比较害怕火。浓烟对蜂类也有很好的驱赶作用。

（5）远离蜂巢。蜂类对自己的蜂巢十分珍惜，会誓死捍卫。如果在蜂巢附近无意晃动了筑巢的树枝，后果不堪设想。

（六）蚊虫叮咬

蚊虫包括大蚊、伊蚊、白蛉等，属双翅目长角亚目。蚊虫叮咬对人类的伤害很常见，但仍然有必要对野外的蚊虫加以防范。野外蚊虫不但影响休息，而且会传播疾病。

主要处理方法如下：

（1）涂抹蚊虫叮咬药水。

（2）车前草捣烂外敷可止痒。

（3）蚊虫唾液腺为酸性，可用碱性液体处理，肥皂水、苏打水等都可以涂抹叮咬处。

主要预防措施如下：

（1）香水对蚊虫有一定的驱赶作用，但效果不显著。

（2）宿营时远离死水池塘，睡觉前检查帐篷。

（3）进入草丛前，尽量少裸露皮肤。

（4）野战部队有用泥浆涂抹身体裸露部分防蚊的方法，比较适合没有任何措施的野外环境。

（5）烟熏。艾蒿、熏蚊草等有芳香气味的植物可以放在篝火上，形成的烟雾可以驱赶蚊虫。

（6）有蚊虫的季节，去野外前应注射乙脑疫苗。

四、毒蛇伤害的处理和预防方法

蛇类共有 2 000 多种，我国蛇类约有 160 多种，其中约有 50 种毒蛇，十几种剧毒蛇。蛇类主要有三种毒液：神经性毒素，多由金环蛇、银环蛇、海蛇等排出；血液毒素，多由蝰蛇、尖吻蝮蛇、竹叶青、烙铁头等排出；混合毒素，多由眼镜蛇、眼镜王蛇、蝮蛇等排出。

在动物伤害中，被毒蛇咬伤而死亡的概率是最高的。户外活动爱好者和户外工作者很有必要学习有关毒蛇方面的知识。

主要中毒症状如下：

（1）被毒蛇咬伤的普遍症状一般表现为局部充血、水肿，时间稍长伤口逐渐变黑。伤口胀痛，附近淋巴结肿大。

（2）如果是被神经毒液的毒蛇咬伤，一般表现为伤口无红肿迹象，稍感疼痛，主要反应是麻木。但很快就会出现头晕、发汗、胸闷、视觉模糊、低血压、昏迷，最后因呼吸麻痹而死亡。

（3）如果是被血液毒素的毒蛇咬伤，一般表现为伤口剧烈疼痛，有灼烧感，并伴有局部肿胀、水泡、发热、流鼻血、尿血、吐血等症状，最后休克、循环衰竭导致死亡。

主要处理方法如下．

（1）判断：先确定是否为毒蛇咬伤。如果确定是毒蛇咬伤，应立即安抚受伤者情绪，让受伤者安静下来，以防止毒液迅速扩散。

（2）结扎：结扎伤口近心脏方向的一端，阻止毒液扩散。一般情况下，被咬伤的部位多为手、脚、小腿等部位。手指受伤，结扎手指根；手掌受伤，结扎手腕；小臂受伤，结扎肘关节附近；足部受伤，结扎脚腕；小腿受伤，结扎膝关节。

结扎是为了阻止淋巴液回流。淋巴液中蛇毒的扩散是致命的、快速的。结扎要持续 8 ~ 10 小时，同时每 30 分钟放松 1 ~ 2 分钟，避免肢体坏死的发生。

（3）冲洗伤口：任凭血液外流，将伤口反复用清水清洗。

（4）排除毒素：用尽一切办法，尽可能多地排出毒液，可以呈"十"字切开伤口令蛇毒排出，也可以利用水瓶或者罐头瓶，像"拔火罐"一样，加速排除毒液。

（5）药物：去户外工作或探险的人一般都会带上些蛇药。

（6）及时送医治疗。

主要预防措施如下。

（1）打草惊蛇：在多蛇地区，找一个木棒，一边走路，一边在身体前用木棒扫打草丛，被惊动的蛇一般都会跑开。

（2）了解毒蛇的栖息地：蛇类是变温动物，在比较凉的季节和早晨要靠太阳提高体温，所以在这种情况下，它们会选择较高或草丛的开阔处活动。蛇类的主要食物是蛙类、鼠类、鸟类，有这些动物出没的地方要小心。蛇类耐饥饿，但不耐干渴，所以毒蛇一般喜欢栖息在离水源不远的石丛中。

（3）了解蛇类的习性：蛇类对静止的东西不敏感，喜欢攻击活动的物体。如果你与毒蛇相遇，不要突然移动，应保持镇静，原地不动，毒蛇便会自己离开。

（4）了解攻击部位：蛇类咬人的部位以膝盖以下为主，翻动石块和草丛时则容易被咬到手。所以，在毒蛇比较多的区域活动，要穿上比较厚的皮靴，最好能涂胶裹腿。徒手工作要格外小心。

第三节　户外运动常见的疾病损伤与处理

一、高山冻伤

很多初次参加登山的运动员，在登山过程中，易被冻伤。由于缺少防护或防冻经验，而且初次登山时常常伴有高山反应，所以高山冻伤发病率较高。

（一）病因

缺氧与高山冻伤密不可分。缺氧会令人体精力、体能衰退，造成全身特别是肢体末梢循环不畅，使抗寒能力有所下降。适应不良者会更容易冻伤。常被冻伤的部位多为脸和四肢。

冻伤可以分为 4 度：1 度病变在表皮，出现红斑；2 度侵入真皮，出现肿泡、水泡；3 度侵入皮下；4 度侵入骨骼和肌肉，表现为坏死。

被冻伤后应先在基地做治疗，不要很快转移至高温地区，不然患处组织容易感染、溃烂。

（二）治疗方法

（1）对没有起疱的部位进行按摩。

（2）在受冻肢体的向心端做普鲁卡因封闭。

（3）抽出水疱内液体。

（4）未破皮者外敷中药桑寄生膏。

（5）尽早用热水（40 ℃左右）浸泡。

（6）红外线理疗。

（7）4 度冻伤初期采用保守疗法，待分界线形成后切除坏死组织。在保守治疗中，应注意控制感染，改善局部循环，适时地进行晚期手术治疗。

二、雪盲

雪盲即日照性眼炎。高山上冰雪具有反射作用，空气稀薄，太阳光穿透能力强，所以日光照射较为强烈。

（一）病因

高山红外线强烈，紫外线照射也会造成雪盲。

（二）症状

开始时似有颗粒异物摩擦，然后伴随严重的眼睛灼痛或刺痛，流泪、畏光、眼睑痉挛、视物不清，眼睛肿胀，瞳孔缩小，球结膜充血，有黏液样分泌，对光反应迟钝。

（三）处理

戴防护镜，在暗处休息，点松眼药水和 0.5% 丁卡因，消炎止痛。不严重者在 3 ~ 4 小时后便可恢复，伤势严重者会持续 5 ~ 7 日。患者都可以痊愈。但急性期畏光疼痛，眼睛不能睁开，相当于暂时失明，严重的会影响活动能力。

（四）预防方法

在海拔 7 000 米之下的烈日或冰雪地带下，应佩戴深色防护镜；在海拔 7 000 米以上的高山上，应佩戴专门防御红、紫外线的高山眼睛。

三、中暑

（一）病因

在高温环境下，人被阳光直接照射后，体温调节机能发生异常，排汗困难，而气温过高，汗液又无法散发，体温会急剧上升。若暴露在高温下很长时间，会令脑膜高度充血，影响中枢神经系统，从而丧失体温调节功能。

（二）症状

中暑后，皮肤潮红，但无汗干燥。难受闷热，体温过高（常常超过 40 ℃），然后头晕虚弱、意识模糊、血压降低、恶心呕吐，脉搏频率快而弱，最终昏迷。

（三）处理

（1）解除负荷，松开衣服，全身淋以冷水。

（2）补充含糖和盐分的水（意识清醒时可口服，意识不清醒时应点滴给予）。

（3）物理治疗，用酒精棉擦涂人中、太阳穴。

（4）药物治疗，服用人丹、藿香正气水、一滴水等。

（四）预防

（1）太阳穴涂抹风油精、清凉油等。

（2）适时补充水分。

（3）穿着易散热服装。

四、晒伤

（一）病因

晒伤是人体长期受阳光直射及高温而引起的皮肤病变。

（二）症状

晒伤症状主要表现为皮肤被晒发红并出现疼痛或起小疙瘩、水泡。

（三）处理

（1）皮肤没有外伤的情况下涂上防晒油脂。

（2）出现水泡时，不要去挑破，用冷水毛巾敷在患部，直至痛感消失为止。

（四）预防

（1）日晒前半小时涂抹防晒油。

（2）尽量避免强烈日晒。

五、中毒

（一）症状

呕吐、恶心、胃疼、心脏衰弱、腹泻等。

（二）处理

中毒后快速喝大量的水，用手指刺激咽喉，引起呕吐，然后吃泻药清肠，再吃解毒药和其他镇静药，一定要多喝水，以加速排泄。为保证心脏正常跳动，应喝些糖水、浓茶，暖暖脚，立即送医院治疗。

六、昏厥

昏厥多由疲劳过度、饥饿过度、摔伤等造成。昏厥表现为脸色突然变得苍白，脉搏缓慢而微弱，失去知觉。遇到这种情况，不必惊慌，一般情况下，过一会儿便会苏醒。醒来后，应注意休息，可喝点热水，帮助恢复。

七、出鼻血

（一）病因

（1）头部受撞击后鼻黏膜出血。

（2）受热刺激鼻黏膜出血。

（二）病状

出鼻血的主要症状为鼻腔中流出血液或者水状液体（受撞后流出水状液体应给予重视）。

（三）处理

（1）物理疗法，用冷毛巾、酒精棉冷敷鼻根部。

（2）马上坐下，头略低，用手捏住鼻子，5分钟左右，用口呼吸。

（3）若出血仍止不住，可以用清洁的纱布塞入鼻腔，捏住鼻子，没有纱布也可用餐巾纸、棉球代替。

（四）预防

注重降温防暑。

（五）注意

（1）外伤可能引起鼻腔流出水样液体，这是脑脊液。它近似透明，掺有少量血丝的水样液体，无异味。应任其流出，并急送医院。堵塞鼻腔反而容易引起颅内细菌感染。

（2）由外伤引起的出鼻血继而引发耳中出血应及时送医。

八、起水泡

（一）病因
因重压、磨损、冻伤、烫伤等引起的体液渗出而形成。

（二）处理
（1）将没有破的水泡先用肥皂水清洗干净。
（2）用火烫消毒别针等针头，把水泡刺破。
（3）将泡中的积液用干净的纱布挤出并擦拭干净，最后贴上创可贴。

九、外伤（擦伤、刺伤）

（一）初诊
仔细观察刺伤的伤口深度或擦伤的伤口面积和出血量。

（二）擦伤处理
（1）当出现活动性出血时，先借出血把伤口中的脏物清理出伤口，然后用清洁的纱布盖住伤口，手放在纱布上压迫止血。
（2）当伤口面积不太大，无活动性出血时，可擦涂外用药品或用清水冲洗伤口周围。
（2）当伤口面积较大，无活动性出血时，清洗后可在干净的纱布外再加绷带缠扎。

（三）刺伤处理
（1）当刺入体内的异物较大且较深时，不要轻易取出异物，也不要私自清洗伤口，以免造成大出血。进行简单的包扎后，应尽快由医务人员处理。
（2）当刺入体内的异物较小且较浅时，可先取出异物后用力挤压伤口，将伤口内的血和脏物带出体外，之后的处理方法同擦伤。

（四）注意
（1）刺伤和擦伤面积较大且有出血时请尽快汇报，及时预防破伤风。
（2）保持伤口干燥和透气，以免感染（破伤风菌为厌氧菌，较深的伤口危险较大，保持伤口透气极为重要）。
（3）尽快进行消毒处理伤口，如果超过 6 小时没有消毒处理，有可能会感染。

十、摔伤

（一）初诊
（1）判断四肢、头、肩、腰、背、尾椎是否受伤。

（2）受伤的部位轻微活动，感觉是否剧痛。若疼痛剧烈，不要着急活动，平躺下来休息。

（3）在不活动的时候判断是否疼痛，若依旧疼痛，应尽快固定伤处，防止骨折错位。

（二）处理

（1）若出现肿胀、瘀血，可用冷敷疗法止痛。

（2）若怀疑有骨折的可能，不要运动，尽快与医务人员联系。

十一、扭伤

（一）病因

因关节活动过量，超过正常活动范围，使周围的筋膜肌肉等受强力牵拉发生的损伤。

（二）病状

扭伤部位剧痛、肿胀，关节活动受限，关节皮下瘀血，难以活动或侧弯。

（三）处理

（1）停止活动，减少用力，尤其是膝关节和踝部的扭伤。

（2）垫纱布、毛巾等在患部，并冷敷。

（3）不要进行推拿和按摩，可配以舒筋活血的药物治疗。

（4）让受损肌肉休息，保持受伤部位处于抬高的位置。

十二、眼中进入异物

（一）处理

（1）手部清洁后，翻起眼皮，若看见黏在结膜上的异物，把棉球蘸水来剔除异物。

（2）若不能看见异物，可进一步用棉棒按住翻开的眼皮，用手把睫毛拉起，查找眼皮内侧是否有异物。

（3）眼球略向下看更容易发现异物。

（4）总有异物存在的感觉，但是看不到异物，那可能是已经刺入角膜。用纱布保护好后应去医院处理。

（二）注意

眼球十分娇贵，切忌用脏手揉眼。如有问题应尽快联系医务人员。

第四节　户外露营与饮食的防患措施及紧急处理

一、狂风暴雨与电击

露营当然是以晴天为佳，但是也经常会遇到异常天气。大雨来临时，注意把外帐架好，寝具等用雨布保护好。衣物、鞋袜弄湿了以后，可以晾在树枝上，以木炭火烤之。刮大风时，一些易被吹走的物品记得用石头压好，将火熄灭。电流从巨石、山崖下和山洞口通过时会产生电弧，击伤避雨者，所以躲避雷雨时，应该尽量避免这些地点。远离高地，不要在孤树下避雨，远离金属物体，不要躲在旷野中孤立的小屋内。如果在小艇上或在游泳，应立即上岸。若身处大船之上，应尽快躲到甲板下。如果逃避不及，那么就地卧倒也可将危险降至最低。

二、防洪

露营地多选在溪边。大雨之后，洪水可能会淹没营地，所以扎营时应注意洪水流向。扎营佳处是沙滩冲积地，洪水来时也首当其冲，下雨后应采取行动，变换营地位置。到海边或溪边露营前，应先收听气象报告，最理想的办法是，请教熟悉当地气候、地形的人，帮助选择适当的露营时间。

三、防溺

不论在海边还是溪边露营，可能都有游泳的机会。海边露营有警戒线，不要忽略这道防线。不太会游泳的人最好两人一组，并且不要离岸太远。露营在深潭处时，下水前应先用投石或以竹竿试测水的深度；溪水倾泻而下的深潭处很有可能就是漩涡聚集处，最好不要冒险。

四、饮食安全

在旅途中，因地域饮食习惯以及身体适应性等不同，极易诱发腹泻病症，以下是一些出行饮食卫生需要注意的事项以及应对腹泻的办法。

（一）注意饮食卫生，养成良好的个人卫生习惯

饮食清淡，注重蔬菜、水果的摄入，选择一些相对比较环保的食品，如鸡蛋、当地新鲜肉类食品等，这些食品都不容易被细菌侵入。千万不要太贪嘴，应根据自己的身体状况来判断自己是否适合食用当地野生植物。

（二）适当服用一些肠胃保健药物

中成药盐酸小檗碱片能有效预防和治疗腹泻。如果在旅途中进食的食物不新鲜，感到胃肠不适，或觉得饮食店的卫生不尽如人意，均可服用2～3片盐酸小檗碱片，这对腹泻有一定的预防作用。

（三）如果不慎染上急性腹泻，应该马上采取治疗措施

应及时治疗急性腹泻，否则就会转变成慢性肠炎。慢性肠炎伴随着反复发作的腹痛、腹泻，很难根治，虽然不至于危及生命，但会终生伴随。

参考文献

[1] 厉丽玉. 户外运动与拓展训练 [M]. 杭州：浙江大学出版社，2012.

[2] 庞元宁，何建文. 体育课程新论 [M]. 北京：人民体育出版社，2004.

[3] 张瑞林. 户外运动 [M]. 北京：高等教育出版社，2005.

[4] 董立. 大学生户外运动 [M]. 成都：西南交通大学出版社，2010.

[5] 陶宇平. 户外运动与拓展训练教程 [M]. 北京：电子科技大学出版社，2006.

[6] 钱永健. 拓展训练 [M]. 北京：企业管理出版社，2006.

[7] 孟刚. 户外运动 [M]. 北京：北京师范大学出版社，2008.

[8] 董范，刘华荣，国伟. 户外运动组织与管理 [M]. 武汉：中国地质大学出版社，2009.

[9] 闫闯. 我国高等院校拓展训练课程教学理论的研究 [D]. 北京：北京体育大学，2012.

[10] 钟镇吉. 长春市高校大学生户外运动开展现状及对策研究 [D]. 长春：东北师范大学，2010.

[11] 王三保. 武汉地区普通高校开设户外运动课程的可行性研究 [D]. 武汉：华中师范大学，2007.

[12] 宋学岷. 社会网络视角下户外运动共同体的结构与发展机制研究 [D]. 上海：上海体育学院，2018.

[13] 赵鹏. 美国户外运动的发展经验及启示 [D]. 成都：成都体育学院，2015.

[14] 牛鹏飞. 我国高校山地户外运动队现状研究 [D]. 北京：中国地质大学，2015.

[15] 尚家敏. 重庆市高校开展户外运动的现状研究 [D]. 重庆：重庆大学，2015.

[16] 张俊豪. 温州市户外运动赛事发展的 SWOT 分析研究 [D]. 温州：温州大学，2016.

[17] 国英男. 黑龙江省高校户外运动开展现状及对策研究 [D]. 哈尔滨：哈尔滨师范大学，2014.

[18] 侯光光. 北京市普通高校户外运动课程开展状况与课程构建研究 [D]. 北京：北京体育大学，2014.

[19] 高誉松. 贵州省高校户外运动课程的现状及对策 [D]. 成都：成都体育学院，2012.

[20] 周云，王三保 . 高校开设户外运动课程的必要性研究 [J]. 和田师范专科学校学报，2007(5)：160–161.

[21] 朱海炎 . 关于我国高校户外运动发展现状的分析 [J]. 黑龙江科技信息，2009(32)：193.

[22] 孙镭 . 高校户外运动类体育课的组织与管理研究 [J]. 赤峰学院学报 (自然科学版)，2010，26(2)：158–159.

[23] 杨汉，董范，郑超，等 . 高校体育课程——户外运动教学体系的研究 [J]. 北京体育大学学报，2005(6)：789–791.

[24] 徐国富，尹霞，吕小峰 . 以俱乐部形式进行大学体育教学的实验与研究 [J]. 西安体育学院学报，2004(3)：89–92.

[25] 唐瑛 . 探析户外拓展游戏在高校体育教学中的运用价值 [J]. 中国校外教育，2018(28)：15.

[26] 闫茹冰 . 高职体育教育中的体验式教学方法研究 [J]. 当代体育科技，2018(35)：86–87.

[27] 李田天 . 高校体育教学中体验式教学模式的运用分析 [J]. 赤峰学院学报 (自然科学版)，2018，34(11)：112–113.

[28] 黄勇 . 高校户外体育教学过程中体育伤害事故发生的原因探析 [J]. 学园，2018，11(8)：119–120.

[29] 韩晓虎 . 户外运动训练在高校体育教学中的实施措施 [J]. 当代体育科技，2017，7(35)：119，121.

[30] 姬世界 . 户外拓展运动对应用型高校体育教学的影响 [J]. 新校园 (上旬)，2017(11)：133.

[31] 孔艳君，杨华莉，董志艳 . 户外运动在高校体育教学中的渗透 [J]. 才智，2016(14)：68，70.

[32] 马逢伯，刘亚，李钦 . 户外教育为基础的高校公共体育教学实践研究 [J]. 广州体育学院学报，2015，35(4)：112–115.

[33] 李帅许 . 户外拓展训练理念下高校体育教学模式改革分析 [J]. 运动，2015(12)：105–106.